PROFILI LETTERARI

Collana diretta da GORIZIO VITI

GORIZIO VITI

DANTE E LA «DIVINA COMMEDIA»

INTRODUZIONE E GUIDA
ALLO STUDIO DELL'OPERA DANTESCA

STORIA E ANTOLOGIA DELLA CRITICA

FIRENZE – LE MONNIER
1987

Prima edizione: giugno 1975.
Prima ristampa aggiornata: ottobre 1977.
Seconda ristampa aggiornata: maggio 1979.
Terza ristampa aggiornata: giugno 1981.
Quarta ristampa aggiornata: ottobre 1982.
Quinta ristampa aggiornata: luglio 1984.
Sesta ristampa aggiornata: aprile 1987.

ISBN 88-00-64610-7

PROPRIETÀ LETTERARIA RISERVATA

Si ritengono contraffatte le copie non firmate
o non munite del contrassegno della S.I.A.E.

Nell'eventualità che passi antologici, citazioni od illustrazioni di competenza altrui siano stati riprodotti in questo volume, l'editore è a disposizione degli aventi diritto non potuti reperire. L'editore porrà inoltre rimedio, in caso di cortese segnalazione, ad eventuali non volute omissioni e/o errori nei riferimenti relativi.

C.M. 646.106

15333-3 – Stabilimenti Tipolitografici «E. Ariani» e «L'Arte della Stampa»
della S.p.A. Armando Paoletti – Firenze

INDICE

Premessa . . . . Pag. IX

PARTE PRIMA
DANTE E FIRENZE

1. - La Firenze di Dante 1
2. - La giovinezza di Dante. - Beatrice 8
3. - L'attività culturale e politica 13
4. - Gli anni dell'esilio 17
5. - Il «ritratto» del Boccaccio e il «giudizio» del Villani . . . 22

PARTE SECONDA
L'OPERA

I. - LE OPERE MINORI 27

    1. La *Vita Nuova*, 27. - 2. Le *Rime*, 32. - 3. Il *Convivio*, 37. - 4. Il *De vulgari eloquentia*, 42. - 5. La *Monarchia*, 46. - 6. Le *Epistole*, 51. - 7. Le *Egloghe*, 55. - 8. La *Quaestio de aqua et terra*, 56. - 9. Il *Fiore*, 58.

II. - LA «DIVINA COMMEDIA» 62

    1. Titolo e motivo, 62. - 2. L'Universo dantesco, 66. - 3. Struttura e contenuto, 69. - 4. Genesi e scopi, 81. - 5. Allegoria e dottrina, 85. - 6. La poesia, 89.

PARTE TERZA
LA CRITICA

I. – **Profilo di storia della critica dantesca** 119

Il Trecento, 119. – Il Quattrocento, 120. – Il Cinquecento, 123. – Il Seicento, 125. – Il Settecento, 127. – L'Ottocento, 130. – Il Novecento, 135. – I commenti del Novecento alla *Divina Commedia*, 146.

II. – **Antologia della critica** 149

  1. Beatrice nella poesia giovanile di Dante (E. AUERBACH) . 149
  2. Prosa e poesia nella *Vita Nuova* (D. DE ROBERTIS) . . . 151
  3. Il realismo delle *Rime* (M. MARTI) 153
  4. Il *Convivio* fra la *Vita Nuova* e la *Commedia* (C. SEGRE) . 154
  5. La nozione di « lingua italiana » nel *De vulgari eloquentia* (A. PAGLIARO) 156
  6. L'ideale politico di Dante e la *Monarchia* (F. GREGOROVIUS) 159
  7. Le tre Epistole « politiche » (F. MAZZONI) 162
  8. Aspetti del pensiero filosofico di Dante (B. NARDI) . . . 166
  9. La *Commedia* « itinerarium mentis ad Deum » (C. S. SINGLETON) 168
10. Cielo e terra nel poema dantesco (F. DE SANCTIS) . . . 171
11. L'allegoria nella *Commedia* (M. BARBI) 173
12. Struttura e poesia nella *Commedia* (B. CROCE) 175
13. L'unità poetica della *Commedia* (L. RUSSO) 178
14. Tempi e motivi della poesia della *Commedia* (N. SAPEGNO) 179
15. Dante e il mondo classico (E. PARATORE) 183
16. Il paesaggio nella *Commedia* (A. MOMIGLIANO) . . . 185
17. La terzina dantesca (M. FUBINI) 188
18. « Nel mezzo del cammin... » (G. PETROCCHI) 191
19. La « retorica » di Francesca (G. CONTINI) 193
20. Farinata e Dante (F. DE SANCTIS) 195
21. Pier della Vigna (E. BONORA) 198
22. La rapsodia dei diavoli (A. PAGLIARO) 201
23. Il « folle volo » di Ulisse (M. PORENA) 203
24. Il conte Ugolino (F. DE SANCTIS) 205
25. Il mistero di Casella (A. CHIARI) 209
26. « Biondo era e bello... » (W. BINNI) 212
27. Il significato dell'episodio di Buonconte (C. GRABHER) . 215
28. Sordello e l'invettiva all'Italia (A. RONCAGLIA) . . . 216
29. L'incontro con Forese (N. SAPEGNO) 218
30. Guinizelli e Daniello (A. RONCAGLIA) 220

INDICE

31. L'apparizione di Beatrice (E. SANGUINETI) 222
32. Il tema di Dio nel *Paradiso* (G. GETTO) 224
33. L'incanto poetico di Piccarda (A. LEONE DE CASTRIS) . . 226
34. Storia e poesia dell'Impero (P. BREZZI) 228
35. Il san Francesco di Dante (U. BOSCO) 232
36. I canti di Cacciaguida (A. MOMIGLIANO) 236
37. Il trionfo di Cristo (F. SQUARCIA) 239
38. L'ultima visione (A. JACOMUZZI) 241
39. La *Commedia*, ultimo miracolo della poesia (E. MONTALE) 243
40. Dante, il più universale dei poeti (T. S. ELIOT) 245

Nota Bibliografica 247

Tabella schematica dell'Inferno 256

Tabella schematica del Purgatorio 258

Tabella schematica del Paradiso 260

PREMESSA

Questo volume, inserendosi nella forma e nello spirito della Collana « Profili letterari », si propone di presentare in maniera piana e sintetica il complesso della personalità e dell'opera di Dante. A tale scopo tendono, in particolare, la parte prima che inquadra la vita dell'Alighieri nella realtà storica e sociale di Firenze, e la parte seconda che ne presenta le singole opere, fermandosi in modo speciale sulla Commedia.

Ma il libro si propone anche di fornire gli elementi necessari per un più maturo approfondimento del pensiero e degli scritti dell'Alighieri e per un'organica introduzione ai maggiori problemi che la critica dantesca ha sollevato e dibattuto nel corso dei secoli, e soprattutto nell'Ottocento e nel Novecento. Per questo la terza parte presenta, in un quadro abbastanza ampio, la storia della critica a Dante, e in particolare alla Commedia, dal primo Trecento ai nostri giorni; e quindi offre, attraverso l'antologia di brani critici, una panoramica, necessariamente ristretta, ma concreta e sufficiente per un primo, ordinato accostamento alla « selva spessa » degli scritti su Dante e la sua opera.

Entro tali prospettive e nei limiti di spazio prefissati, anche questo « Profilo » – che vede la luce in tempi di crisi sociale e morale, e di relativa trascuratezza nell'insegnamento di Dante – crede di non essere inutile, riproponendo uno studio più puntuale del nostro maggiore poeta: il quale anche oggi può fornire motivi di richiamo di altissimo valore ad un modo serio ed impegnato di affrontare la vita. La Commedia, ha scritto un critico dei nostri giorni, « pur collocata fermamente per il suo contenuto ideale e per i suoi schemi formali in un momento determinato della storia, come opera di poesia esce fuori da tutti i limiti di tempo e parla, nelle sue pagine più belle, agli uomini di tutte le età e di tutte le patrie ».

Vorremmo che anche questo libro aiutasse, in qualche modo, a meglio ascoltare ed accogliere l'arte e il messaggio di Dante.

G. V.

Ringrazio cordialmente il Prof. Mario Marti per i suggerimenti che mi ha fornito, e che mi sono stati preziosi per la stesura definitiva del lavoro.

PARTE PRIMA
DANTE E FIRENZE

1. LA FIRENZE DI DANTE

Dieci anni prima della nascita di Dante, i Fiorentini nel 1255 innalzavano nel centro della città il loro primo grande palazzo pubblico, quello del Capitano del Popolo (poi del Podestà, e quindi del Bargello). In un marmo murato sulla facciata del palazzo, un'iscrizione, che si attribuisce a Brunetto Latini, diceva fra l'altro:
... *cunctorum Florentia plena bonorum; hostes devicit bello magnoque tumultu; gaudet fortuna, signis populoque potenti; firmat, emit, fervens sternit nunc castra salute; quae mare, quae terram, quae totum possidet orbem; per quam regnantem fit felix Tuscia tota; tamquam Roma sedet semper ductura triumphos; omnia discernit certo sub iure conhercens* [1]. Sono parole in cui vibra l'orgogliosa baldanza che nel decennio di governo del « primo popolo » (1250-60) animò il guelfismo trionfante della Toscana e lo splendore economico di Firenze, opulenta e magnifica.

Ma di lì a poco, il 4 settembre 1260, i fuoriusciti ghibellini, alleatisi con Siena e altre città ghibelline della Toscana, e aiutati da re Manfredi, mettevano in rotta sanguinosa i Fiorentini guelfi a

---

[1] « Piena di tutti i beni Firenze; ha vinto i nemici in guerra e in grandi battaglie; gode della sua fortuna, dei suoi vessilli, del suo popolo potente; rafforza ovunque il suo potere e lo accresce; ardente nel suo vigore abbatte ogni nemico; essa possiede il mare, possiede la terra, possiede il mondo intero; sotto il suo governo tutta la Toscana diviene felice; come Roma, siede destinata a riportare trionfi; su tutto essa decide, tutto regolando con leggi sicûre ». Cfr. G. MAC CRACKEN, *The dedication incription of the Palazzo del Podestà dating from the period of the first democracy (1250-1260) probably composed by Brunetto Latini*, in « Rivista d'Arte », XXX, 1955, pagg. 183-205. – L'iscrizione, in esametri di discreta fattura, si legge ancora sulla facciata di via del Proconsolo.

Montaperti: « lo strazio e 'l grande scempio, / che fece l'Arbia colorata in rosso » (*Inf.*, X, 85-86) sembrò segnare il tracollo e la fine di chi lungamente, per potenza e ricchezza, si era sentito superiore a tutti. E in versi dolenti e appassionati Guittone d'Arezzo, nella canzone *Ahi lasso, or è stagion de doler tanto*, piangeva per la sorte dell'« alto Comun fiorentino », che fino allora aveva tenuto « modo imperiale », conquistando « per suo alto valor / provinc'e terre, press'o lunge, mante ». Ma nonostante la crisi succeduta a Montaperti, Firenze ben presto riprese l'ascesa economica e politica che durava ormai da decenni.

Erano stati la capacità imprenditoriale, l'amore al lavoro e al rischio, che, uniti ad un ardente spirito di libertà, avevano fatto di Firenze il più attivo e ricco comune della Penisola. Contemporaneamente nel corso dell'ultimo secolo la città era cresciuta con ritmo impressionante. La seconda cerchia di mura, completata nel 1174, dopo solo pochi decenni era risultata del tutto insufficiente, per la continua venuta di « gente nova ». E fra questa gente non c'erano solo artigiani e operai, ma uomini ricchi e potenti, che accanto alle vecchie case che si addossavano l'una all'altra, costruivano palazzi massicci e torri altissime; e presto le avrebbero costruite anche fuori le mura, e dall'altra parte dell'Arno. Basti pensare che in poco più di trent'anni all'unico ponte, che c'era stato per tredici secoli, il ponte Vecchio, se ne aggiunsero altri tre: il ponte alla Carraia nel 1220; il ponte a Rubaconte, detto poi alle Grazie, nel 1237; e infine il ponte a S. Trinita nel 1252. Quest'ultimo fu anche l'anno del primo conio di quel fiorino d'oro che sarebbe divenuto « quasi moneta comune del cristianesimo » secondo la definizione di Giovanni Villani:

Tornata e riposata – narra il cronista – l'oste de' Fiorentini colle vittorie dette dinanzi, la cittade montò molto in istato e in ricchezza e signoria, e in gran tranquillo; per la qual cosa i mercatanti di Firenze, per onore del comune, ordinaro col popolo e comune che si battesse moneta d'oro in Firenze; e eglino promisono di fornire la moneta d'oro, che in prima battea moneta d'ariento da danari dodici l'uno. E allora si cominciò la buona moneta d'oro fine di ventiquattro carati, che si chiamano fiorini d'oro, e contavasi l'uno soldi venti. E ciò fu al tempo del detto messer Filippo degli Ugoni di Brescia, del mese di novembre, gli anni di Cristo 1252 [2].

---

[2] G. Villani, *Cronica*, VI, 53.

1. LA FIRENZE DI DANTE

In questi stessi anni, e in quelli immediatamente successivi, si edificarono o ampliarono grandi chiese: da S. Croce a S. Maria Novella, dalla SS. Annunziata ad Ognissanti, da S. Spirito a S. Trinita. Né meno intenso procedette il ripristino e l'ampliamento dei palazzi pubblici e privati, mentre borghi interi si espandevano rapidamente oltre le porte delle mura. Fu così che nel 1284 si dovette decretare la costruzione di quella grandissima terza cerchia, il cui circuito sarebbe poi risultato tanto ampio da essere raggiunto dalle abitazioni soltanto cinque secoli più tardi. Nello stesso 1284 s'iniziava la costruzione delle quattro maggiori porte della città, in forme grandiose e monumentali; nel 1286 era fondato l'ospedale di Santa Maria Nuova da Folco Portinari; nel 1289 incominciarono i lavori per l'ampliamento della piazza del Battistero e della Cattedrale di Santa Reparata; nel 1293 si rivestirono di marmi bicromi i pilastri angolari esterni del Battistero, il «bel San Giovanni», e l'anno dopo s'iniziavano i lavori di completo rinnovamento di Santa Reparata; in quello stesso 1294 si decretava la costruzione del palazzo dei Priori o della Signoria; di lì a poco, prima della scadenza del secolo, si cominciavano ad innalzare anche le nuove mura.

Si trattò sempre di opere che richiedevano, oltre che virtù tecniche e doti artistiche, enormi impieghi di denaro. Ma il denaro c'era, perché veniva abbondante dal lavoro di tutti:

Le botteghe dell'arte della lana – narra ancora il Villani, da quell'osservatore acuto che fu, e insieme uomo dedito agli affari – eran duegento o più, e facevano da settanta in ottantamila panni, che valevano da uno milione a ducento migliaia di fiorini d'oro; che bene il terzo più rimaneva nella terra per ovraggio senza il guadagno de' lanaioli del detto ovraggio; e viveanne più di trentamila persona. Ben troviamo, che da trenta anni addietro erano trecento botteghe o circa e facevano per anno più di cento migliaia di panni; ma erano più grossi e della metà valuta, perocché allora non c'entrava, e non sapeano lavorare, lana d'Inghilterra, come hanno fatto poi. I fondachi dell'arte di Calimala de' panni franceschi e oltramontani erano da venti, che faceano venire per anno più di diecimila panni, di valuta di trecento migliaia di fiorini d'oro, che tutti si vendeano in Firenze, sanza quelli che mandavano fuori di Firenze. I banchi de' cambiatori erano da ottanta. La moneta dell'oro che si battea era da trecentocinquanta migliaia di fiorini d'oro, e talora quattrocentomila; e di danari da quattro piccioli l'uno si battea l'anno circa ventimila libbre. Il collevio de' giudici era da ottanta; i notai da secento; medici fisichi e cerusichi, da sessanta; botteghe di speziali erano da cento. Mercatanti e merciai erano grande numero; da non potere stimare le botteghe de' calzolai, pianellai e zoccolai: erano da trecento e più quegli ch'andavano fuori di Firenze a negoziare, e molti altri maestri di più mestieri, e maestri di pietra di legname [3].

In questa Firenze fervida di attività, protesa alla potenza e alla ricchezza, negli ultimi decenni del Duecento, parallelamente ad un processo sempre più rapido di raffinamento artistico, culturale e spirituale, si determina anche un veloce e profondo cambiamento dei costumi, che è preludio, anch'esso, della successiva età del Rinascimento. Si tratta dell'affermarsi di un modo nuovo di sentire e di realizzare la vita, basato su quella «triade inscindibile» – come la chiama il Davidshon, il più grande storico della Firenze medievale e dantesca – che sono «ricchezza, civiltà, cultura». È vero che non mancavano gli uomini elevati che disprezzavano il denaro e il lusso: e fra questi sarà da porre in primo luogo anche Dante, che nell'ammirazione per i valori dello spirito e dell'intelletto, nell'attaccamento ai costumi onesti e tradizionali, si scaglierà più volte contro le abitudini di vita gaudente e sensuale, che vedeva sempre più dilagare intorno a sé. Si ricordi il rimpianto del bel tempo antico in bocca al trisavolo Cacciaguida, in netto contrasto con le forme più smodate del lusso moderno:

> Fiorenza dentro da la cerchia antica,
>   ond'ella toglie ancora e terza e nona,
>   si stava in pace, sobria e pudica.
> Non avea catenella, non corona,
>   non gonne contigiate, non cintura
>   che fosse a veder più che la persona.
> Non faceva, nascendo, ancor paura
>   la figlia al padre; ché 'l tempo e la dote
>   non fuggien quinci e quindi la misura.
> Non avea case di famiglia vote;
>   non v'era giunto ancor Sardanapalo
>   a mostrar ciò che 'n camera si pote.

(*Par.* XV, 97-109)

e lo sfogo sdegnato che il poeta farà pronunziare dall'amico Forese sulla corruzione delle donne fiorentine:

> Tempo futuro m'è già nel cospetto,
>   cui non sarà quest'ora molto antica,

---

[3] G. Villani, *Cronica*, XI, 94.

1. LA FIRENZE DI DANTE

nel qual sarà in pergamo interdetto
a le sfacciate donne fiorentine
l'andar mostrando con le poppe il petto.
Quai barbare fuor mai, quai saracine,
cui bisognasse, per farle ir coperte,
o spiritali o altre discipline?

(Purg., XXIII, 98-105)

Ma nessuna parola di poeta, nessuna predica, nessuna accusa di moralisti ecclesiastici potevano arginare il desiderio universale di un tenor di vita più splendido. Molte cose che a Dante ed agli altri censori erano sembrate peccaminose, alle generazioni posteriori appaiono semplicemente l'inizio di una esistenza più sopportabile e meno ricca di privazioni. Però bisogna riconoscere che l'inclinazione verso il lusso spesse volte la vinceva sopra il desiderio – più giustificabile – delle comodità casalinghe. A mano a mano che i gusti si andavano raffinando, a Firenze si accoglieva con grande facilità tutto ciò che in qualunque parte d'Europa si trovasse di ricco o di lussuoso. Per mezzo dei cittadini che ritornavano in patria da tutti i paesi, s'imparavano a conoscere le costumanze dell'estero ed il commercio si adoperava per favorire o per prevenire le nuove esigenze. [...] Gli uomini non avevano davvero il diritto di rivolgere all'altro sesso quei biasimi di cui era piena la letteratura e di cui risuonavano le chiese. Si può tutt'al più concedere che la passione delle donne per il lusso risultasse più esiziale al borsello dei genitori e dei mariti, che non la moda maschile. E questo era senza dubbio il movente fondamentale delle disposizioni restrittive di legge che ogni tanto riapparivano. Da parte ecclesiastica si perpetuava l'onestà ed alquanto pare inguaribile illusione che gli ammonimenti ed i divieti valessero a frenare nelle donne la tendenza a fare mostra dei vezzi di natura, ad accrescerli con ornamenti ed a fingerli quando non vi fossero [4].

Di fronte al diffondersi delle attività industriali e commerciali, all'accrescersi della potenza del comune e dello splendore della città, all'affermarsi di modi di vita sempre più raffinati e lussuosi, colpisce, sul piano della vita politica, nella Firenze dei tempi di Dante, un continuo succedersi di lotte violente tra le diverse fazioni. Da queste lotte derivava, come conseguenza più rimarchevole, una tale instabilità di governo che il poeta, osservando la situazione della sua città sullo sfondo del dramma dell'Italia intera, potrà ironicamente affermare che quello che Firenze « filava » – i provvedimenti, cioè, che prendeva – ad ottobre non arrivava a metà novembre, e che essa

---

[4] R. DAVIDSOHN, *Storia di Firenze, I primordi della civiltà fiorentina*, trad. di E. Dupré-Theseider, Firenze, Sansoni, r. 1973, parte III, pagg. 622 e 659.

era come un'inferma che cerca di difendersi dal dolore girandosi sul letto:

> Quante volte, del tempo che rimembre,
> legge, moneta, officio e costume
> hai tu mutato e rinnovate membre!
> E se ben ti ricordi e vedi lume,
> vedrai te somigliante a quella inferma
> che non può trovar posa in su le piume,
> ma con dar volta suo dolore scherma.
>
> (*Purg.*, VI, 145-151)

La causa di tale situazione risiedeva nei contrasti che dividevano le tre componenti della cittadinanza fiorentina: il popolo grasso, i magnati, il popolo minuto. Il popolo grasso era costituito dalla borghesia dedita ai commerci, alle industrie e alle attività bancarie; organizzato nelle sette Arti maggiori, attraverso un'affermazione economica e sociale sempre più potente, era certo in grado di condizionare la vita della città; ma, data la sua limitatezza numerica, non di governarla da solo. I magnati erano i grossi proprietari di terre e di case; le loro parentele e aderenze con le più potenti famiglie del contado e delle città vicine procuravano loro forze notevoli, su cui si basavano per mirare al potere anche con la prepotenza. Ma in contrasto fra loro per odî inveterati di famiglia, i magnati si presentavano spesso divisi, anche per l'ingresso nella loro classe di ricchissime famiglie provenienti dal popolo grasso. Infine il popolo minuto era costituito dalla grande massa degli artigiani organizzata nelle Arti minori; teso a salvaguardare le proprie condizioni economiche, ma privo sia di esperienza politica e amministrativa che di abili capi, nonostante la superiorità numerica, non riusciva ad ottenere la supremazia nel governo del Comune, e oscillava continuamente fra l'appoggio ai magnati e quello al popolo grasso. In tale situazione nessuno dei tre gruppi della cittadinanza poteva mantenere a lungo il potere senza il sostegno di un altro; ma anche le alleanze di due gruppi non avevano possibilità di durare in modo organico e costante.

Verso la fine del secolo, da un'alleanza della parte più ricca del popolo grasso coi magnati, deriva la sconfitta del popolo minuto con la cacciata, nel 1295, del suo massimo esponente, Giano della Bella. Ma dalla disunione dei magnati nasce ben presto anche la divisione della città fra Bianchi e Neri. A capo dei Bianchi sono i Cerchi, una famiglia magnatizia ricca ed influente, che sostengono il popolo minuto e la parte più democratica delle Arti maggiori; a capo dei Neri sono i Donati, famiglia d'antica nobiltà, intorno a cui si stringe il maggior numero delle altre famiglie magnatizie e la parte più ricca del popolo grasso. Così Dino Compagni, il cronista che visse tanta parte delle vicende di quegli anni, rievoca l'inimicizia fra i Cerchi e i Donati e la divisione della cittadinanza:

> Intervenne, che una famiglia che si chiamavano i Cerchi (uomini di basso stato, ma buoni mercatanti e gran ricchi, e vestivano bene, e teneano molti famigli e cavalli, e aveano bella apparenza), alcuni di loro comperorono il palagio de' conti [Guidi], che era presso alle case de' Pazzi e de' Donati, i quali erano più antichi di sangue, ma non sì ricchi: onde, veggendo i Cerchi salire in altezza (avendo murato e cresciuto il palazzo, e tenendo gran vita), cominciorono avere i Donati grande odio contro loro. Il quale crebbe assai, perché messer Corso Donati, cavaliere di grande animo, essendoglisi morta la moglie, ne ritolse un'altra, figliuola che fu di messer Accierito da Gaville, la quale era reda: ma non consentendo i parenti di lei, perché aspettavano quella redità, la madre della fanciulla, vedendolo bellissimo uomo, contro alla volontà degli altri conchiuse il parentado. I Cerchi, parenti di messer Neri da Gaville, cominciorono a sdegnare, e a procurare non avesse la redità; ma pur per forza l'ebbe. Di che si generò molto scandalo e pericolo per la città e per speziali persone. E essendo alcuni giovani de' Cerchi sostenuti per una malleveria nel cortile del Podestà come è usanza, fu loro presentato uno migliaccio di porco, del quale chi ne mangiò ebbe pericolosa infermità, e alcuni ne morirono; il perché nella città ne fu gran rumore, perché erano molto amati: del quale malificio fu molto incolpato messer Corso. Non si cercò il malificio, però che non si potea trovare; ma l'odio pur crebbe di giorno in giorno, per modo che i Cerchi li cominciorono a lasciare, e le raunate della Parte, e accostarsi a' popolani e reggenti. Da' quali erano ben veduti, sì perché erano uomini di buona condizione e umani, e sì perché erano molto serventi, per modo che da loro aveano quello che voleano; e simile da' rettori. E molti cittadini tirarono da loro, e fra gli altri messer Lapo Salterelli e messer Donato Ristori giudici, e altre potenti schiatte. I ghibellini similmente gli amavano per la loro umanità, e perché da loro traevano de' servigi e non faceano ingiurie: il popolo minuto gli amava, perché dispiacque loro la congiura fatta contro a Giano [5].

È in questa atmosfera di contrasti e di odî che Dante, come vedremo, inizierà e svolgerà la sua attività di cittadino e di uomo politico.

---

[5] D. COMPAGNI, *Cronica*, I, 20.

2. La giovinezza di Dante. – Beatrice

Dante nacque nel 1265, in maggio o in giugno: era la costellazione dei Gemelli quando, secondo la sua stessa affermazione, egli sentì « di prima l'aere tosco » (*Par.*, XXII, 117)[6]. La sua famiglia era di antica ma ormai modesta nobiltà: un trisavolo, Cacciaguida – che il poeta celebrerà nel *Paradiso* (XV-XVIII) – era stato creato cavaliere dall'imperatore Corrado III, ed era morto partecipando alla seconda crociata in Terrasanta (1147). Da un figlio di Cacciaguida, Alaghiero, era nato Bellincione, e da questi un nuovo

---

[6] Molti sono gli accenni autobiografici che Dante lasciò nelle sue opere, e soprattutto nella *Commedia*. Si tratta di notizie preziose per la ricostruzione della sua vita e della sua personalità, ma non potranno sempre essere accettate senza un'interpretazione critica, perché spesso servirono al poeta più per una rappresentazione artistica di se stesso, che per una fedele riproduzione della realtà storica. L'uomo « ideale » che egli aspirò ad essere, e proiettò nei suoi scritti, non poté, necessariamente, coincidere in ogni situazione con l'uomo « reale » della vita quotidiana. Ecco, comunque, alcune delle notizie più importanti che Dante ci ha dato di sé: l'antichità e nobiltà della famiglia (*Inf.*, XV, 74-78; *Par.*, XVI, 40-42); l'esistenza del trisavolo Cacciaguida (*Par.*, XV); la data e il luogo di nascita (*Inf.*, I, 1; *Par.*, XXII, 112-117); la prima attività poetica (*Vita Nuova*, III) e gli studi filosofici (*Conv.*, II, XII); la tenzone con Forese Donati (*Purg.*, XXIII); l'insegnamento di Brunetto Latini (*Inf.*, XV); la partecipazione all'assedio di Caprona (*Inf.*, XXI, 91-96); l'amicizia con Carlo Martello (*Par.*, VIII, 55-57); l'amore per Beatrice (*Vita Nuova*; *Rime*; *Inf.*, II, 61-72; *Purg.*, XXX, 34-39; ecc.); il traviamento e il ritorno a Beatrice (*Purg.*, XXX, 55-145; XXXI, 1-90; ecc.); le vicende dell'esilio (*Par.*, XVII, 46-99; *Inf.*, 61-79; *Purg.*, VIII, 121-139; ecc.); il desiderio dell'incoronazione poetica (*Par.*, XXV, 1-12); la consapevolezza della propria missione di poeta (*Par.*, XVII, 106-142). — Oltre che sui diversi accenni autobiografici (per i quali si possono consultare il *Dizionario* di P. Toynbee, *A Dictionary of Proper Names and Notable Metters in the Works of Dante*, Oxford, 1898 alla voce *Dante*; l'*Indice analitico dei nomi e delle cose* contenuti nelle opere di Dante compilato da M. Casella per l'edizione delle *Opere di Dante* a cura della Società Dantesca Italiana, Firenze, 1921, e la grande *Enciclopedia Dantesca*, Istituto dell'Enciclopedia Italiana, la quale ormai rende superfluo il ricorso a precedenti opere del genere; cfr. nel « Profilo di storia della critica » il cap. *Il Novecento*), la ricostruzione della vita di Dante si basa, naturalmente, sulle notizie che si ricavano dagli atti pubblici che ci sono pervenuti su lui e la sua famiglia (per i quali si veda il *Codice Diplomatico Dantesco* curato da R. Piattoli, Firenze, 1950). Altre notizie si deducono dagli antichi commentatori, in modo speciale l'Ottimo, e dagli antichi biografi, in particolare Giovanni Boccaccio. (Cfr. nota 16). Rimandiamo, infine, allo studio di G. Fallani, *Dante autobiografico*, Napoli, 1975.

2. LA GIOVINEZZA DI DANTE. – BEATRICE

Alaghiero, che fu il padre di Dante (Dante è ipocorismo di Durante). Nelle lotte che nel corso del Duecento agitarono la vita del Comune coi contrasti fra Guelfi e Ghibellini prima, e fra Guelfi Bianchi e Guelfi Neri dopo, gli Alighieri non trovano particolare menzione, per quanto fossero cacciati due volte dal sopravvento della parte opposta (secondo anche ciò che si afferma nell'episodio di Farinata: « S'ei fur cacciati, ei tornar d'ogni parte / [...] l'una e l'altra fiata », *Inf.*, X, 49-50).

Ancora giovanissimo Dante perse la madre, Donna Bella (Gabriella), che pare venisse dalla famiglia degli Abati, e a breve distanza, e dopo che era passato a seconde nozze, il padre. Frequentò le scuole del trivio (grammatica, retorica, dialettica) e del quadrivio (aritmetica, musica, geometria, astronomia), leggendo ben presto i classici latini più diffusi a quei tempi: Virgilio, Ovidio, Orazio, Lucano (*Vita Nuova*, XXI) e vari altri ancora, da Sallustio a Livio a Cicerone. Da passi dei suoi scritti deduciamo, inoltre, che sapeva disegnare ed era appassionato della musica e del canto. Forse, ma non conosciamo entro quali limiti, seguì il magistero letterario e civile di Brunetto Latini, verso il quale conservò profonda riverenza, come si può dedurre da un altro famoso episodio della *Commedia* (« ... 'n la mente m'è fitta, e or m'accora, / la cara e buona immagine paterna / di voi quando nel mondo ad ora ad ora / m'insegnavate come l'uom s'etterna », *Inf.*, XV, 82-85). Probabilmente studiò anche a Bologna, come afferma il Boccaccio. Molto presto sentì l'attrazione della poesia anche sotto l'influenza del diffondersi, nell'ambiente culturale fiorentino, della conoscenza delle scuole poetiche del primo e del secondo Duecento. Ma l'arte del « dire parole per rima » (*Vita Nuova*, III), la imparò da sé, e a diciotto anni scrisse il sonetto *A ciascun'alma presa e gentil core*, con cui si rivolgeva a « tutti li fedeli d'Amore » perché interpretassero un suo sogno: ciò gli permise di entrare in familiarità con Guido Cavalcanti (« quello cui io chiamo primo de li miei amici »), già riconosciuto maestro di lirica amorosa, e con altri poeti del cenacolo stilnovistico (in particolare Lapo Gianni e, più tardi, Cino da Pistoia), coi quali, staccandosi sempre più dall'influsso della scuola guittoniana, condivise l'aspirazione ad una cultura elevata e ad un modo di poetare raffinato ed armonico [7].

---

[7] Per la formazione e l'evoluzione culturale e poetica di Dante si veda più avanti quanto diremo in proposito nei capitoli sulla *Vita Nuova*, le *Rime*, il *De vulgari eloquentia*, il *Convivio*.

È certo, tuttavia, che non deve aver rifuggito, almeno in parte, dalle allegre e brillanti brigate di coetanei. La sua deve essere stata, nel fiore della giovinezza, una vita di artista e di cavaliere: lo può confermare il sonetto *Sonar bracchetti, e cacciatori aizzare*, in cui, alla maniera dei *plazer* provenzali e in corrispondenza con motivi cari a Folgore da San Gimignano, è rappresentata una scena festosa ed elegante di caccia, la quale, dice il giovane poeta, « assai credo che deggia dilettare / libero core e van d'intendimenti! »: un cuore, cioè, libero da affanni e privo di ogni cura amorosa. E inoltre potrebbe darne conferma quel serventese (a noi non pervenuto), con cui Dante, quando ancora probabilmente non era apparsa come motivo ispiratore del suo mondo poetico la figura di Beatrice, cedendo al gusto del corteggiamento, tipico di una società aristocratica e « gentile », celebrava le sessanta donne più belle di Firenze.

Al periodo della giovinezza risale l'amore di Dante per Beatrice (Bice di Folco Portinari, e sposa a Simone de' Bardi), morta giovanissima nel 1290: un amore essenzialmente ideale, rivissuto e trasfigurato nelle liriche e nelle prose della *Vita Nuova*, ma momento fondamentale nell'itinerario spirituale e poetico di Dante. Secondo quel racconto la « gloriosa donna della *sua* mente » gli sarebbe apparsa quando ambedue erano fanciulli, in età di *nove* anni, vestita di « nobilissimo colore, umile e onesto, sanguigno »; e a quella vista lo « spirito della vita » avrebbe cominciato a tremare in Dante fortemente e gli avrebbe detto che un Dio, più forte di lui, veniva a dominarlo: *ecce deus fortior me, qui veniens dominabitur mihi*; e lo « spirito animale », meravigliato, avrebbe detto agli spiriti sensitivi che era ormai apparsa la loro beatitudine: *apparuit iam beatitudo vestra*; e infine lo « spirito naturale » piangendo avrebbe concluso che da allora innanzi sarebbe stato impedito: *heu miser, quia frequenter impeditus ero deinceps!* È facile quindi capire fino dal racconto sui primi effetti suscitati dalla visione della fanciulla – effetti che corrispondono ai momenti tradizionali cantati dagli stilnovisti: tremore di tutto l'essere, gioia contemplativa degli occhi, abbattimento della persona a causa della passione – come la storia narrata nell'« amoroso libello », pur basandosi su elementi concreti, quali l'esistenza di Beatrice e la realtà dell'amore di Dante per lei, con tutto il suo complesso succedersi di simboli, di sensazioni, di visioni, di personificazioni, risponda all'ideologia cortese e ai moduli letterari dello stil nuovo. Si veda anche come è riferito il secondo incontro, avvenuto « nove » anni dopo, quando la « gentilissima »

2. LA GIOVINEZZA DI DANTE. – BEATRICE

appare vestita di «colore bianchissimo» in mezzo a «due gentili donne» di età più matura, e per la sua *cortesia* salutò Dante tanto «virtuosamente» che a lui «parve allora vedere tutti li termini della beatitudine»[8]. Su questo motivo della beatitudine, e quindi

---

[8] È chiaramente evidente che molti particolari riferiti con straordinaria cura da Dante nella *Vita Nuova* intorno ai suoi rapporti con Beatrice, rientrano in una specie di «mitografia letteraria». Essa si ispira a *topoi*, o *loci communes*, molto diffusi nella letteratura dell'età medioevale e del Rinascimento: i quali, una volta scoperti e riconosciuti, ci spingono a togliere fede a certi schemi pseudo-autobiografici che compaiono di frequente anche nei maggiori scrittori. Così, con particolare riferimento al caso di Beatrice, è stato posto in evidenza dal Marti quanto vi è di analogo nella storia d'amore dei nostri grandi trecentisti e nell'iconografia delle donne da loro cantate. « A cominciare dal nome, che è sempre poco meno di un *senhal*, Beatrice, Laura, Fiammetta, pur se a volta a volta esso evoca irripetibili aspirazioni e condizioni spirituali. Ma si notino poi anche i modi degl'incontri e degl'innamoramenti, sacri e miracolosi sempre e quasi segnati da divino suggello: il cabalistico computo dantesco che prepara gli incontri in chiesa con Beatrice; l'innamoramento del Petrarca nella chiesa di Santa Chiara d'Avignone il giorno del venerdì santo del 1327, secondo la corrente interpretazione; l'innamoramento del Boccaccio nella chiesa di San Lorenzo di Napoli il giorno del sabato santo dell'anno 1333 [...]. Eppoi anche l'analoga, seppur varia in misura e in qualità, stilizzazione dell'immagine femminile che ci riporta al tradizionale tipo di donna trasfigurata in una *transumptio* ideale; il fatto che la femminile immagine della donna amata nell'arte non coincida in nessun caso con la realtà biografica della donna (o delle donne) davvero amate da quei grandi poeti e dalle quali ebbero figli; la natura dei primi effetti d'amore: " lo spirito de la vita, lo quale dimora ne la secretissima camera de lo cuore, cominciò a tremare sì fortemente, che apparìa ne li menimi polsi orribilmente; e tremando disse queste parole... " (Dante); " la quale sì tosto come io ebbi veduta, il cuore cominciò sì forte a tremare, che quasi quel tremore mi rispondeva per li menimi polsi del corpo smisuratamente... " (Boccaccio). E così via. Realtà biografiche o schemi letterari? Eppure c'è chi persiste nel ritenere veri, biograficamente veri, gli incontri di Dante con Beatrice esattamente all'età di nove anni e poi di diciotto e alla nona ora del giorno (secondo l'emblematico gioco effettuato sul mistico numero tre e sui suoi derivati), ecc.; reali i sogni e le visioni narrate nella *Vita Nuova*; sicuramente avvenuti gli smarrimenti, gli smemoramenti, i tremiti di Dante; come se il libello giovanile di lui fosse non il frutto d'una mentalità retorica tenacemente e integralmente medievale, volta alla configurazione simbologica e allegorizzante di una storia d'" amor sacro " e miracoloso, ma una romantica e schietta effusione autobiografica. Eppure quei tremiti di Dante e del Boccaccio corrispondono, almeno nella loro sostanza figurativa e nel loro valore psicologico, ai tremiti, per esempio, di Guido Cavalcanti: " Tant'è gentil, che quand'io penso bene, / l'anima sento per lo cuor tremare "; " Ella mi fere sì quando la sguardo / ch'i' sento lo sospir tremar nel core ".... Tremiti metafisici o metempirici, intorno ai quali alcuna luce può venirci dalle interminabili dissertazioni del tempo, dai trattati psico-patologici medievali sulla natura e su-

dell'innalzamento spirituale determinato dalla presenza di Beatrice continuerà tutto il processo dell'intimo anelito di Dante verso di lei – la donna che « fa gentil ciò ch'ella mira » (cap. XXI), e chiunque la veda « vede perfettamente onne salute » (cap. XXIV) – fino alla morte ed oltre, quando un giorno « ne l'ora de la nona » si levò in lui una « forte immaginazione », per cui gli « parve vedere questa gloriosa Beatrice con quelle vestimenta sanguigne » con le quali era apparsa la prima volta (XXXIX).

Beatrice è dunque per Dante un'angela, soprana del cielo, ordinata *ab aeterno* da Dio ed incarnata per attuare un suo alto disegno; è perciò un miracolo, dimostrazione di miracolo che comporta la fede umana in quanto realizzazione sensibile del soprannaturale: è la più alta creatura che sia in terra, di cui il sole non può vedere cosa più gentile nel giro che compie intorno al mondo; tutte le stelle insieme le infondono i loro influssi benigni, e la virtù divina, da Dio stesso largita oltre la misura adeguata a natura umana, discende in lei copiosa e pura come negli angeli che direttamente contemplano Dio; come creatura angelica è mirata dalle intelligenze celesti, desiderata ed invocata da angeli e santi; è la speranza dei beati, che Dio raffrena perché quella creatura possa assolvere in terra la missione affidatale; ma il desiderio di averla in paradiso prende anche Dio, che la chiama al cielo come alla sua naturale sede. Ed essa diviene sola bellezza spirituale, che spande luce d'amore e dà meraviglia e gioia anche all'alto intelletto degli angeli. La sua eccelsa virtù si traduce esteriormente in una bellezza fisica nuova al mondo, la quale, come segno sensibile di quella, soverchia l'intelletto e la conoscenza degli uomini, che solo in parte possono comprenderla, e del compreso solo parte esprimere, poiché quella bellezza e i sensi che ispira sono ineffabili nella loro meravigliosa altezza. Ma essa opera sugli uomini, sol con la virtuosa luce d'amore che emana dai suoi occhi, mirabili e salutari effetti; tronca ogni pensiero ignobile nei villani, che quando ne sostenessero lo sguardo, o si redimerebbero, o, soverchiati e vinti dal suo splendore, troverebbero la morte; nei gentili apporta la salute e l'umiltà che rimette le offese; salva dalla perdizione chiunque le parli; volge in fuga vizi e basse voglie; infonde dolcezza di sensi, e su ogni cosa e persona riflette virtù, bellezza, dolcezza, umiltà, onore [9].

Ora se tutto ciò che la *Vita Nuova* esprime dell'amore di Dante per Beatrice non può prendersi come testimonianza assoluta di fatti

---

gli effetti d'amore ». (M. MARTI, *Realtà biografica e schemi letterari*, in « Cultura e scuola », 4, 1962, pagg. 27-33).

[9] F. FIGURELLI, *Il Dolce Stil Nuovo*, Milano-Napoli, Ricciardi, 1933, pagg. 408-409.

2. LA GIOVINEZZA DI DANTE. – BEATRICE

e sentimenti reali, il libro è tuttavia documento di un'ancor più importante vicenda biografica di Dante. Mentre infatti egli, come indicano alcune composizioni delle *Rime*, specie quelle scambiate con Dante da Maiano, incominciò la carriera poetica secondo la tecnica cerebrale ed astrusa della lirica guittoniana, che allora godeva di una grandissima fama in Toscana, coi sonetti e le canzoni inseriti poi nella *Vita Nuova*, e in modo speciale nel gruppo delle rime della «lode» (XVIII-XXVI), mostra di essersi distaccato nettamente dal magistero di Guittone, di ammirare la lirica di Guido Guinizelli e di essersi perfettamente inserito nei moduli poetici di Guido Cavalcanti e degli altri stilnovisti.

L'amore per Beatrice e la presenza nella vita culturale s'intrecciano con la partecipazione a fatti d'arme, come cittadino della Repubblica fiorentina; in particolare (come più tardi, cacciato in esilio, avrebbe fieramente rivendicato in una lettera al reggimento di Firenze), nel 1289 Dante combatté a Campaldino tra i feditori a cavallo, cioè in prima linea, nell'esercito della Lega guelfa contro gli Aretini e i Ghibellini di Toscana (11 giugno) e successivamente sui monti pisani per la riconquista del castello di Caprona contro i Ghibellini di Pisa (4 agosto).

3. L'ATTIVITÀ CULTURALE E POLITICA

L'8 giugno 1290 Beatrice muore lasciando Dante profondamente turbato. Ma superato il periodo della crisi, si apre per lui una svolta fondamentale nella sua vita di poeta e di cittadino: impegnato, da un lato, a rinnovare ed accrescere la fedeltà e le lodi a Beatrice (raccogliendo fra il 1292 e il 1293 le liriche in suo onore più significative, e collegandole con ampie prose nella *Vita Nuova*, opera quindi di ripensamento e di riflessione) e ad arricchire la sua formazione culturale, dall'altro tende ad inserirsi sempre più, specie dopo il 1295, nella vita pubblica di Firenze. Fondamentali per la sua formazione ideologica e culturale, e per la successiva produzione artistica, furono allora gli studi di filosofia, a cui si dedicò nell'ultimo decennio del secolo. Lesse Boezio, Cicerone, Aristotele, san Tommaso; partecipò a dibattiti, frequentò i diversi circoli culturali, soprattutto il convento dei Domenicani di Santa Maria Novella, quello dei Francescani di Santa Croce e quello degli Agostiniani di Santo Spirito: «Cominciai, – dice egli stesso in un passo del *Convivio* (II, XII, 7) – ad andare dov'ella [la filosofia] si dimostrava veracemente, cioè nelle scuole de li religiosi e a le disputazioni de li filosofanti; sì che in picciolo tempo, forse di trenta mesi, cominciai tanto a sentire de la sua dolcezza, che lo suo amore cacciava e distruggeva ogni altro pensiero ».

Forse nel 1295 sposò Gemma di Manetto Donati, di un ramo secondario della famiglia di Corso Donati, capo dei Neri: anzi Gemma era cugina di Corso, e quindi del fratello di lui Forese, con cui Dante fu in intima relazione e intrecciò una sarcastica e beceresca « tenzone » poetica (*Purg.*, XXIII), e della sorella Piccarda, poi esaltata fra i beati del paradiso (*Par.*, III). Quel matrimonio era stato preceduto da un lontano fidanzamento deciso dal padre di Dante fino dal 1277, secondo le usanze familiari del tempo. Da Gemma Dante ebbe sicuramente tre figli: Iacopo, Pietro e Antonia (la quale si monacherà a Ravenna col nome di Beatrice) e forse altri due: Giovanni e Gabriello. In quello stesso 1295 ha inizio la partecipazione attiva del giovane poeta alla vita politica del Comune. Gli « Ordinamenti di giustizia » di Giano della Bella impedivano ai nobili, fino dal 1293, di assumere responsabilità pubbliche, che erano riservate soltanto ai cittadini che fossero iscritti ad una delle corporazioni delle Arti maggiori o minori, in sostanza alla ricca borghesia; ma una riforma del '95 consentì anche ai nobili di partecipare alla vita politica iscrivendosi ad una delle Arti. Per questo Dante, in grazia delle sue conoscenze filosofiche che stavano alla base degli studi di medicina, si poté iscrivere all'Arte dei Medici e degli Speziali, e poco dopo fu eletto nel Consiglio del Capitano del Popolo e quindi nel Consiglio dei Savi e nel Consiglio dei Cento. La sua forte personalità, l'appassionato anelito all'onestà e alla giustizia che sempre improntarono la sua condotta, lo collocarono ben presto in una posizione di grande rilievo nella cittadinanza fiorentina. Del resto già da tempo egli doveva avere un notevole prestigio, se nel 1294 Carlo Martello, figlio primogenito di Carlo II d'Angiò e suo luogotenente a Firenze, aveva voluto conoscerlo ed onorarlo (*Par.*, VIII). L'ascesa politica ed amministrativa di Dante raggiungeva la magistratura più elevata nel 1300, quando, dopo essere stato mandato in ambasceria a San Gimignano, fu eletto Priore per il bimestre 15 giugno-15 agosto.

Ma il suo priorato non fu facile. Da poco era avvenuta la scissione dei Guelfi fiorentini in Bianchi e Neri. I primi, capeggiati dai Cerchi (di origine campagnola), erano più conservatori e tendevano a salvaguardare la libertà del Comune dalle mire di potenze straniere. I secondi, guidati dai Donati (di origine aristocratica), erano sostenitori dell'alto ceto bancario e mercantile, e allo stesso tempo avevano l'appoggio di strati popolari, ed erano disposti ad accettare l'intervento di Bonifazio VIII e degli angioini nella Toscana pur di ottenere il governo della città. Dante, di parte bianca, proprio all'inizio del priorato non poté impedire l'esilio dell'amico Guido Cavalcanti, che era fra i capi dei Bianchi, perché, in seguito alle violenze fra le opposte fazioni, venne deciso di allontanare da Firenze i più accesi esponenti delle due parti. In quegli stessi giorni Dante si oppose con gli altri priori al tentativo del cardinale Matteo d'Acquasparta, legato di Bonifazio VIII, di avere più poteri allo scopo di pacificare la città. Il pontefice tendeva allora ad affermare la sua influenza su Firenze, approfittando dei contrasti interni e sostenendo apertamente la parte dei Neri. Quando più tardi il cardinale lasciò la città lanciando l'interdetto, è probabile che Dante abbia fatto parte dell'ambasceria inviata a Bonifazio VIII per chiederne la cancellazione.

Terminato il priorato, Dante ebbe altri incarichi di rilievo, facendo parte di vari Consigli. Nel giugno 1301 si oppose, ma senza successo, alla richiesta del papa di un prolungamento del servizio di cento soldati del Comune fiorentino alle sue dipendenze. Sul finire dell'anno s'impegnò anche in varie assemblee popolari in difesa delle libertà comunali, contro la minaccia dell'intervento del pontefice che aveva deciso d'inviare Carlo di Valois, fratello di Filippo il Bello, a Firenze col pretesto di porre pace fra le parti, ma con lo scopo evidente di aiutare i Neri a prendere il potere. Così nell'ottobre di quell'anno, insieme con altri due rappresentanti del Comune, Dante fu inviato a Roma da Bonifazio VIII per chiedere chiarimenti sulle sue intenzioni. Ma il papa, rinviati ben presto gli altri due ambasciatori in patria perché ottenessero da Firenze un atto di umiltà e di obbedienza, trattenne presso di sé Dante, dal quale aveva più da temere. Mentre l'Alighieri si trovava a Roma, il 1° novembre Carlo di Valois entrò in Firenze, aiutato dai Neri di Corso Donati, e senza incontrare l'opposizione dei Bianchi. Anzi, secondo il racconto di Dino Compagni, fu molto onorato dai cittadini « con palio e con armeggiatori »: sicché « la gente comune perdé il vigore; la malizia si cominciò a stendere » [10].

Nella conseguente politica di reazione e di vendetta, i Neri in-

---

[10] D. COMPAGNI, *Cronica*, II, 9.

fierirono con processi, condanne e confische sui più rappresentativi dei rivali: pare che le case degli Alighieri fossero fra le prime a subire violenza. Il nuovo podestà, Cante dei Gabrielli da Gubbio, riapriva un'inchiesta sui priori dell'ultimo biennio, e Dante, non ancora rientrato in città, era citato a comparire per discolparsi dalle accuse, formulate senza prove, di baratteria, concussione, estorsione, opposizione al papa e a Carlo di Valois, e di aver fomentato discordie e messo in pericolo la pace. Non essendosi presentato, il 27 gennaio 1302 veniva condannato – in contumacia – a due anni di confino, all'esclusione perpetua dai pubblici uffici, al pagamento di 5000 fiorini piccoli. La notizia della condanna raggiunse Dante a Siena. Il 10 marzo, poiché non aveva pagato la penale, il podestà, con una nuova sentenza, lo condannava alla confisca degli averi e ad essere bruciato vivo se fosse caduto in mano del Comune:

> *Nos Cante [de Gabriellibus de Eugubio] potestas [civitatis Florentie] infrascriptam condempnationis sententiam damus et proferimus in hunc modum:* (seguono 15 nomi, fra i quali *Dantem Allighierii*, con i suoi tre compagni della prima condanna). *Contra quos processum est per inquisitionem ex nostro offitio et curie nostre factam super eo et ex eo, quod ad aures nostras et ipsius curie nostre pervenit, fama publica precedente, quod cum ipsi et eorum quilibet, nomine et occasione baratteriarum, iniquarum extorsionum et illicitorum lucrorum fuerint condempnati, ut in ipsis condempnationibus docetur apertius, condempnationes easdem ipsi, vel eorum aliquis, termine assignato non solverint. Qui omnes et singuli per numptium communis Florentie citati et requisiti fuerunt legiptime, et certo termino, iam elapso, mandatis nostris parituri venire deberent, ut se a premissa inquisitione protinus excusarent. [...] Non venientes [...] ipsos et ipsorum quemlibet, ideo habitos ex ipsorum contumacia pro confessis secundum iura, statuta et ordinamenta communis et populi civitatis Florentie, ordinamenta iustitie, et ex vigore nostri arbitrii, et omni modo et iure quibus melius possumus, ut si quis predictorum ullo tempore in fortiam dicti communis pervenerit, talis perveniens ingne comburatur sic quod moriatur, in hiis scriptis sententialiter condempnamus* [11].

---

[11] R. PIATTOLI, *Codice Diplomatico Dantesco*, op. cit., pp. 108-109 [n. 91]. «Noi Cante [dei Gabrielli di Gubbio], Podestà [della città di Firenze] diamo e pronunziamo l'infrascritta sentenza di condanna in questo modo: Dante Alighieri [e gli altri...], contro i quali fu proceduto con inquisizione fatta dal nostro officio e dalla nostra curia su quello e per quello, che giunse alle orecchie nostre e della nostra stessa curia, secondo la voce pubblica, perché mentre essi e ciascuno di essi a titolo e per colpa di baratteria e inique estorsioni e illeciti lucri furono condannati, come nelle dette condanne è spiegato più chiaramente, né essi né

4. GLI ANNI DELL'ESILIO

Così aveva inizio il lungo esilio che avrebbe tenuto Dante lontano dalla patria fino alla morte. Nei primi tempi partecipò, insieme con i fuoriusciti fiorentini, sia Bianchi che Ghibellini, ai tentativi di ritornare in città; fu a San Godenzo, nel Mugello, quando si trattò di unire le forze (8 giugno 1302); più tardi ebbe un ruolo importante nelle trattative di pace, risultate poi inutili, fra Firenze e gli esuli, condotte dal cardinal da Prato. Ma, nonostante tutti gli sforzi, i tentativi degli esuli di rientrare in patria fallirono l'uno dopo l'altro; anche quelli militari: a Serravalle pistoiese, a Castel Pulciano e, infine, alla Lastra presso Firenze nel luglio 1304. E, forse, già al tempo della sconfitta della Lastra, Dante, non condividendo il comportamento degli altri esuli e fuoriusciti, si era distaccato dalla « compagnia malvagia e scempia » (*Par.*, XVII, 62) e aveva deciso di fare « parte per *se* stesso » (*ib.*, 69). Incomincia allora per Dante, *exul immeritus*, un lungo e penoso peregrinare per tante città e regioni d'Italia: un itinerario che sfugge a precisa ricostruzione, ma che appare ugualmente drammatico dalla testimonianza stessa del poeta. Già ai tempi della composizione del *De vulgari eloquentia* e del *Convivio* (1304-1307), Dante, affermando di aver patria il mondo come i pesci hanno il mare (*Nos autem cui mundus est patria, velut piscibus aqua, De vulg. el.*, I, VI, 3), si lamentava di essere stato costretto ad andare « per le parti quasi tutte alle quali questa lingua si stende, peregrino, quasi mendicando » (*Conv.*, I, III, 4).

Sappiamo per certo che fino dal 1303 Dante fu a Verona alla corte degli Scaligeri – il suo « primo refugio » e « primo ostello » –, poi a Treviso presso Gerardo da Camino, poi a Padova, forse a Venezia, più tardi a Reggio; nel 1306 fu in Lunigiana presso i Malaspina, per conto dei quali firmò un trattato di pace col vescovo di Luni; nel 1307, e ancora successivamente, in Casentino, presso i Conti Guidi; nel 1308 a Lucca – un soggiorno gradito, a cui egli stesso accenna in un passo del *Purgatorio* (XXIV, 43-45) –: ovunque

---

alcuno di essi hanno pagato nel termine fissato le dette condanne. I quali tutti furono citati e invitati legalmente dal nunzio del Comune di Firenze a dover venire ad ubbidire ai nostri ordini entro un certo termine già trascorso, per giustificarsi della detta accusa. I quali non venendo [...] e dovendo ritenerli per la loro contumacia quali confessi, noi, secondo il diritto, gli Statuti e gli Ordinamenti del Comune e Popolo di Firenze e gli Ordinamenti di Giustizia, e in forza del nostro potere e con ogni maniera e diritto come meglio possiamo, sentenziamo in questi scritti che qualunque dei predetti in qualche tempo venisse in potere del Comune debba essere bruciato col fuoco ».

alternando incarichi e missioni diplomatiche ad attività di cancelleria. Ma nelle corti, se anche non gli mancarono accoglienze generose e attestati di stima, non gli mancarono neppure delusioni ed amarezze, sinteticamente rieccheggiate nella profezia di Cacciaguida: « Tu proverai sì come sa di sale / lo pane altrui, e come è duro calle / lo scendere e 'l salir per l'altrui scale » (*Par.*, XVII, 58-60).

Pur nelle tristi condizioni dell'esule, in quegli anni Dante approfondiva la sua cultura e dava inizio ad opere di grande impegno: un'ampia trattazione in latino sulla lingua volgare, il *De vulgari eloquentia*, ed una enciclopedia in prosa e in versi in italiano, il *Convivio*: ma ambedue gli scritti, come vedremo, restarono interrotti quando, intorno al 1307, il poeta poneva mano all'opera che lo avrebbe tenuto occupato per tutto il resto della vita, la *Commedia*: un messaggio per l'umanità di ogni tempo e di ogni luogo, alimentato da cultura profonda e da esperienza diretta di tante vicende, dolorose e grandi, della vita degli individui e dei popoli. Tra il 1309 e il 1310, secondo una notizia riferita dal Boccaccio nella *Vita di Dante*, sarebbe andato a Parigi, attratto dalla fama di quella università.

L'amore per Firenze e il desiderio di « riposare l'animo stanco » nel suo « dolcissimo seno » (*Conv.*, I, III, 3) – ormai inseriti in una più universale visione della storia, e uniti all'ansia di un rinnovamento spirituale e civile – trovarono un'occasione di grande speranza nel 1310, quando Arrigo VII di Lussemburgo, eletto imperatore due anni prima, scese in Italia. L' « alto Arrigo », che dopo tanti decenni di disinteresse da parte degli imperatori per le condizioni della penisola, si presentava, col consenso del pontefice Clemente V, come apportatore di pace e di giustizia fra i Comuni e le fazioni sempre in lotta, e come restauratore dei sacri diritti dell'Impero di fronte alla Chiesa e ai diversi stati d'Italia, rianimò l'attesa e la fiducia di Dante, che in quell'impresa vedeva, anche per sé, la sospirata occasione del risarcimento di un'ingiustizia e della fine di tante umiliazioni col ritorno nella patria pur sempre intensamente amata.

Agli inizi del XIV secolo – scrive un grande storico del Medioevo, il Gregorovius – le condizioni della penisola erano divenute intollerabili per gli Italiani. La discordia fra guelfi e ghibellini lacerava tutte le città, dalle Alpi ai confini del regno di Napoli; anarchia, guerra civile, esilio dovunque; le libere repubbliche preda di continui rivolgimenti e di un'eterna lotta di fazioni, o in guerra con altre città o dinastie. [...] Su quel garbuglio politico si libravano i due demoni antichi dei guelfi

4. GLI ANNI DELL'ESILIO

e dei ghibellini. Tornaconto, tradizioni familiari o intese momentanee determinavano la scelta della fazione; spesso il nome di partito non aveva più alcun rapporto con l'idea politica che ne stava a fondamento. Ma a quel tempo il programma degli statisti ghibellini era più semplice e meglio definito. Il loro partito, composto dai grandi feudatari dell'Impero, cercava la restaurazione dell'ordine in Italia sotto l'autorità dei legittimi imperatori di nazione tedesca. Il pensiero ghibellino era quello del diritto fondato sulla storia. Tra i guelfi invece l'idea dell'indipendenza nazionale non prendeva corpo in alcun sistema statale, l'idea cattolica di una confederazione generale d'Italia sotto la supremazia del pontefice rimaneva inespressa; i loro sforzi non avevano alcuna meta politica generale oltre l'opposizione all'influenza tedesca. [...]

Negli animi dei migliori ghibellini vibrava l'ardente speranza di un messia politico, alla quale Dante ha dato forma nell'arcana figura del Veltro. Il poeta, esule errabondo, fu il profeta di quello stato d'animo ghibellino. I suoi appelli, perfino taluni passi del suo poema, hanno il valore di documenti politici, che gettano luce sullo spirito di quell'età straordinaria. In contrasto con la storia delle spedizioni a Roma, maledette da secoli dagli Italiani come invasioni barbariche, Dante continuava a vedere nei re dei Romani di nazione tedesca, ormai legittimi, i liberatori d'Italia eletti da Dio, col sacro dovere di restaurare l'Impero di qua dalle Alpi. Nulla svela la profonda disperazione del paese dilaniato dalle lotte, più chiaramente del desiderio espresso dal più nobile dei suoi cittadini, di un ritorno dell'imperatore tedesco nella sua patria alla testa di un esercito. Gli Italiani biasimavano tale desiderio come frutto della faziosità ghibellina, ma Dante nella sua concezione poetico-filosofica sognava un ideale universale superiore a ogni idea di parte, innanzi al quale anche la nazionalità dell'imperatore non contava. Gli Asburgo, rimasti fermi in Germania, lo delusero; egli scagliò accuse adirate contro l'ombra di Rodolfo, dimentico dei suoi doveri, e l'assassinio di Alberto gli apparve come una punizione celeste, monito al suo successore perché compisse il dovere troppo a lungo rinviato. I versi danteschi del celeberrimo passo del Purgatorio che ne descrive l'incontro fra Sordello e Virgilio, ditirambi dettati dal dolore di patriota, proficamente sublimi come quelli di un Isaia, si mantennero validi per tutti i secoli successivi, scritti sopra l'Italia quasi a lettere di fuoco. Il poeta chiamava Enrico a Roma orfana:

> Vieni a vedere la tua Roma che piagne
> vedova e sola, e dì e notte chiama:
> « Cesare mio, perché non m'accompagne? ».
>
> (*Purg.*, VI, 112-114) [12]

---

[12] F. Gregorovius, *Storia della città di Roma nel Medioevo*, trad. di A. Casalegno, vol. II, Torino, Einaudi, 1973, pagg. 1478-80.

Per sostenere l'azione di Arrigo VII, Dante scrisse tre lettere: una ai principi e popoli dell'Italia, perché ne favorissero la riuscita; la seconda ai fiorentini, rimproverandone la faziosità e l'ostilità verso l'imperatore; la terza allo stesso Arrigo, perché ristabilisse la giustizia e l'ordine in Toscana. Ma proprio questa presa di posizione contro i governanti di Firenze, ben lungi da favorire l'azione di Arrigo, fu il motivo per cui nel 1311 l'esule fu escluso dall'amnistia nota col nome di « Riforma » di Baldo d'Uguglione.

I sogni e gli entusiasmi dell'Alighieri – che in questi anni approfondendo le sue concezioni politiche, scriveva la *Monarchia* per dimostrare la necessità dell'Impero per il bene del mondo, la possibilità e l'urgenza che potere temporale e potere spirituale fossero indipendenti ma procedessero di comune accordo – sfumarono con la morte improvvisa di Arrigo VII a Buonconvento (21 agosto 1313), morte che poneva fine ad un periodo d'illusioni (assedio di Firenze, autunno 1312) e di contraddizioni (incoronazione a Milano, incoronazione ottenuta con la forza a Roma, ostilità dei guelfi fiorentini, opposizione di Clemente V). Queste vicende allontanarono dall'animo di Dante la fiducia di rientrare a Firenze; ma nonostante che egli si sentisse sempre più cittadino del mondo, non cancellarono in lui la struggente nostalgia della patria, e soprattutto la speranza di essere incoronato poeta nel suo « bel San Giovanni ». Ne è prova la lettera da lui inviata ai cardinali italiani perché, ormai morto Clemente V, Roma tornasse ad essere la sede del papato, e un italiano fosse il successore di Pietro, per restituire a Roma e all'Italia la gloria dei tempi lontani.

Nel maggio del 1315 si presentò la possibilità di un ritorno in Firenze grazie ad una nuova amnistia; ma le condizioni erano troppo umilianti: l'esule avrebbe dovuto manifestare il suo pentimento e ritrattare tutto ciò che la sua coscienza considerava retto e giusto. Dante, pur nel dolore, rifiutò, riaffermando in una lettera ad un « amico fiorentino » (che il poeta chiama « padre »), il quale si era interessato per il suo rientro, che quella non era per lui la via del ritorno in patria: se una onorevole se ne fosse trovata, ben volentieri l'avrebbe accettata; altrimenti mai sarebbe rientrato in Firenze: *non est hec via redeundi ad patriam, pater mi; sed si alia per vos ante aut deinde per alios invenitur, que fame Dantisque honori non deroget, illam non lentis passibus acceptabo; quod si per nullam talem Florentie introitur, numquam Florentiam introibo* (*Ep.*, XII, 4). Nello stesso anno, invece, venne da Firenze un'altra conferma del-

4. GLI ANNI DELL'ESILIO

l'esilio e della condanna a morte per l'esule e i suoi figli, che già da tempo si erano uniti a lui.

Anche gli ultimi anni della vita Dante li passò da una corte ad un'altra: fu a Verona, presso Cangrande della Scala, a cui dedicò il *Paradiso* in segno d'affettuosa riconoscenza; forse fu ancora in Toscana nel Casentino, e con Uguccione della Faggiola; infine andò a Ravenna, alla corte di Guido Novello da Polenta, figlio di un fratello di Francesca, già rievocata in un canto famoso dell'*Inferno*. Lì ebbe onori e incarichi, trovò conforto al suo animo e pace per i suoi studi. Nel 1319 scrisse in latino due ecloghe a Giovanni del Virgilio, professore nell'università di Bologna, che lo aveva invitato in quella città per ricevervi l'incoronazione poetica: Dante, pur esprimendo gratitudine, declinava l'invito, ancora nella segreta speranza che l'alto riconoscimento potesse essergli fatto nella sua Firenze.

Ed ecco come un poeta, Giosue Carducci, ha sentito e ricostruito quegli anni della dimora di Dante a Ravenna:

Ravenna, città solitaria e di grandi memorie, è l'asilo conveniente a Dante vecchio: qui non convegni di fuorusciti che tramino, non una corte ghibellina ove si spolitichi tutto giorno; ma la pianura, il mare, e le tombe de' Cesari. Altrove alla grandezza dell'uomo recava pregiudizio l'affaccendarsi non sempre opportuno del partigiano: qui è onorato e riverito il poeta. Vedetelo. La mattina attende a qualche affare di Guido ove si richiegga un segretario eloquente; più spesso scrive o detta a Iacopo alcuno de' canti sublimi. Più tardi, con lui e con Piero, testé chiamato di Verona a officio di giudice, si siede alla povera mensa apparecchiata dalla Beatrice (dové rendersi monaca dopo la morte del padre, perché le orfane degli esuli non trovan marito); poi scherza co' figlioletti di Piero, alcun de' quali pendendo dal petto della giovine madre ha forse ispirato all'avo le tre stupende comparazioni infantili che infiorano gli ultimi canti del Paradiso

> E come fantolin che 'n vêr la mamma
> tende le braccia poi che 'l latte prese
> per l'animo che 'n fin di fuor s'infiamma.

Nel pomeriggio gli si accolgono in casa parecchi giovani romagnoli, ed egli ragiona con loro di poesia, spiegando forse le teoriche che dovean esser parte della Vulgare Eloquenza. [...] A cotesti ritrovi intervengono più d'una volta il Perini e il Milotti [13]; i quali pe 'l loro titolo di concittadini trattano più famigliarmente il maestro. E lo accompagnano nelle passeggiate per la triste pianura che mette alla pineta. Dante sorride al motteggioso conversare del Perini, discorre di fisica e un tantino di questioni platoniche co 'l Milotti; parlano insieme de' bei versi di Giovanni del Virgilio e del rendersi o no all'invito bolognese. Se non che il ragionare rimette a mano a mano di calore; e succede silenzio. Tramonta il sole, e gli esuli guardan pensosi. O villa di Camerata [14] e alture di Fiesole tinte a quest'ora d'un soave digradante colore di rosa! o valle dell'Arno ove tutto a quest'ora freme di vita, e i bei campi arati da cui tornano gli agricoltori cantando, e i borghi al piano e i castelli su la collina che si rispondono con le squille lontane mentre il crepuscolo luccica su la corrente del fiume tra le ombre dei pioppi commossi! È un triste momento cotesto [15].

Come a Verona – dove nel 1320, intervenendo in un dibattito scientifico, lesse la sua *Quaestio de aqua et terra* –, anche a Ravenna il poeta attese a comporre e completare la *Commedia*. Nel 1321, al ritorno da un'ambasceria a Venezia per conto di Guido da Polenta, si ammalò di febbri malariche e morì a Ravenna nella notte fra il 13 e il 14 settembre. Fu solennemente sepolto, dentro un'arca di pietra, in una cella presso la chiesa che allora si chiamava San Pier Maggiore, ed oggi San Francesco; e in quella cella, destinata a tempietto per la venerazione dei posteri, le ceneri del nostro maggiore poeta ancora riposano, nonostante che più volte siano state richieste dai fiorentini.

5. Il « ritratto » del Boccaccio e il « giudizio » del Villani

Giovanni Boccaccio, che di Dante fu grande ammiratore, e ne tracciò, intorno al 1355, la prima biografia, il cosiddetto *Trattatello*

---

[13] Dino Perini, notaio fiorentino, e Fiducio de' Milotti, medico originario di Certaldo, vissero a Ravenna quando vi si trovava Dante, e di lui furono intimi amici, come si può dedurre dalle *Egloghe* e da notizie del Boccaccio.
[14] Località nei dintorni di Firenze, presso San Domenico di Fiesole. Dante vi possedeva un podere, che poi gli fu confiscato.
[15] G. Carducci, *Della varia fortuna di Dante* (1866-67), in *Opere*, Ed. Nazionale, vol. X, Bologna, Zanichelli, 1936, pagg. 272-74.

5. « RITRATTO » DEL BOCCACCIO E « GIUDIZIO » DEL VILLANI

in laude di Dante, o, più giustamente, *Vita di Dante*[16] così ne dipinge l'aspetto fisico e morale:

> Fu il nostro poeta di mediocre statura, ed ebbe il volto lungo e il naso aquilino, le mascelle grandi, e il labbro di sotto proteso tanto, che alquanto quel di sopra avanzava; nelle spalle alquanto curvo, e gli occhi anzi grossi che piccoli, e il color bruno, e i capelli e la barba crespi e neri, e sempre melanconico e pensoso. [...] Li suoi vestimenti sempre onestissimi furono, e l'abito conveniente alla maturità, e il suo andare grave e mansueto, e ne' domestici costumi e ne' pubblici mirabilmente fu composto e civile.
> Nel cibo e nel poto fu modestissimo. Né fu alcuno più vigilante di lui e negli studi e in qualunque altra sollecitudine il pugnesse. Rade volte, se non domandato, parlava, quantunque eloquentissimo fosse. Sommamente si dilettò in suoni e in canti nella sua giovanezza, e, per vaghezza di quelli, quasi di tutti i cantori e sonatori famosi suoi contemporanei fu dimestico. Quanto ferventemente esso fosse da Amor appassio-

---

[16] Prima che il Boccaccio componesse il *Trattatello* si erano occupati della vita di Dante GIOVANNI VILLANI nella *Cronica* (CXXXVI) e ANTONIO PUCCI nel *Centiloquio* (LV, 19-301). Ma è dal Boccaccio che prendono l'avvio gli studi danteschi, e, in particolare, quelli sulla vita del poeta: e a quella fonte si rifaranno, più o meno, i successivi biografi, sia che stendano commenti alla *Commedia* (in cui inseriscono una « vita » dell'autore), sia che si occupino dell'Alighieri in opere diverse. Fra questi antichi studiosi dobbiamo ricordare almeno: BENVENUTO DA IMOLA e FRANCESCO DA BUTI (*Commenti*), MARCHIONNE STEFANI (*Cronaca*), FILIPPO VILLANI (*Liber de origine civitatis Florentiae et eiusdem famosis civibus*), DOMENICO BANDINI (*Fons memorabilium universi*), Fra GIOVANNI DA SERRAVALLE (*Commento*).

Ma la biografia di maggior importanza, che cronologicamente segue quella del Boccaccio, è di LEONARDO BRUNI. In polemica con lo schema boccacciano divenuto tradizionale, il Bruni pone più l'accento sulla vita « sociale » di Dante, che su quella « sentimentale », come aveva fatto il Boccaccio attribuendo all'Alighieri le sue personali esigenze di uomo e di scrittore; per cui Dante appare ora cosciente del suo impegno civile, e non solitario e isolato dal mondo.

Altre vite di Dante scritte nel corso del sec. XV sono quelle di GIANNOZZO MANETTI (*Vitae Dantis, Petrarchae et Boccacii*), SANT'ANTONINO (*Chronicorum sive opus historiarum*), SICCO POLENTON (*Scriptorum illustrium latinae linguae libri*), FLAVIO BIONDO (*Historiarum ab inclinatione Romanorum*), una *Cronica ferrarese*, GIOVAN MARIA FILELFO (*Vita Dantis*), CRISTOFORO LANDINO (*Commento*). Anche nei commenti cinquecenteschi, come in quelli di ALESSANDRO VELLUTELLO, LODOVICO DOLCE e BERNARDINO DANIELLO, si inseriscono biografie dell'Alighieri. — I testi delle vite fin qui citate, insieme a vari altri, si trovano raccolti nel volume di A. SOLERTI, *Le vite di Dante, Petrarca e Boccaccio scritte fino al secolo XVII*, Milano, Vallardi, (1904).

Per le biografie del Boccaccio e del Bruni si veda anche il Cap. « Profilo di storia della critica dantesca ».

nato, assai è dimostrato di sopra. Solitario fu molto e di pochi dimestico. E negli studii, quel tempo che lor poteva concedere, fu assiduo molto. Fu ancora Dante di maravigliosa capacità e di memoria fermissima, come più volte nelle disputazioni in Parigi e altrove mostrò. Fu similmente d'intelletto perspicacissimo e di sublime ingegno e, secondo che le sue opere dimostrano, furono le sue invenzioni mirabili e pellegrine assai.

Vaghissimo fu e d'onore e di pompa, per avventura più che non s'appartiene a savio uomo. Ma qual vita è tanto umile, che dalla dolcezza della gloria non sia tocca? Questa vaghezza credo che cagion gli fosse d'amare sopra ogni altro studio quel della poesia, a ciò che per lei al pomposo e inusitato onore della coronazion pervenisse. Il quale senza fallo, sì come degno n'è, avrebbe ricevuto, se fermato nell'animo non avesse di quello non prendere in altra parte, che nella sua patria e sopra il fonte nel quale il battesimo avea ricevuto; ma dallo esilio impedito e dalla morte prevenuto, nol fece [17].

E così Giovanni Villani, di poco più giovane di Dante, giudica il poeta scrivendo la *Cronica* alcuni anni dopo la sua morte:

Questo Dante fu uno onorevole e antico cittadino di Firenze di Porta San Piero. [...] Fu grande letterato quasi in ogni scienza, tutto fosse laico; fu sommo poeta e filosafo, e rettorico perfetto tanto in dittare e versificare come in aringa parlare nobilissimo dicitore, in rima sommo, col più pulito e bello stile che mai fosse in nostra lingua infino al suo tempo e più innanzi. Fece in sua giovinezza il libro della *Vita nova d'amore*; e poi quando fu in esilio fece da venti canzoni morali e d'amore molto eccellenti; e in tra l'altre fece tre nobili pistole: l'una mandò al reggimento di Firenze, dogliendosi del suo esilio sanza colpa; l'altra mandò allo 'mperadore Arrigo quand'era all'assedio di Brescia, riprendendolo della sua stanza, quasi profetizzando; la terza a' Cardinali italiani, quand'era la vacazione dopo la morte di papa Clemente, acciocché s'accordassono a eleggere papa italiano: tutte in latino con alto dittato, e con eccellenti sentenzie e autoritadi, le quali furono molto commentate da' savi intenditori. E fece la *Commedia*, ove in pulita rima, e con grandi e sottili questioni morali naturali e astrolaghe filosofiche e teologiche, con belle e nuove figure, comparazioni e poetrie, compuose e trattò in cento capitoli ovvero canti, dell'essere e stato del ninferno, purgatorio e paradiso, così altamente come dire se ne possa, siccome per lo detto suo trattato si può vedere e intendere, chi è di sottile intelletto. Bene si dilettò in quella *Commedia* di garrire e sclamare a guisa di poeta, forse in

---

[17] G. BOCCACCIO, *Trattatello in laude di Dante* (Redazione dall'autografo Chigiano, a cura di P. G. Ricci, Alpignano, Tallone, 1969, pagg. 129-132.

5. « RITRATTO » DEL BOCCACCIO E « GIUDIZIO » DEL VILLANI

parte più che non si convenga, ma forse il suo esilio gliel fece fare. Fece ancora la *Monarchia*, ove con alto latino trattò dell'officio del papa e dello 'mperadore. E cominciò uno Commento sopra quattordici delle sopradette sue Canzoni morali volgarmente, il quale per la sopravvenuta morte non perfetto si truova, se non sopra le tre; la quale, per quello che si vede, alta bella sottile e grandissima opera riuscia, perocché ornato appare d'alto dittato e di belle ragioni filosofiche e astrologiche. Altresì fece un libretto che s'intitola *De vulgari eloquentia*, ove promette fare quattro libri, ma non se ne truova se non due, forse per l'affrettato suo fine, ove con forte e adorno latino e belle ragioni ripruova tutti i vulgari d'Italia. Questo Dante per lo suo savere fu alquanto presuntuoso e schifo e isdegnoso, e quasi a guisa di filosafo mal grazioso non bene sapea conversare co' laici; ma per altre sue virtudi e scienza e valore di tanto cittadino, ne pare che si convenga di dargli perpetua memoria in questa nostra Cronica, con tutto che le sue nobili opere lasciateci in iscrittura facciano di lui vero testimonio e onorabile fama alla nostra cittade [18].

---

[18] G. VILLANI, *Cronica*, IX, 135.

PARTE SECONDA

L' OPERA

I. – Le opere minori

1. LA « VITA NUOVA »

Prima opera organica composta da Dante, la *Vita Nuova* è, come già si è detto, il racconto poetico del suo amore per Beatrice. È costituita da 31 liriche (25 sonetti, 4 canzoni, 1 ballata e 1 stanza di canzone) scelte da Dante fra quelle composte tra il 1283 e il 1292, e che meglio potevano servire a glorificare Beatrice, e successivamente, fra il '92 e il '93, raccolte e collegate con una narrazione in prosa che si sviluppa per 42 capitoli. Come le *razos* provenzali, la prosa ha la funzione essenziale di illustrare le *ragioni* e le circostanze che determinarono ciascuna composizione poetica; inoltre dopo molte liriche, ne indica le *divisioni*, spiega cioè la distribuzione della loro materia. Il « libello » si presenta così come un racconto continuo di varie vicende, vero e proprio romanzo di un amore ideale. Il titolo *Vita Nuova* vuole significare tanto il motivo della « vita giovanile », secondo un'espressione usata più tardi nel *Purgatorio* (« ...questi fu tal ne la sua vita nuova », XXX, 115), quanto, e soprattutto, il rinnovamento determinatosi nell'animo di Dante in seguito agli eventi straordinari che si accompagnarono all'amore di Beatrice.

I capitoli della *Vita Nuova* si possono raccogliere in un proemio e tre parti. Il proemio (capp. I-II) rievoca la prima visione che Dante ebbe di Beatrice, quando ambedue erano nel *nono* anno di vita, e narra le alterazioni che si determinarono nella sua esistenza, attraverso le reazioni dei diversi *spiriti* – vitale, animale, naturale – e come da allora la sua anima

fu *signoreggiata* dall'amore, il quale molte volte gli comandava di cercare di vedere questa *angiola giovanissima*.
Nella prima parte (capp. III-XVII), facendo un salto di *nove* anni, Dante rievoca il primo saluto ricevuto da Beatrice un giorno che la incontrò *vestita di colore bianchissimo*, nell'ora *nona*. Per le parole allora rivoltegli, provò infinita dolcezza; quindi, preso da *soave sonno*, ebbe in sogno una strana visione: un uomo teneva fra le braccia una donna che dormiva avvolta da un drappo *sanguigno*; poi la destava e le faceva mangiare un cuore ardente che teneva in mano; infine l'uomo e la donna salivano al cielo. Svegliatosi, venne a Dante il pensiero di scrivere un sonetto su questo sogno, e inviarlo a quanti in quel tempo erano *famosi trovatori*, perché gliene dessero spiegazione. Fu il sonetto *A ciascun'alma presa e gentil core*, a cui risposero molti, e in modo speciale Guido Cavalcanti, il *primo* dei suoi amici: così ebbe principio la loro amicizia. Ma nessuno dei *fedeli d'Amore*, a cui fu mandato il sonetto, seppe vedere nel sogno il misterioso preannunzio della morte non lontana di Beatrice. Intanto l'amore di Dante per Beatrice diviene così forte che il suo fisico deperisce; molti gli chiedono il nome dell'amata; ma egli, secondo il galateo « cortese », lo tiene segreto. Anzi, perché nessuno possa immaginare chi sia l'oggetto di tanto amore, finge di essere innamorato di una gentil donna di *piacevole aspetto*, che un giorno aveva a lungo osservata in una chiesa perché si trovava fra lui e Beatrice. Quella diviene perciò la donna dello *schermo della veritade*, e a lei il poeta dedica alcune rime, celandosi in tal modo *alquanti anni e mesi*. Quando poi questa donna parte da Firenze, Dante ne sceglie una seconda. Ma ben presto molta gente attribuisce un carattere volgare e disonesto a questo amore, e la *gentilissima* Beatrice, *la quale fue distruggitrice di tutti li vizi e regina de le virtudi*, un giorno nega a Dante quel saluto, in cui stava per lui tutta la sua *beatitudine*. Egli ne è preso da profondo dolore; in sogno Amore lo esorta a lasciare ogni schermo della verità e a rivolgersi a Beatrice, e a lei indirizzare direttamente la sua poesia. Segue un periodo in cui l'amore, alla maniera cavalcantiana, si fa per Dante insieme passione, estasi, tormento, e il giovane in una *battaglia de li diversi pensieri* è in angoscioso alternarsi di speranza e di disperazione. Un giorno Dante, condotto da un amico ad una festa nuziale, rimane tanto sconvolto nel trovarvi Beatrice, che per poco non sviene; allora molte delle donne lì presenti si burlano, si *gabbano*, di lui con la sua gentilissima. Tornato nella sua stanza, *la camera de le lagrime*, egli si propone di esprimere in rime le ragioni del suo *trasfiguramento*.
La seconda parte (capp. XVIII-XXVII) contiene il motivo centrale della *Vita Nuova* con le rime della « lode », quelle cioè in cui Dante, rinunziando a quanto era stato fino allora lo scopo del suo amore, il saluto di Beatrice, prende come argomento del suo canto le lodi della gentilissima. Queste rime incominciano con un verso di cui il poeta aveva avuto improvvisa ispirazione mentre andava lungo un ruscello, e

che introduce la famosa canzone che Dante poi avrebbe considerato (*Purg.*, XXIV, 50) come l'inizio delle « rime nuove », cioè della sua nuova poesia: *Donne ch'avete intelletto d'amore*. La canzone è preceduta da un'ampia prosa in cui lo scrittore afferma che la sua beatitudine è riposta tutta *in quelle parole che lodano* la sua donna. La virtù di Beatrice sta soprattutto, oltre che nello splendore della sua bellezza, nel fatto che la sua presenza, il suo saluto riescono vantaggiosi agli uomini, sicché *non po' mal finir chi l'ha parlato*. Seguono poi, con le rispettive introduzioni in prosa e i successivi commenti, tre sonetti tipici del dolce stil novo, in cui il tema principale è l'influsso miracoloso della donna che non solo fa nascere amore nel cuore gentile, ma suscita gentilezza e nobiltà in coloro che la vedono. Sono queste, fra le rime dolcissime di Dante, quelle in cui l'atteggiamento contemplativo ed estatico trova l'espressione più pura. Del primo sonetto *Ne li occhi porta la mia donna Amore* stupenda è l'ultima terzina, che contiene una delle rare e soavissime immagini fisiche di Beatrice: *Quel ch'ella par quando un poco sorride,* / *non si pò dicer né tenere a mente,* / *si è novo miracolo e gentile*. Fra questo primo sonetto e due successivi si inserisce il ricordo della morte del padre di Beatrice e del dolore di lei, e quindi il racconto di una malattia di Dante, durante la quale egli ebbe, in visione, il presagio della morte della sua donna. La visione si sviluppa attraverso due momenti: lo sconvolgimento della natura – si oscura il sole, trema la terra, le stelle sembrano piangere, gli uccelli cadono morti... –; e la rappresentazione dell'anima di Beatrice, che ascende in cielo in forma di nuvoletta bianchissima, circondata da una moltitudine di angeli che cantano *Osanna in excelsis*, mentre in terra il suo corpo morto è ricoperto da un velo, e la sua faccia è tanto serena che sembra dire: « *io sono a vedere lo principio de la pace* ». *L'errare della fantasia*, dopo essere stato ampiamente ricostruito in una delle prose più drammatiche, ritorna con atteggiamenti più pacati ed analitici nella mirabile canzone *Donna pietosa e di novella etate*. Guarito da quella malattia, il poeta vede per via, indicatagli da Amore, Beatrice, preceduta da monna Vanna, la donna del Cavalcanti, detta Primavera (soprannome che da Dante viene spiegato nel senso di « prima verrà » con allusione a quel giorno in cui essa « venne » ai suoi occhi « prima » di Beatrice). Quindi si conclude il ciclo delle rime della « lode » con i due sonetti che segnano, specialmente il primo, il punto più alto della poesia amorosa di Dante, *Tanto gentile e tanto onesta pare*, e *Vede perfettamente omne salute*.

La terza parte (capp. XXVIII-XLII) si svolge tutta sul fatto della morte di Beatrice, avvenuta improvvisamente e lasciando la città nella costernazione. Nel meditare sulle vicende della vita di lei, Dante scopre l'importanza che in essa ha avuto il numero *nove*. Quindi in compianto della morta compone una canzone, *Li occhi dolenti per pietà del cuore*, ed un sonetto richiestogli dal fratello di lei, e quindi una nuova canzone e un nuovo sonetto. Trascorso un anno dalla morte di Beatrice, dopo che molte persone una volta lo videro disegnare un angelo, un giorno si accorge di essere *pietosamente* osservato da una donna gentile, *giovane e bella molto*, che mostra compassione per il suo dolore. Continuando egli a vederla, dapprima ne prova simpatia e poi amore. Si crea così un dissidio fra il cuore che si è invaghito della fanciulla e la ragione che rimprovera il nuovo sentimento, e biasima la *vanitade* degli occhi che si sono lasciati avvincere dal nuovo diletto, anziché continuare a piangere la perdita della gentilissima. Mentre questa orribile condizione tormenta l'animo di Dante, Beatrice gli riappare con quelle *vestimenta sanguigne* con cui l'aveva veduta la prima volta. Da allora il pensiero di lei torna ad occupare tutto il suo essere, e abbondante torna a sgorgare il pianto dai suoi occhi. Questo dolore lo manifesta con un sonetto anche ad alcuni pellegrini, che, ignari dell'accaduto, un giorno vede assorti ma non turbati: *Deh; peregrini, che pensosi andate*. Un altro sonetto compone per richiesta di due gentili donne, e ad esse lo invia: *Oltre la spera che più larga gira*. È l'ultima lirica della *Vita Nuova*, e col capitolo che la segue, il XLII, fa presagire, sia pur vagamente, la glorificazione che di Beatrice verrà fatta nella *Commedia*. Dopo quel sonetto, conclude il poeta, appare a lui una mirabile visione, in cui vede cose che gli fanno proporre di non parlare più di Beatrice finché non possa *più degnamente trattare di lei*. E ora, se la sua vita potrà durare alquanto, spera *di dicer di lei quello che mai fue detto d'alcuna*: e poi la sua anima possa andare a vedere nel cielo la gloria di quella *benedetta, la quale gloriosamente mira ne la faccia di colui qui est per omnia secula benedictus*. – Così l'operetta si conclude con accenti d'intima serenità e d'estatica contemplazione, in un'aura profondamente religiosa, nell'aspirazione al superamento di ogni limite terreno, nell'affermazione di quella che sarà sempre la meta ultima della vita e dell'opera intera di Dante: l'unione del transitorio con l'eterno, dell'umano col divino.

La *Vita Nuova* è nata certamente da un'esperienza umana concreta e da un fondo autobiografico. Ma tutto questo in essa si è fuso con un vasto complesso d'immaginazioni e si è inquadrato nel mondo culturale fiorentino di fine Duecento. Il « libello » non è quindi il semplice racconto di una precisa e reale vicenda vissuta, né l'insieme di visioni fantastiche e di artifici retorici: sibbene la storia di un'anima, rievocata attraverso gli ideali aristocratici dell'amore cortese e i canoni di un'arte raffinata e dotta: è dunque un'espressione del dolce stil novo, anzi la sua espressione senz'altro maggiore: e vale quindi, soprattutto, come documento di letteratura e di poesia. Quello, infatti, che all'origine fu un amore individuale, nelle liriche e nelle prose del romanzo ha assunto ben presto le note tipiche dell'amore cantato dai poeti provenzali e, ancor più, stilnovisti, e con stretti legami, in modo speciale, con l'insegnamento del Guinizelli. Così, mentre temi come quelli del saluto, del gabbo, dell'amore segreto e dello schermo, della morte e dell'indiamento della donna amata, richiamano alla lirica cortese (ad esempio, al *gab* e ai *compianti* dei provenzali), più direttamente all'atmosfera stilnovistica riporta il motivo essenziale dell'amore gentile che sublima l'uomo a Dio mercé l'opera purificatrice e beatificante della donna, vista e contemplata dapprima in terra come angelo, intuita poi in cielo in mezzo agli angeli. L'opera ha così anche un valore simbolico ed una finalità didattica, presentando a tutti gli uomini una forma di amore ideale e di elevazione spirituale.

La *Vita Nuova* è dunque qualcosa di mezzo tra vita e letteratura. Misticismo medievale e arte della retorica, attenzione alle scene còlte dal vero (il gabbo, i pellegrini, la donna gentile...) e gusto simbolico vi s'incontrano e vi s'armonizzano con profonda ricchezza umana e con genuina ispirazione poetica. In questa posizione mediana e sintetica sta, in particolare, la figura di Beatrice, creatura reale di cui si registrano fatti e sensazioni concrete ed obiettive, e insieme figura senza concretezza fisica, simbolo di perfezione che trasfonde nell'uomo che l'ama un bisogno di assoluto e un'ansia di pienezza di vita spirituale. Accostarsi al suo amore è accostarsi al divino; allontanarsi da lei è allontanarsi dalla virtù; ritornare a lei è ritornare alla grazia.

Questa sublime vicenda purificatrice – che si afferma, in modo speciale, con la comparsa dei capitoli dello « stile de la lode », ove Beatrice diventa figura di Cristo, sicché l'amore per lei è manifestazione di amore a Dio, via sicura verso la rivelazione divina, conquista di verità assoluta – ha portato il giovane amante a superare ogni residuo legame terreno nell'adorazione estatica di una bellezza celeste. In tale prospettiva la storia della *Vita Nuova* inquadra l'esistenza di Dante in un'atmosfera religiosa che, sostenuta da una certa solennità biblica, si fa intensa intorno alla morte di Beatrice, e si accentua ancor più nelle ultime pagine. Tutto ciò mostra come Dante col libro « giovanile » sia spiritualmente già sulla strada della *Commedia*: in lui giovane c'è già l'intento di esaltare in una visione religiosa la sua *gentilissima*, quell'intento che troverà l'espressione somma nel poema della maturità; e c'è, nel suo diffuso misticismo agiografico, il primo esempio di quell'*itinerarium mentis ad Deum* che proprio nella *Commedia*, come diremo, troverà anch'esso l'espressione più completa e più poetica.

Sul piano artistico la *Vita Nuova* non presenta un andamento uniforme. Le differenze più notevoli si riscontrano nelle liriche. In molte di esse è facile scoprire influssi diversi: di Guittone prima, la cui presenza era dominante nella cultura dei primi anni di Dante; del Cavalcanti poi, specie quando l'amore si manifesta come angoscia ed è scrutato nei suoi effetti sul cuore; del Guinizelli infine, che ben presto fu sentito da Dante in profonda congenialità di spirito, ed appare decisivo soprattutto là dove il canto si fa più trascendente. Ma varie liriche, specie le più tarde, presentano spiccata originalità, e, accanto ad alcune dall'andamento manierato ed impacciato, rivelano spontaneità d'ispirazione e calore di sentimento. Del resto nel canto di Dante non compaiono più i lamenti consueti di altri rimatori nei riguardi della durezza della donna, né le loro frequenti invocazioni di mercede; ma – come si è visto – l'esaltazione delle virtù della gentilissima in vantaggio del poeta e di tutti gli uomini.

La prosa della *Vita Nuova*, pur con certe differenze di strutturazione, rappresenta un fatto di grande importanza nell'itinerario della lingua volgare sul finire del Duecento. In essa lo scrittore rivela tutta la ricca gamma delle sue conoscenze e capacità tecniche: usa con arte prolessi e ripetizioni, ricerca con misura allitterazioni e parallelismi, crea frequenti ritmi e clausole. Ma la sua pagina è ricca e nuova perché alimenta e conserva un'aurea rarefatta e incantata, un clima di lirica e di poeticità che pervadono tutto il libro. È per questo che, salvo alcune eccezioni, l'incontro delle rime con le prose avviene armonicamente in un diffuso senso di estasi e d'incanto, e contribuisce a fare della *Vita Nuova*, nonostante i suoi limiti, l'opera poetica più grande di tutto il nostro Duecento.

2. Le « Rime »

Sotto il titolo di *Rime* si è soliti raccogliere l'insieme dei componimenti in versi di vario metro – canzoni, sonetti, ballate – composti da Dante nello spazio di un venticinquennio, cioè dal 1283 al 1308. Queste poesie ebbero una diffusione extravagante fino da quando l'Alighieri era in vita. Egli stesso, come sappiamo, fra il 1292 e il 1293 ne raccolse una parte nella *Vita Nuova*; sillogi diverse furono fatte successivamente in vari periodi: il Boccaccio ne fece una di quindici canzoni che pose accanto alla *Vita Nuova* e alla sua *Vita di Dante*.

L'ordinamento attualmente fondamentale è quello edito nel 1921 da Michele Barbi. Esso raccoglie, disposte in sette libri secondo criteri cronologici e contenutistici, tutte le liriche attribuite all'Alighieri, comprese quelle inserite da lui nella *Vita Nuova*, per un totale di oltre cento componimenti. Noi ci occuperemo, come è ormai comune fare quando si tratta delle *Rime* di Dante (o anche *Canzoniere*: ma questo titolo sembra meno opportuno perché ad esso, in seguito all'esperienza del Petrarca, si associa il concetto di unitarietà, che non si riscontra nell'insieme delle liriche di Dante), soltanto delle composizioni sicuramente attribuibili all'Alighieri e che non si trovano nella *Vita Nuova*. Si tratta quindi di una cinquantina di poesie di varia estensione, di argomento soprattutto amoroso e filosofico.

Opera non organica ed unitaria, le *Rime* rivelano con evidenza vari moduli d'ispirazione: tradizione siciliana e guittoniana, motivi e forme stilnovistici, poesia morale e allegorica, poesia realistica. Nel complesso potremmo distinguere sei gruppi essenziali.

Il primo gruppo si compone di alcuni sonetti condotti secondo la tecnica cerebrale dei guittoniani: e proprio ad un vecchio seguace di Guittone, Dante da Maiano, sono indirizzati i quattro che si considerano i più antichi: *Savete giudicar vostra ragione*; *Qual voi siate, amico, vostro manto*; *Non conoscendo, amico, vostro nomo; Savere e cortesia, ingegno ed arte*. Gli argomenti di questi sonetti sono vari; una posizione di rilievo vi ha il tema del dolore come conseguenza dello stato amoroso. Sono composizioni caratterizzate dall'incontro di una sostenutezza concettuale con un'espressione ornata, abbondante di figure etimologiche e di giuochi di parole, secondo la tradizione retorica scolastica: un'espressione quindi nell'insieme complicata e talvolta oscura. Fra gli altri sonetti che si possono ricollegare a quelli indirizzati a Dante da Maiano, vi è, come abbiamo già osservato, quello con cui si apre la serie delle liriche inserite nella *Vita Nuova*: *A ciascun'alma presa e gentil core*.

Il secondo gruppo è costituito dalle composizioni che sono in gran parte ricollegabili ai temi e alle forme del dolcestilnovo. Cronologicamente corrispondono al periodo dei versi e delle prose della *Vita Nuova*; si riferiscono a Beatrice, alle donne dello schermo, alla donna gentile, e ad altre donne ancora, di cui compaiono nomi certamente poetici: Fioretta, Violetta, Lisetta. In genere sono versi pieni di grazia, con immagini delicate, in un'armoniosa musicalità. Ricordiamo: la breve ballata *Per una ghirlandetta*, la cui leggiadria richiama certe movenze cavalcantiane; il vivace sonetto *Per quella via che la bellezza corre*, che canta di una Lisetta che « baldanzosamente » va alla conquista di un cuore e poi deve tornarsene « tutta dipinta di vergogna »; la sospirosa ballata *Deh, Vio-*

letta, che in ombra d'Amore, patetica e realistica invocazione a ricambiare un ardente amore; il melanconico sonetto che è presagio della morte imminente di Beatrice *Un dì si venne a me Melanconia*. Ma su tutte le liriche di questo gruppo ha un fascino indimenticabile il sonetto *Guido i' vorrei che tu e Lapo ed io*, sogno vaghissimo, sul tono del *plazer* provenzale, di essere posto dal « buono incantatore », insieme cogli amici Lapo e Guido e le loro donne in un « vasel » che andasse per mare « ad ogni vento » secondo il loro volere.

Il terzo gruppo di rime si ricollega a quei toni realistici, e talvolta plebei, che non furono disdegnati neppure dai più eleganti poeti stilnovisti, e che si possono accostare a motivi e movenze della poesia giocosa e borghese, tanto diffusa nella seconda metà del Duecento. Sono tipici i tre sonetti composti da Dante (a quanto pare fra il 1293 e il 1296) contro l'amico Forese Donati, e da questi ricambiati con altrettanti sonetti in una « tenzone » poetica, in cui ad espressioni abbastanza pacate si alternano altre aspre nell'invettiva e sguaiate nella mordacità. Questa tenzone, se è indice di quel periodo di rilassamento morale di cui si può avere rivelazione nel colloquio dei due amici in un famoso episodio del *Purgatorio* (XXIII), non deve essere creduta come una manifestazione assoluta di vera e propria ostilità, ma piuttosto – almeno in gran parte – come riflesso di quel gusto letterario comico-realistico che caratterizza, ad esempio, le rime di un Rustico di Filippo o di un Cecco Angelieri. D'altra parte la tenzone rivela in Dante anche il desiderio di affermarsi in sempre nuove esperienze umane ed artistiche, proprio negli anni in cui iniziava la sua attività politica. Come esempio di quanto diverso dai motivi e dalle forme delle composizioni d'ispirazione stilnovistica sia il mondo ideologico e l'atteggiamento stilistico dei sonetti della tenzone, si veda quello in cui Dante, rivolgendosi all'amico col soprannome che doveva essere stato di qualche suo parente, lo colpisce con un maligno sospetto: *Bicci novel, figliuol di non so chi*.

Il quarto gruppo, nettamente definito, è costituito dalle due canzoni e le due sestine che formano le così dette *rime petrose*, dal nome della donna, a noi ignota, Pietra, a cui sono rivolte. Cronologicamente vicine a quelle del gruppo precedente (il tempo di composizione comunemente accettato va dal 1296 al 1298), ad esse sono vicine anche per i toni e i colori del linguaggio. Quello stile « basso », violento e plebeo, che aveva fatto la sua comparsa nei sonetti della tenzone, fa ora il suo ingresso prepotente nello stile « alto » dovuto alla canzone. Ma lo stacco dal mondo dello stilnuovo nelle *rime petrose* è netto soprattutto per la maniera decisamente sensuale con cui l'amore vi è cantato, per gli accenti vigorosi ed aspri da cui queste liriche sono continuamente segnate. Esse potrebbero considerarsi, secondo la maniera del *senhal* provenzale, rime simboliche nel senso che « pietra » voglia indicare la durezza del cuore della donna. C'è anche chi vede in questa figura e in questo nome simboleggiata la filosofia, o Firenze, mentre altri ritengono che si tratti di pure e semplici esercitazioni stilistiche al di fuori di ogni riferimento reale o simbolico, e in rapporto ai gusti metrici dei provenzali in genere e di Arnaldo Daniello in particolare, che si era segnalato nell'uso delle sestine. Delle quattro composizioni quella meglio riuscita è la canzone *Così nel mio parlar voglio esser aspro*, in cui, con tormentosa violenza e con forza drammatica, il poeta parla della « bella petra » che con la sua bellezza lo colpisce e lo abbatte, mentre essa resta insensibile: sicché all'amante non rimane che sognare un'aspra vendetta: *S'io avessi le belle trecce prese / che fatte son per me scudiscio e ferza [...] / non sarei pietoso né cortese, / anzi farei com'orso quando scherza.*

Contemporanee sono le canzoni allegoriche e dottrinali che costituiscono un altro gruppo a sé, caratterizzato da un'ispirazione morale che spesso per profondità di pensiero e fierezza di sentimento avvicina queste composizioni ai motivi ideali della *Commedia*. Sono da ricordare, in primo luogo, le tre canzoni commentate poi da Dante nel *Convivio*, e per le quali rimandiamo a quanto si dirà a proposito di questo trattato. Esse sono: *Voi che 'ntendendo il terzo ciel movete*, che Dante considerò tanto importante e ben riuscita da terminarla col verso *Ponete mente almen com'io son bella*, e da affermare, nel *Convivio*. che essa è grande « sì per costruzione, la quale sì pertiene a li grammatici, sì per l'ordine del sermone, che si pertiene a li retorici, sì per lo numero de le sue parti, che si pertiene a li musici »; *Amor che ne la mente mi ragiona*, che si ricollega, come vedremo, alle rime della « loda »; *Le dolci rime d'amor ch'io solia*, in cui è trattato il tema della nobiltà. – Fra le altre canzoni dottrinali ricordiamo *Poscia che Amor del tutto m'ha lasciato*, che tratta di che cos'è vera leggiadria: è pura virtù e consiste nell'incontro di sollazzo, amore e virtù morale, sicché non può essere « leggiadro » chi non è nobile e virtuoso.

Infine gruppo a sé costituiscono le così dette « rime dell'esilio », non perché s'ispirino a nuovi motivi, ma esclusivamente per ragioni cronologiche. Mentre infatti i gruppi che abbiamo fin qui ricordato sono formati da liriche tutte anteriori all'esilio, quest'altre furono composte nei primi anni della lontananza da Firenze, ed antecedentemente al poema. I loro motivi ispiratori sono diversi: in alcune ricompare l'esperienza stilnovistica della giovinezza, come nei sonetti scambiati con Cino da Pistoia e nella canzone amorosa *Amor da che convien pur ch'io mi doglia*; in altre persistono gli atteggiamenti dottrinari e allegorici, come nella canzone *Doglia mi reca ne lo core ardire*. Fra queste ultime eccelle la canzone allegorica *Tre donne intorno al cor mi son venute*: ciascuna di queste « donne », venute a confortare l'esule poeta, è « dolente e sbigottita » come persona « discacciata e stanca »; una simboleggia la Rettitudine o la Giustizia; le altre, una figlia e una nipote, simboleggiano forse il Diritto naturale e il Diritto umano. Anche queste « tre donne » sono dunque esiliate dagli uomini, come Amore che si è rifugiato nel cuore di un altro esiliato, Dante. Il poeta ha ascoltato le parole delle donne e d'Amore e si esalta pensando che con « così alti dispersi » ha in comune la sorte, anzi l'onore dell'esilio: *l'esilio che mi è dato, onor mi tengo [...] / cader co' buoni è pur di lode degno*. Ma l'esaltazione subito si tempera nella dolorosa meditazione della perdita, con l'esilio, di ogni cosa più cara e più amata.

Le *Rime* sono opera di notevole valore: costituiscono la diretta testimonianza del cammino percorso da Dante nella poesia lirica sotto l'influsso di sempre nuove esperienze culturali. Già esperto nel « dire parole in rima » intorno ai diciott'anni, e cioè nel 1283, com'egli stesso afferma nella *Vita Nuova*, iniziò a comporre versi sotto l'evidente influsso di Guittone d'Arezzo, il grande modello poetico degli ultimi decenni del Duecento, sia nei motivi ispiratori sia nella tecnica espressiva. Di Guittone però si ammiravano quasi esclusivamente le poesie del primo periodo, quelle cioè di argomento amoroso, condotte sui moduli provenzali e siciliani, e non quelle ascetiche, politiche e morali che tennero dietro alla sua conversione. Ma l'adesione di Dante alla lirica guittoniana fu di breve durata: ne venne distolto, come Guido Cavalcanti, soprattutto dai moduli del Guittone della seconda maniera, che oltre ad esprimersi in rime complesse ed aspre nella forma, aveva rifiutato e condannato la tematica amorosa. L'abbandono di Guittone si accompagna ad un completo inserimento di Dante nel mondo dello stilnovo, un inserimento sollecitato anche dall'amicizia col Cavalcanti, che, a sua volta, risentiva della lezione del Guinizelli, cui si dovevano i presupposti essenziali del rinnovamento della lirica. La scìa del Cavalcanti è seguita da Dante sempre in stile attento e raffinato, e nei temi più vari: da quello dell'amore cortese e della contemplazione gioiosa o bramosa della bellezza, a quello dell'amore sofferente e dell'immagine incalzante della morte.

Ma quando, morta Beatrice, e apparsi nella loro più repentina concretezza i problemi del vivere civile, ardono in Dante nuove aspirazioni culturali-filosofiche, insieme con la vocazione ad un nuovo impegno morale e politico, in piena adesione alla realtà storica dei tempi, la sua lirica passa ad assumere motivi e forme sempre più realistiche, in un linguaggio spesso aspro e violento: è il momento della tenzone e delle rime petrose. Ben presto gli studi filosofici portano ancora oltre la poesia dell'Alighieri. Se in essa continuano a persistere, o, meglio, ritornano di tanto in tanto i temi dell'amore, questi vi compaiono di solito in una prospettiva dottrinale e sotto il riflesso morale. Ma insieme e più insistenti vengono altri temi di scienza e di vita, come quello della nobiltà, affrontando il quale fino dalla prima stanza della canzone *Le dolci rime d'amor ch'io solia*, Dante mostra di avere ormai tanto chiara coscienza del mutamento avvenuto nella sua poetica da affermare che lascerà il « soave stile » che aveva usato nel trattare d'amore, e che ora nel parlare « del valore, per lo qual veramente è l'uom gentile » userà « rima aspra e gentile ». Si arriva così, con le canzoni dottrinali e filosofiche, a componimenti sostenuti, carichi di sovrassensi, che preannunziano gli atteggiamenti della *Commedia*. Inoltre alcune rime scritte in esilio, come i sonetti scambiati con Cino da Pistoia, riportano a quei temi della memoria e della nostalgia di cui il poema stesso ha, come vedremo, esempi continui ed altamente poetici.

Forse proprio in tanto costante adesione a tutto uno svolgimento culturale, politico, sociale, umano, nell'adesione cioè di Dante – nei temi e nello stile – alla realtà più profonda della sua intera esistenza, sta il centro animatore ed unificante di tutta la raccolta. Essa, con la varietà dei motivi e degli atteggiamenti, si colloca dunque come preludio alla *Commedia*, di cui fa intravedere alcune delle molteplici esigenze che l'avrebbero determinata. A questo processo ideale ed umano, teso a conoscere e descrivere i « vizi » e il « valore » degli uomini, si accompagna un'evoluzione stilistica: dallo stile aristocratico della *Vita Nuova*, dolce e insieme « tragico » (secondo la concezione dantesca), si viene ora ad uno stile vario, aspro e « comico »: uno stile, cioè, idoneo ad esprimere i diversi aspetti della vita – gioie e dolori, passioni e disinganni, cultura e volgarità – che nel poema avranno la loro rappresentazione più ricca e potente.

3. Il « Convivio »

Il *Convivio* fu composto da Dante nei primi anni dell'esilio, forse fra il 1304 e il 1308. Opera dottrinale, avrebbe dovuto costituire una specie di *summa* filosofico-scientifica, in 15 libri, uno di proemio e gli altri di commento letterario ed allegorico ad altrettante canzoni di contenuto filosofico, ispirate dall'amore e dalla virtù, e in buona parte scritte prima del 1304: il commento, molto ampio, si arricchisce però di argomenti culturali diversissimi. Il trattato restò interrotto al IV libro, quando Dante decise di dedicare tutto il tempo disponibile alla composizione della *Commedia*. Il titolo voleva significare un simbolico banchetto di sapienza: « La vivanda di questo convito, – così premette Dante stesso – sarà di quattordici maniere [= pietanze] ordinata, cioè quattordici canzoni sì d'amore come di virtù materiate, le quali, senza lo presente pane aveano d'alcuna oscuritate ombra, sì che a molti lor bellezza più che lor bontade era in grado, ma questo pane, cioè la presente disposizione [= commento] sarà la luce la quale ogni colore di loro sentenza farà parvente».

Il primo trattato, che vale come introduzione, espone gli scopi e il piano dell'opera. L'autore vuole imbandire un banchetto di scienza per tutti coloro che le attività pratiche distolgono dagli studi, e quindi dal raggiungimento della sapienza e della filosofia, nelle quali sole si realizza la perfezione e la felicità dell'uomo. Dante vuole *giovare* in modo speciale ai nobili – che sono «principi, baroni, cavalieri e molt'altra nobile gente, non solamente maschi ma femmine, che sono molti e molte in questa lingua volgare e non letterati» – i quali devono reggere gli altri uomini o sono a loro volta retti. Si delinea così, in maniera netta per la prima volta, quello che sarà per sempre il fine costante di tutta l'operosità letteraria dello scrittore: contribuire, in una visione cristiana della vita e dell'arte, a migliorare gli uomini attraverso gli insegnamenti delle virtù morali, ad illuminare il cammino della loro esistenza terrena nella prospettiva del raggiungimento della salvezza e dell'eterna beatitudine. È quel programma di apostolato essenzialmente religioso che dà calore e significato a tutti gli scritti danteschi e, nel modo più vigoroso ed avvincente, alla *Commedia*. Affinché questo programma possa realizzarsi, Dante nel *Convivio* si è proposto di scrivere in volgare: solo così, infatti, potrà essere inteso da tutti gli uomini della nostra regione. Ma d'altra parte, il volgare è ormai «luce nuova, sole nuovo, la quale giungerà là dove l'usato [il latino] tramonterà e darà lume a coloro che sono in tenebre e in oscuritate». Questo primo trattato contiene quindi una diffusa e appassionata difesa del volgare, mostrandone i meriti altissimi, e insieme ironizzando e deridendo tutti coloro che per diversi motivi, ma sempre ignobili o meschini, si atteggiano a suoi dispregiatori. Contiene anche altre pagine famose e bellissime, in primo luogo quelle piene di passione in cui rivive tutta l'angoscia dell'esule ingiustamente incolpato e cacciato dalla patria, sofferente nella vergogna e nella miseria, eppur fiero e dignitoso nella coscienza della propria rettitudine. «Poi che fu piacere de' cittadini della bellissima e famosissima figlia di Roma, Fiorenza, – scrive Dante in un passo stupendo – di gettarmi fuori del suo dolce seno (nel quale nato e nutrito fui infino al colmo della vita mia, e nel quale, con buona pace di quella, desidero con tutto lo cuore di riposare l'animo stancato e terminare lo tempo che m'è dato), per le parti quasi tutte a le quali questa lingua si stende, peregrino, quasi mendicando, sono andato mostrando contra mia voglia la piaga de la fortuna, che suole ingiustamente al piagato molte volte essere imputata». E conclude: «Io sono stato legno senza vela e senza governo portato a diversi porti e foci e liti dal vento secco che vapora la dolorosa povertade; e sono apparito a li occhi a molti che forseché per alcuna fama in altra forma m'aveano immaginato, nel cospetto de' quali non solamente mia persona invilio, ma di minor pregio si fece ogni opera, sì già fatta, come quella che fosse a fare». Queste ultime parole sono molto importanti: esse riflettono anche un'altra finalità all'origine del *Convivio*: il desiderio del poeta, ora che si trova scacciato dalla patria e in miseria, di dare testimonianza del proprio valore e della propria cultura, allontanando da sé ogni malevola supposizione sulla sua condotta e sulle sue capacità.

Il secondo trattato, dopo che nel primo capitolo ha spiegato come ogni scrittura può essere interpretata in quattro sensi – *letterale*, che deriva dalla pura e semplice lettura del testo; *allegorico*, che svela le verità nascoste «sotto bella menzogna»; *morale*, che rappresenta l'insegnamento etico dello scritto; *anagogico*, o «sovrasenso», che tende alla verità divina – contiene il commento, prima letterale e poi allegorico, della «nascosa veritade» della canzone *Voi che 'ntendo il terzo ciel movete*, indirizzata a quella che nella *Vita Nuova* era stata la «donna gentile» e aveva significato un periodo di traviamento per Dante allontanatosi dalla memoria di Beatrice. Ora, come anche nel successivo trattato, il poeta viene a replicare all'accusa, da tempo rivoltagli, di «levezza d'animo» per essersi innamorato di altre donne, e averle cantate, a breve distanza dalla scomparsa di Beatrice, secondo il suo stesso racconto della *Vita Nuova*. In particolare Dante vuol dimostrare che quanto aveva scritto per la «donna gentile» non era stato originato da «passione» ma da «virtù». Del resto, nel presentare il suo libro con sintesi lapidaria aveva affermato: «Movemi timore d'infamia, e movemi desiderio di dottrina dare, la quale altri veramente dare non può. Temo la infamia di tanta passione avere seguita, quanta concepe chi legge le sopranominate canzoni in me avere signoreggiato. La quale infamia si cessa per lo presente di me parlare interamente; lo quale mostra che non passione, ma virtù si è stata la movente cagione. Intendo anche mostrare la vera sentenza di quelle, che per alcuno vedere non si può, s'io non la conto, perché è nascosa sotto figura d'allegoria. E questo non solamente darà diletto buono a udire, ma sottile ammaestramento, e a così parlare, e a così intendere le altrui scritture» (I, II, 15). La «donna gentile» acquista dunque nel *Convivio* ben diversa fisionomia rispetto a quella che aveva nella *Vita Nuova*: divine figura allegorica della filosofia, «bellissima e onestissima figlia de lo imperatore de l'universo», e viene così a rappresentare un nuovo elemento dell'innalzarsi verso la verità e verso Dio. Il trattato racconta perciò come in Dante sorgesse questo nuovo amore, e come trovasse alimento nei libri di Cicerone e di Boezio; ma si occupa anche di vari altri argomenti, in modo speciale dell'ordinamento dei cieli secondo il sistema tolemaico, e delle gerarchie angeliche.

Il terzo trattato commenta la canzone *Amor che ne la mente mi ragiona*, rivolta anch'essa alla «donna gentile»: anzi ne costituisce la «loda». Ritorna così quello che era stato un motivo centrale della *Vita Nuova*, ma sviluppato alla luce dell'interpretazione allegorica attraverso le tre stanze centrali della canzone: lode generale dell'anima e del corpo congiunti, lode dell'anima, lode del corpo. Ognuno di questi punti fornisce motivi diversissimi di discussione, ma sempre nella prospettiva dell'esaltazione della filosofia, e in un'evidente corrispondenza con la canzone precedente. Comunque questo terzo trattato, per le molteplici disquisizioni dottrinali che lo caratterizzano, – su Dio, gli angeli, l'anima, l'uomo, ecc. – si rivela come matrice filosofica della *Commedia*, soprattutto riguardo al *Paradiso*.

Il quarto trattato commenta la canzone *Le dolci rime d'amor ch'io solia*, la quale spinge l'autore ad un'ampia illustrazione del concetto stilnovistico della nobiltà, considerata cioè non più come eredità aristocratica e privilegio feudale, ma conquista individuale nel raggiungimento della virtù. Il discorso sulla nobiltà determina una digressione intorno all'autorità imperiale e quindi un'esaltazione della funzione dell'Impero, sentito come lo strumento voluto da Dio per la realizzazione della giustizia e della felicità sulla terra. Digressione importante, in quanto rappresenta il primo organico accenno a quel pensiero politico che troverà approfondimento meditativo ed espressione artistica nelle opere successive.

L'importanza del *Convivio* è notevole. In esso, in primo luogo, Dante rivela quanto ampia sia la sua cultura, spaziando da Aristotile ai classici latini, da sant'Agostino ai mistici, dai dotti arabi ad Alberto Magno, a san Tommaso, e trattando di un'enorme gamma di questioni su ogni argomento: teologia e filosofia, scienza e storia, lingua e poesia. Ma il valore di fondo del trattato non sta tanto nel fatto che ci fornisce una specie di enciclopedia del sapere e del pensiero medievali, e sviluppa con vastità e novità d'intuizione quel processo di laicizzazione della dottrina che aveva avuto inizio con vari volgarizzamenti e rifacimenti duecenteschi, quanto in ciò che esso significa come espressione della personalità dantesca, colta in un momento essenziale del suo itinerario umano ed artistico: quando, passata l'età giovanile, compiuto l'approfondimento culturale, arricchito dall'esperienza politica e dalla pena dell'esilio, Dante è ormai spiritualmente maturo per affrontare i temi più diversi del vivere e per manifestare le sue capacità artistiche. «Lontano dalla patria e dalla famiglia, senza mezzi confacenti alla sua dignità di gentiluomo, malfamato presso nemici e compagni, non accolto dai signori che lo ospitano come sente che il suo genio gli dà diritto di pretendere, persuaso che il sapiente trova presso i volgari più considerazione che il semplice poeta, egli prova il bisogno di espandere il proprio sapere in un'opera che affermi dinanzi alla società in cui vive il suo effettivo valore » (Cosmo).

Dopo il messaggio aristocratico, e limitato ad un mondo di eletti, della *Vita Nuova*, il *Convivio* è opera grande per la passione umana che lo scrittore vi ha trasfuso, per il vigore di un atteggiamento apostolico rivolto a fare della dottrina un mezzo d'impegno a vantaggio dell'umanità e a dimostrazione della propria cultura e del proprio valore. E Dante è ben cosciente di tutto questo, in modo speciale di quanto di nuovo il trattato rappresenta rispetto alla raccolta giovanile: se quella era stata un'opera « fervida e appassionata » della giovinezza, questa è opera « temperata e virile » della maturità; e del resto « altro si conviene e dire e operare ad un'età che ad altre ». Ma, in fondo, se la materia è diversa, se l'età si è fatta più matura, identico è rimasto il fine ultimo: ché tanto l'amore per Beatrice, sogno ideale e creatura perfetta, quanto l'amore per la filosofia, figlia dell'imperatore dell'universo, conducono alla stessa meta: Dio e la salvezza dell'anima. Non contrasto, dunque, ma integrazione e sviluppo nel binomio Beatrice-donna gentile, e nel processo spirituale ed artistico del poeta.

Testimonianza degli interessi culturali ed umani di Dante, per quanto limitato nelle idee nuove e personali, il *Convivio* è fondamentale nella storia della letteratura dei primi secoli, anche perché è la prima opera di argomento dottrinale, e ampiamente strutturata, composta in lingua italiana. Prosa scientifica, dall'andamento vario e complesso, eloquente ed incisivo, tecnico insieme e concreto, dopo la prosa suggestiva e lirica della *Vita Nuova*, questa del *Convivio*, di solito sostenuta secondo i modelli dei classici latini e dei trattatisti medievali, altre volte agile e vibrante nell'ardore della passione, mostra come il volgare si è decisamente affermato nel corso di pochi decenni nel campo scientifico, e come la visione culturale di Dante si sia, per così dire, decisamente democratizzata, scegliendo, per la realizzazione del suo intento di diffondere la cultura, il volgare al posto di quel latino, che fino allora era stato la lingua indiscussa per i trattati filosofici e scientifici. Il volgare diviene così, per opera del *Convivio* di Dante, segno manifesto della nascita della nuova cultura in una civiltà borghese e comunale, che vive un vigoroso processo di trasformazione e d'affermazione.

Concludendo, il Dante del *Convivio* per l'elevatezza dei sentimenti, per l'ardore dell'impegno in un messaggio umano che pervade e anima anche le zone più aride di una filosofia ormai tanto lontana, è già, in buona parte, il Dante della *Commedia*. Il trattato enciclopedico, rimasto interrotto, rivivrà nel poema coi suoi elementi più suggestivi e personali: e rivivrà soprattutto nella coscienza di uno che sente il dovere di donare agli altri quanto ha di più nobile e bello, « però che ciascuno uomo a ciascuno uomo naturalmente è amico » (I, 1, 8).

4. Il « De vulgari eloquentia »

Composto come il *Convivio* fra il 1304 e il 1308, il *De vulgari eloquentia* è rimasto anch'esso interrotto – al capitolo XIV del II libro – per gli stessi motivi dell'opera precedente. Scritto in latino perché rivolto ai dotti che disdegnavano la nuova lingua, doveva affrontare il problema del volgare nella sua evoluzione e diffusione, e costituire un trattato di retorica per quanti, pur conoscendo la lingua latina, avessero voluto servirsi del nuovo strumento linguistico. Della « gran bontà » del volgare, capace ormai, come si afferma nel *Convivio* (I, x) di « manifestare altissimi e novissimi concetti convenientemente, sufficientemente e acconciamente », Dante era andato sempre più convincendosi. Con la nuova opera intendeva ora celebrarne il valore di fronte a tutti, ma in modo speciale di fronte agli uomini della cultura, e nello stesso tempo fornirgli quell'organica regolamentazione che ancora gli mancava, attraverso una trattazione particolareggiata e completa. Il titolo, essendo sottintesa la parola *doctrina*, significa, appunto, « Ammaestramento nell'arte del dire volgare ».

Il primo libro, formato da 19 capitoli, s'inizia illustrando la differenza fra *parlare volgare*, quello cioè che impariamo naturalmente da fanciulli appena incominciamo a distinguere le voci, e apprendiamo senza alcuna regola – *vulgarem locutionem asserimus, quam sine omni regula, nutricem imitantes, accipimus* (I, 1, 2) –, e un altro secondo parlare, quello che i romani chiamano *gramatica*, e che pochi riescono a possedere, perché basato su regole che s'imparano solo con lo studio. Il discorso dell'autore riguarderà dunque esclusivamente il parlare volgare, che è il più nobile, perché usato per primo e da tutti gli uomini.

Subito si affronta il problema dell'origine e della natura del linguaggio. In primo luogo soltanto all'uomo, si afferma, è stato dato di parlare, perché solo a lui questo era necessario: non agli angeli, non ai demoni, non alle bestie. Il linguaggio è di origine divina: lo concesse Dio ad Adamo appena che l'ebbe creato: *Rationabiliter ergo credimus ipsi Ade prius datum fuisse loqui ab eo qui statim ipsum plasmaverat* (I, IV, 3). La lingua usata da Adamo durò fino all'edificazione della torre di Babele: dopo avvenne la divisione in più lingue. In Europa queste si presentano ora in tre gruppi regionali: il centro-settentrionale o germanico; l'orientale o greco; il sud-occidentale o romano. Quest'ultimo a sua volta, a causa dell'instabilità del linguaggio umano, è venuto a dividersi in altre tre lingue: francese (lingua d'*oïl*), provenzale-catalano (lingua d'*oc*), italiano (lingua del *sì*). Il volgare italiano si presenta poi in quattordici dialetti maggiori, sette a destra e sette a sinistra dell'Appennino, i quali a loro volta si differenziano in se stessi: per esempio, nella Toscana il senese dall'aretino. Esaminandoli uno ad uno, Dante ne pone in risalto il provincialismo e la disarmonia, e conclude che nessuno è degno di essere ritenuto il volgare ideale, da usare come lingua letteraria ed espressione d'italianità, anche se ciascuno contiene qualcosa che fa presentire queste caratteristiche. Perfino il volgare siciliano, che si è acquistato fama sugli altri, perché tutte le poesie che gli Italiani scrivono si chiamano « siciliane » (*quidquid poetantur Itali Sicilianum vocatur*), se lo consideriamo così come esce dalla bocca degli indigeni comuni, non è affatto degno di preferenza, perché lento a pronunziarsi: *dicimus quod si vulgare Sicilianum accipere volumus secundum quod prodit a terrigenis mediocribus, ex ore quorum indicium elicendum videtur, prelationis minime dignum est; quia non sine quodam tempore profertur* (I, XII, 5). Né l'amore per la sua regione e la sua città, sempre vivo anche durante il lungo esilio, impedisce a Dante di affermare che il volgare da lui cercato è ben altro che quello dei toscani: *non restat in dubio quin aliud sit vulgare quod querimus, quam quod attingit populus Tuscanorum* (I, XIII, 3). Una tale lingua raffinata e nazionale non sarà data però (come talvolta si è frainteso) dall'insieme e dall'accostamento delle voci più eleganti tratte dai diversi dialetti; per Dante essa è già sorta attraverso le liriche dei poeti colti di Sicilia e di Toscana, che l'hanno plasmata con l'ingegno e con l'arte, così come ne fanno testimonianza ora le canzoni di Cino da Pistoia e di Dante stesso: *tam egregium, tam extricatum, tam perfectum et tam urbanum videamus electum, ut Cinus Pistoriensis et amicus eius ostendunt in cantionibus suis* (I, XVII, 3). Siffatto volgare è quindi *illustre*, perché risplende del magistero dell'arte e dà onore agli scrittori raffinati che lo usano (*quod illustre dicimus, intellegimus quid illuminans et illuminatum prefulgens*); *cardinale* perché è il fulcro, come il cardine di una porta, intorno a cui ruotano gli altri dialetti; *aulico*, perché se in Italia ci fosse la corte (*aula*) sarebbe proprio del palazzo reale; infine *curiale*, perché degno del supremo tribunale, la curia, e perché curialità significa la norma ben ponderata dell'agire umano (*quicquid in actibus nostris bene libratum est, curiale dicatur*): e sebbene in Italia non ci sia stata una vera curia unica (o corte), come quella di Germania, tuttavia non mancano le sue membra: le quali se da noi non sono unite, come in Germania, da un principe, sono però unite dal « grazioso lume della ragione »; perciò noi pure abbiamo una curia anche se è corporalmente dispersa: *quare falsum esset dicere curia carere Italos, quamquam principe careamus; quoniam curiam habemus, licet corporaliter sit dispersa* (I, XVIII, 4). « Parole notevoli: mancando qui in Italia una curia raccolta nel principe, come è in Germania, da noi la curia – e quindi la suprema norma del retto agire nella letteratura – è data da una specie di senato, di governo letterario, le cui membra si raccolgono in una ' curia ' spirituale, ideale, pei vincoli del lume di ragione, di cui espressioni principali son la parola e quindi la letteratura. È insomma costituita così da Dante la ' repubblica letteraria ' italiana ». (Vicinelli).

Il secondo libro si apre con la discussione sull'uso pratico del volgare, in conformità con le partizioni retoriche allora comunemente accettate, giungendo all'affermazione che esso, poiché è ottimo e di grandissimo ornamento, si addice soltanto alle più elevate concezioni e agli scrittori forniti di scienza e d'ingegno: *optima loquela non convenit nisi illis in quibus ingenium et scientia* (II, 1, 6). Dunque, solo i verseggiatori eccellentissimi debbono servirsi del volgare, e solo per i tre grandi argomenti prospettati dalla dottrina aristotelica sulle tre potenze dell'anima: guerra, amore, virtù. *Salus, Venus, Virtus* sono quindi per Dante i *tria magnalia* degni del nobile volgare; e l'*armorum probitas*, l'*amoris accensio*, e la *voluntatis directio* sono i tre motivi in cui si sono affermati distintamente Bertrando del Bormio, Arnaldo Daniello, Gherardo di Borneil, Cino da Pistoia, e Dante, come poeta della rettitudine. Quindi, dopo aver dimostrato come fra tutti i componimenti il primato spetti alla canzone, e avere illustrato la distinzione che « nel dire » occorre osservare fra i vari stili – *tragico* o elevato, *comico* o medio, *elegiaco* o umile – l'autore viene ad intrattenersi a lungo sulla canzone. Essa, come la forma più eccellente di poesia, dovrà essere usata solo per cantare i più alti soggetti, ed in essa si dovranno impiegare, fra i tantissimi tipi di vocaboli esistenti, soltanto i più adorni ed urbani, i *nobilissima*. Gli ultimi capitoli si diffondono in una trattazione minuta intorno alle varie specie di stanze, sul numero dei piedi e delle sillabe, sulle qualità dei versi e delle rime, sempre in relazione alla composizione e all'eccellenza della canzone.

Anche il *De vulgari eloquentia* è un'opera di grande rilievo nel complesso della produzione e della personalità di Dante. Come nella *Monarchia* troverà espressione il suo ideale sociale-politico, nella *Commedia* quello morale-religioso, qui si manifesta con ampiezza il suo terzo grande ideale, quello letterario e poetico, nell'aspirazione a combattere i pregiudizi dottrinali e campanilistici in favore della formazione e della crescita di una lingua nuova, destinata ad unire gli abitanti della penisola ed illuminare il loro cammino. L'Alighieri stesso, del resto, mostra di avere chiara coscienza della novità e dell'importanza dei problemi che affronta con questo scritto, se apre il trattato con una solenne affermazione sulla priorità del suo lavoro d'indagine e di conclusione: *Cum neminem ante nos de vulgaris eloquentie doctrina quicquam inveniamus tractasse...* (I, 1, 1).

Certamente non è difficile constatare come tanto l'impostazione generale dell'opera quanto l'esposizione di singole idee abbiano spesse volte ben poco di originale (si pensi, ad esempio, al racconto biblico sull'origine delle lingue e all'ampia disquisizione sulla canzone) e si ricolleghino a principi retorici dell'età classica o medievale; mentre alcune concezioni, come quella sul latino giudicato lingua letteraria e artificiale, indichino errori per noi molto evidenti. Ma il trattato è importante sia per intuizioni particolari, alcune delle quali preludono a idee linguistiche moderne – quali: la constatazione dell'affinità fra le tre lingue neolatine (spagnola, francese, italiana); la classificazione e lo studio dei dialetti italiani; le osservazioni sulle trasformazioni del linguaggio; il riconoscimento del contributo che ad esse recano gli scrittori; un embrionale panorama di storia letteraria, con rilievi soprattutto tecnici specie sulla lirica dei siciliani e dei guittoniani –, sia, e soprattutto, per l'ampiezza e la varietà dei motivi con cui Dante affronta il problema della lingua, fondendolo con quello della poesia.

Un problema, questo della lingua, che proprio nel trattato dantesco assume già i fondamentali requisiti di quella secolare «questione della lingua» destinata a protrarsi – specie attraverso le grandi controversie del Cinquecento, del Settecento e dell'Ottocento – fino ai nostri giorni. Al tempo della *Vita Nuova* Dante aveva toccato, sì, il problema dell'uso del volgare nella poesia, allorché attribuiva a coloro che poetavano nella nuova lingua gli stessi diritti di coloro che avevano poetato nella latina («... dire per rima in volgare tanto è, quanto dire per versi in latino...», cap. XXV); ma col *De vulgari eloquentia*, vero trattato di linguistica e di poetica, Dante è il primo che applica le vecchie concezioni sull'arte retorica alla lingua volgare con vastità di cultura, con ampiezza e organicità di visione, e muovendo non solo dalle opinioni comuni nel suo tempo ma anche dalla propria personale esperienza di poeta: un poeta già teso al raggiungimento di un'arte eletta e rivolta agli spiriti più colti, ma insieme cosciente della situazione dell'umanità intera. In questo senso il *De vulgari eloquentia*, mentre illumina l'opera poetica prodotta da Dante fino allora, introduce a comprendere i criteri di stile e di metodo che saranno all'origine della *Commedia*. Il trattato è importante, infine, anche per quella passione tutta «dantesca» che lo pervade nei riguardi di Firenze, la sua città che l'ha cacciato in esilio – e a questo proposito basti ricordare il seguente fuggevole accenno: *nos autem, cui mundus est patria velut piscibus equor, quamquam Sarnum biberimus ante dentes et Florentiam adeo diligamus ut quia dileximus exilium patiamur iniuste...* (Ma noi, a cui il mondo è patria, come ai pesci il mare, sebbene abbiamo bevuto l'acqua d'Arno prima che avessimo i denti, e amiamo tanto Firenze che, per averla amata soffriamo ingiusto esilio... – I, VI, 3) – e per quel potente spirito d'italianità che tutto lo percorre: la quale, nell'affermazione di un volgare unitario ed evoluto, trova la prima fondamentale espressione: *Hoc vulgare, quod illustre, cardinale, aulicum esse, et curiale ostensum est, dicimus esse illud quod vulgare latinum appellatur;* [...] *istud quod totius Italie est, latinum vulgare vocatur.* (Questo volgare, che abbiamo dimostrato essere illustre, cardinale, aulico e curiale, diciamo essere quello che si chiama volgare italiano; [...] questo che è di tutta Italia si chiama volgare italiano. I, XIX 1).

5. LA «MONARCHIA»

La *Monarchia* è un trattato filosofico-politico in tre libri, in lingua latina, composto da Dante probabilmente negli anni della discesa di Arrigo VII in Italia (1310-13), nel periodo cioè in cui l'impresa dell'imperatore, risoltasi poi in modo infelice, suscitò tante aspettative e illusioni negli esuli di parte bianca. Non manca però chi attribuisce la composizione dell'opera a momenti diversi, specie agli ultimi anni di vita del poeta a Ravenna. Meditata a lungo, esposta con attento e rigoroso ordine logico, la *Monarchia* è una *inquisitio* su tre problemi sociali e politici fondamentali, presentati e risolti di libro in libro: nel I, se per il bene del mondo sia necessario l'Impero (*An ad bene esse mundi Monarchia necessaria sit*); nel II, se il popolo romano abbia esercitato di diritto l'autorità imperiale (*An Romanus populus de iure Monarche officium sibi asci-*

verit); nel III, se l'autorità dell'imperatore derivi direttamente da Dio o per mezzo di un suo ministro o vicario (*An auctoritas Monarche dependeat a Deo inmediate vel ab aliquo Dei ministro seu vicario*). Attraverso l'esposizione delle diverse tesi, il trattato presenta il pensiero e gli ideali politici dell'Alighieri, in un'appassionata osservazione delle vicende dell'umanità, fra le quali s'inserisce un preciso e travagliato momento autobiografico, e in una superiore visione del cammino terreno dell'uomo. Quanto delle sue concezioni politiche egli aveva altrove manifestato, specie nel *Convivio*, in alcune epistole e in alcuni canti dell'*Inferno*, e quanto ancora avrebbe scritto nel *Purgatorio* e nel *Paradiso*, trova qui un'esposizione completa ed organica, anche se talvolta dissenziente da precedenti o successive affermazioni.

Il primo libro sostiene la necessità dell'impero, cioè di una monarchia universale che senza escludere la presenza di altre organizzazioni sociali e politiche – la famiglia, la contrada, il comune, il regno – raccolga sotto la sua giurisdizione tutti i popoli, e mediante l'amministrazione della giustizia, compito primo dell'imperatore, salvaguardi la pace, affinché in questa « aiuola mortale » si viva in serena libertà: *ut in areola ista mortalium libere cum pace vivatur*. Soltanto nella pace, infatti, l'uomo può esplicare le sue qualità spirituali, sia per raggiungere la felicità sulla terra, sia per conseguire la beatitudine in cielo. Il concetto e la necessità della pace universale costituiscono, appunto, il principio basilare su cui si sviluppa, con rigoroso procedimento sillogistico, l'ampio ragionamento di Dante, che in undici capitoli (dal V al XV) svolge altrettante argomentazioni intese a dimostrare come l'impero è necessario al benessere del mondo. Fra di esse hanno particolare valore: la prima, per la quale, come fra più elementi ordinati ad un fine comune uno deve dirigere gli altri, così tutti i componenti del genere umano, essendo indirizzati ad un fine comune, devono essere guidati da un imperatore; la sesta, che dimostra come per derimere le controversie fra i principi è necessaria l'autorità di un potere a loro superiore, quello cioè dell'imperatore; la settima e l'ottava, che si occupano delle questioni della giustizia e della libertà, le quali potranno essere salvaguardate al genere umano solo dal governo dell'imperatore, perché questi, privo di ogni cupidigia, si trova nella migliore condizione per amministrare e guidare gli uomini tutti. In questa visione di un impero universale, in cui si raccolgono le varie forme di convivenza sociale, si concretizza per Dante l'esigenza filosofica, tipica della cultura medievale, di ricondurre la molteplicità all'unità (*reductio ad unum*), mentre il pensiero che l'imperatore ha il potere su tutto il mondo porta a vedere in lui l'assenza di ogni brama personale, e quindi la suprema fonte di giustizia. – L'ultimo capitolo (XVI) mostra come soltanto sotto l'impero perfetto di Augusto ci fu una pace universale, e quindi solo allora il genere umano visse felice. Poi, ben presto, la cupidigia prese il sopravvento e per l'umanità incominciarono tutti i motivi di sofferenza. Il secondo libro s'inizia con accenti sdegnosi nei riguardi di re e di principi tutti protesi a contrastare il sovrano romano, il loro Signore. Essi non conoscono la verità, ed ingiustamente tengono il genere umano sotto il loro giogo, perché fatti incontestabili e testimonianze evidenti dimostrano che la suprema autorità spetta, per volontà divina, al popolo romano. Il primo fatto è quello della nobiltà; il popolo romano è il più nobile di tutti, avendo per padre Enea e per antenati uomini ricolmi di ogni virtù. In secondo luogo una serie di miracoli, riferiti dagli antichi scrittori, comprova l'aperta predilezione di Dio per il popolo romano. Infine questo, popolo santo e pio, compì ogni impresa, costituendo il suo impero, non per cupidigia di potere ma per il bene dell'umanità: *Recte illud scriptum est:* « *Romanum Imperium de Fonte nascitur pietatis* » (V, 5). Chiaro segno della predilezione divina per l'impero di Roma è, del resto, il fatto che il figlio di Dio accettò di nascere e vivere sotto la giurisdizione romana, e in particolare al tempo di Augusto, e di essere poi condannato dai magistrati di Roma, riconoscendo in tal modo, politicamente e giuridicamente, l'autorità dell'impero. Sede quindi di questo potere universale sarà Roma, mentre l'Italia costituirà il giardino dell'impero, la regione prediletta. – Il libro termina col capitolo XI che è un amaro lamento sulle conseguenze dannose che la donazione di Costantino, *infirmator imperii*, pur suggerita da pie intenzioni, procurò all'Italia e al mondo.

Il terzo libro affronta il problema dei rapporti fra le due somme autorità terrene, impero e papato. Questo motivo di grande attualità e di forti contrasti ai tempi del poeta, come lo era stato nei secoli precedenti, è trattato da Dante in maniera originale, e divergente dalle posizioni politiche dei guelfi e dei ghibellini, e dalle concezioni teocratiche dei « canonisti », che sostenevano la supremazia del pontefice su ogni principe, e da quelle dei « giurisdizionalisti » che sostenevano l'indipendenza assoluta di ogni sovrano nel proprio paese. Dalla parte di questi ultimi si schiera, in sostanza, l'Alighieri, che, enunciato il motivo di fondo, se l'autorità dell'imperatore derivi da Dio direttamente o attraverso la mediazione del papa, fin dall'inizio del libro vigorosamente e polemicamente attacca le tre categorie degli avversari, di quanti cioè sostengono che l'autorità dell'Impero dipende da quella della Chiesa. Soltanto con la prima categoria egli è disposto a trattare, perché formata da coloro che sono mossi da buono zelo verso la religione e non da superbia: non si rivolgerà, invece, a coloro che sono spinti da cupidigia, e che hanno per padre il diavolo, né a coloro che si basano sulla vana autorità dei decretali. Ciò posto, con il solito rigore logico, l'autore distrugge le nove argomentazioni, raggruppate in tre terne, degli avversari e derivate da passi dell'antico e del

Nuovo Testamento e da vicende terrene. Fra queste c'è, in primo luogo, la donazione di Costantino, che il poeta considera giuridicamente nulla, perché né l'imperatore aveva il diritto di alienare una parte dell'impero, né il papa quello di accettarla. Si passa quindi a presentare i tre argomenti su cui si basa l'indipendenza dell'imperatore dal papa: I) l'Impero è più antico della Chiesa; II) la Chiesa non ha il potere di conferire l'autorità imperiale perché questa non le appartiene, non avendola ricevuta né da Dio né dagli uomini; III) la natura della Chiesa, basata su Cristo, che ricusò la potestà terrena, contrasta col presunto potere di conferire l'autorità imperiale. – Trattati tutti questi argomenti Dante affronta quali debbano essere, nella realtà quotidiana, i rapporti fra le due autorità. Riprendendo allora l'immagine comune ai tempi di Bonifazio VIII, per cui il papa come « sole » illuminerebbe di propria luce l'imperatore e questo come « luna » risplenderebbe di luce riflessa, l'autore sostiene la piena indipendenza di ciascuno dei due nel campo della propria giurisdizione. Ma, profondamente cristiano e credente nel valore supremo dello spirito e della salvezza dell'anima, egli non sostiene qui una concezione moderna e « laica » sulla netta divisione dei due poteri: per lui, poiché papa e imperatore agiscono ambedue sulla stessa umanità e ne determinano la condotta, il loro comportamento deve essere armonico e complementare, e l'imperatore, in quanto uomo, deve filiale reverenza al pontefice: *illa igitur reverentia Cesar utatur ad Petrum* – così appunto conclude l'opera – *qua primigenitus filius debet uti ad patrem ut luce paterne gratie illustratus, virtuosius orbem terre irradiet cui ab Illo solo prefectus est, qui est omnium spiritualium et temporalium gubernator* (Cesare usi dunque quella reverenza che il figlio primogenito deve usare verso il padre; sicché illuminato dalla luce della grazia paterna, con maggiori virtù diffonda la sua luce sul mondo, cui è stato posto a capo solo da Colui che governa tutte le cose spirituali e temporali. III, XVI).

La *Monarchia*, composta, come Dante stesso dichiara nel proemio, per vantaggio comune e per mostrare verità non ancora indagate (*intentatas ab aliis ostendere veritates*), pur rivelando non poche derivazioni da scrittori antecedenti che avevano trattato il problema dell'autorità dell'Impero e dei suoi rapporti con la Chiesa, presenta vari elementi di novità: dall'impianto sillogistico alla vastità e completezza degli argomenti, alla soluzione finale del rapporto fra i due sommi poteri. Ma tipico della personalità di Dante è soprattutto il profondo anelito religioso che pervade l'intera opera e per il quale l'azione dell'imperatore e quella del pontefice sono viste in funzione dell'elevazione morale e spirituale dell'uomo, con lo scopo ultimo della salvezza eterna. Tuttavia questo anelito al cielo, caratteristico, del resto, della cultura medievale, non impedisce a Dante di fissare lo sguardo indagatore e severo sulle vicende terrene, sia che percepisca ed analizzi le cause dei mali che affliggono l'umanità, sia che riconosca l'affacciarsi degli stati moderni alla storia, ammettendo così una certa autonomia nella vita dei comuni e dei regni di fronte alle potenze che fino allora avevano dominato da sole in Europa, Chiesa e Impero. La *Monarchia* è quindi un'opera che illumina sulla realtà politica e spirituale del primo Trecento, ed insieme è uno scritto nobilmente autobiografico per la passione che tutto lo pervade; una passione alimentata, oltre che dalla diretta constatazione delle pene che l'umanità intera deve sopportare a causa delle colpe e degli errori di coloro che dovrebbero esserne guida e protettori, anche dall'intima sofferenza dello scrittore per le proprie vicissitudini di esule.

Per il bene suo e per il bene di tutti gli uomini, Dante vede che è necessario il ritorno dell'Impero e della Chiesa alla missione loro affidata dalla Provvidenza. Al raggiungimento di questo scopo umanitario e religioso, egli, dopo essersi fatto paladino dei diritti dell'Impero con profonde argomentazioni, vuol contribuire rivolgendo un richiamo vigoroso ed aperto a imperatori e a pontefici, ricordandogli l'enorme responsabilità dei loro doveri: continua così l'opera educatrice ed apostolica che nella *Commedia* doveva raggiungere la conclusione più alta e poetica.

Certamente l'ideale di Dante era un'utopia. Egli non vide i cambiamenti dei tempi e non capì abbastanza che nuove concezioni e nuove forme di vita comparivano all'orizzonte della storia, e che, in particolare, nuovi organismi nazionali erano destinati a prendere ben presto il posto delle due somme autorità che per secoli avevano retto le sorti dell'Europa. Ma tutto questo niente toglie al fascino delle pagine dantesche, alle quali, pur sotto l'apparente aridità di un ragionamento logico e scientifico e nella compostezza di un linguaggio antiretorico e procedente per sillogismi, dà forza e vitalità uno stile serrato, attento alle esigenze del *cursus*, arricchito sovente di echi biblici e talvolta sostenuto da un incalzare oratorio, in cui si riflettono la sincerità e la passione dello scrittore. Dante, è vero, col comporre questo trattato, filosofico nella sostanza e politico nei fini, non si propose di tendere anche alla gloria letteraria: ma non possono non balzare evidenti la forza e la lucidità delle argomentazioni, l'architettura salda e squadrata del disegno generale, la tipica veemenza degli sdegni e delle apostrofi. E se il latino della *Monarchia* è di stampo così medievale che gli umanisti ebbero buon giuoco nel criticarlo perché lontano dai modelli ciceroniani, e per secoli ancora fu poi giudicato aspro ed incolto, oggi, sulla base del calore e della limpidezza di tante pagine del trattato, non sarebbe difficile confutare tali giudizi estremamente formali ed antistorici.

Il trattato ebbe presto una grande fortuna. Quando Ludovico il Bavaro fu in controversia con Giovanni XXII, i sostenitori dell'autorità imperiale, secondo l'affermazione del Boccaccio nella *Vita di Dante*, « a difensione di quella e di sé molto degli argomenti in esso posti cominciarono a usare; per la qual cosa il libro, il quale infino allora appena era saputo, divenne molto famoso ». Ma la *Monarchia* fu presto soggetta anche a confutazioni, come quella del domenicano riminese Guido Vernani, e perfino a persecuzione, come quella del cardinale Bertrand de Pouget. Nel corso del primo Trecento l'ardore delle passioni, se da una parte spingeva a diffondere il più possibile la conoscenza dell'opera, dall'altra alimentava lo sdegno e l'odio contro di essa: e le sue copie furono bandite, braccate, bruciate nelle piazze. L'interesse e le polemiche intorno alla *Monarchia* si può dire che non siano mai cessate anche nei secoli successivi: sempre essa ha avuto ammiratori e celebratori, e sempre detrattori e persecutori. Ma ormai, superate le diverse occasioni di contrasto politico, tutti riconoscono l'importanza del trattato, non solo come fondamentale momento nella conoscenza della personalità di Dante e della *Commedia*, ma come opera in sé, specchio genuino di passioni ardenti, creazione vigorosa di una limpida indagatrice intelligenza.

6. Le « Epistole »

Opere certamente « minori » sono quelle che ci restano ancora da considerare nella produzione dantesca; ma anch'esse di grande interesse perché contribuiscono a definire ulteriormente la personalità del poeta, sia confermando alcuni atteggiamenti tipici dei suoi scritti « maggiori » e della sua stessa vita, sia rivelandone nuovi ed impensati aspetti culturali ed umani.

Fra queste opere minori spiccano le *Epistole*: tredici lettere scritte da Dante durante l'esilio, e che, tramandate in maniera sparsa durante i secoli, sono state ordinate nella silloge edita da E. Pistelli nel 1921. Su di esse sono stati sollevati e dibattuti per lungo tempo vari problemi di autenticità: le polemiche più vivaci si sono svolte sulla tredicesima, diretta a Cangrande della Scala; ma oggi la critica è generalmente orientata a riconoscere la paternità di Dante anche su quest'ultima epistola [1]. Sono in latino e composte in uno stile ornato secondo le norme delle *artes dictandi*, in conformità col concetto che ai tempi di Dante si aveva della «lettera»: uno scritto non tanto indirizzato ad una singola persona e destinato a rimanere in un ambiente circoscritto, ma rivolto ad un vasto pubblico come qualunque altra opera letteraria. Da questo concetto deriva, appunto, l'attenta elaborazione formale anche delle epistole dantesche, il loro arricchimento con tutti quegli elementi della retorica medievale, in cui si faceva consistere la validità artistica: metafore, allitterazioni, interrogazioni, clausole ritmiche, ecc. Ma tutto ciò niente toglie al valore storico ed umano, che, specie in quelle suggerite da contingenze politiche e da situazioni personali, è sempre notevole, rispecchiando fedelmente la serietà della meditazione e la grandezza dell'animo del poeta.

Quattro epistole sono scritte a nome di altri: una (I) a nome dei magistrati di Arezzo al cardinale Niccolò da Prato, giunto in Toscana all'inizio del 1304 per compiere un tentativo di pacificazione fra Bianchi e Neri; tre (VIII, IX, X) a nome di Gherardesca, moglie del conte Guido Guidi di Battifolle (Poppi in Casentino), per rendere omaggio alla moglie di Arrigo VII, Margherita di Brabante. Due sono di accompagnamento a poesie volgari: al sonetto *Io sono stato con Amore insieme* indirizzato a Cino da Pistoia (III); alla canzone *Amor da che convien pur ch'io mi doglia* rivolta al marchese Moroello Malaspina (IV). Una è un biglietto di condoglianze inviato ai conti da Romena per la morte del loro zio Alessandro (II).

Molto più importanti sono tutte le altre, che nella motivazione e nel valore dei contenuti costituiscono altrettanti preziosi documenti storici e significative affermazioni ideologiche. Fra queste epistole s'impongono le tre (V, VI, VII) scritte in occasione della discesa di Arrigo VII in Italia, e quindi contemporanee alla *Monarchia*. Esse formano come un corpo unico in cui, insieme col dramma di quegli anni pieni di contrasti feroci, rivivono le attese politiche e le delusioni del poeta, con gli stessi toni caldi e profetici di certi passi della *Commedia*. Nella prima Dante, ricollegandosi all'enciclica con cui il 1 settembre 1310 il papa Clemente V invitava i cristiani a riconoscere ed onorare come imperatore Arrigo che si

---

[1] Si veda, in particolare, F. MAZZONI, *Per l'epistola a Cangrande*, in *Contributi di filologia dantesca*, Prima Serie, Firenze, Sansoni, 1966, pp. 7-37.

accingeva a venire in Italia, e a quella *Italicis missa* dall'Imperatore stesso, si rivolge «ai re e senatori dell'alma Roma, ai duchi, ai marchesi, ai conti e ai popoli tutti», *universis et singulis*, perché lo accolgano come messo provvidenziale; nella seconda scritta nel marzo 1311 ai fiorentini che si trovavano in città, *scelestissimis Florentinis intrinsecis*, li rampogna per la loro ostilità all'imperatore e li minaccia di una giusta vendetta celeste; nella terza, scritta nell'aprile successivo all'imperatore stesso, – *Sanctissimo Triumphatori et Domino singulari, domino Henrico, divina providentia Romanorum Regi...* – lo scongiura perché interrompa ogni indugio e dalla Lombardia si affretti a scendere in Toscana, e ad attaccare Firenze, perché solo dalla vittoria su questa città sarebbe dipeso il buon esito di tutta l'impresa. Queste tre lettere – in cui si riversa, con un linguaggio sempre solenne e acceso, foltissimo di citazioni tratte dalla Scrittura e di echi di opere classiche, tutta la passione civile di Dante: dall'improvvisa fiamma di speranza di un ritorno in patria alle ombre di un'incipiente delusione – pongono oggi, come è stato giustamente osservato, uno dei problemi più rilevanti della psicologia dantesca: cioè come l'Alighieri, che nella stessa lettera ai signori d'Italia si proclama *humilis italus*, abbia avuto l'ardire di rivolgersi direttamente a duchi e imperatori, a città e popoli interi. Certo egli doveva avere acquistato una profonda coscienza di sé, la certezza di aver raggiunto, con l'eccezionalità del comportamento e il valore della cultura, una posizione di grande rilievo nella vita dell'Italia di allora: una posizione che doveva essere suffragata dalla diffusa ammirazione per il senso profetico che animava tanta parte della sua poesia. Ma detto questo occorrerà ancora rilevare che quando l'imperatore scese davvero in Toscana e pose l'assedio a Firenze, Dante, come scrive l'Aretino, «non vi volle essere»: chi aveva già creata la figura di Farinata non poteva confondersi con altri esuli, che solo bramavano sfogare odî e compier vendette.

Piena di passione religiosa e politica, e anch'essa di stile biblico e di tono oratorio, è l'epistola indirizzata nel 1314, dopo la morte di Clemente V, ai cardinali italiani perché eleggessero un papa italiano, il quale riportasse a Roma la sede della Chiesa. L'epistola, che si apre con le stesse parole di Geremia, *quomodo sola sedet civitas...*, con cui doveva avere avuto inizio l'epistola giovanile scritta per la morte di Beatrice, si ricollega idealmente alle lettere composte per la discesa di Arrigo VII: come quelle constatavano la crisi dell'Impero, questa constata la crisi non meno drammatica della Chiesa. Ma la crisi della Chiesa è sentita da Dante come male d'Italia e rovina per tutti gli uomini. L'esortazione ai Cardinali è fatta per la Chiesa e per l'Italia insieme, in un crescendo sempre più rivelatore della grandezza d'animo del poeta: *Pro Sponsa Christi, pro sede Sponse, que Roma est, pro Italia nostra, et ut plenius dicam, pro tota civitate peregrinante in terris, viriliter propugnetis...* (XI, 11).

Fra tutte le epistole dantesche si segnala, per calore e dignità, quella indirizzata ad un «amico fiorentino» (XII), che non è possibile identificare; forse è un ecclesiastico che aveva esortato il poeta ad accettare le condizioni che gli venivano poste per tornare in patria. Ma queste condizioni apparivano a Dante ignominiose; l'altezza della sua figura ideale e reale gli impediva ormai ogni concessione; l'orgoglio di un'innocenza *quibuslibet manifesta*, la fierezza della sopportazione di tanti anni di sofferenze, la consapevolezza delle mete raggiunte nella dottrina e nell'arte, lo spingevano ad un rifiuto pronto e sdegnoso, perché l'aiutavano a dominare l'aspirazione del cuore, pur sempre viva ed assillante, al ritorno in patria, e a fargli sentire di essere divenuto, in un certo senso, cittadino del mondo: *Non est hec via redeundi ad patriam, Pater mi. Sed si alia, per vos ante, deinde per alios invenietur, que fame Dantisque honori non deroget, illam non lentis passis acceptabo. Quod si per nullam talem Florentia introitur, numquam Florentiam introibo. Quidni? nonne solis astrorumque specula ubique conspiciam? Nonne dulcissimas veritates potero speculari ubique sub coelo, ni prius inglorium, immo ignominiosum populo Florentino, civitati me reddam? Quippe nec panis deficiet* (Non è questa, padre mio, la via per ritornare in patria. Ma se ne sarà trovata un'altra, prima da Voi, poi da altri, che non offenda la fama e l'onore di Dante, quella prenderò con passi non lenti. Ma se non si entra in Firenze per una tale strada, io a Firenze non entrerò mai. E che? Non potrò forse contemplare il sole e le stelle e il loro corso dovunque? Non potrò dovunque sotto la volta del cielo meditare verità dolcissime, senza prima rendermi spregevole, anzi, abietto a tutto il popolo e alla città di Firenze? E il pane certamente non mi mancherà. XII, 4). – La silloge si chiude con la lettera più controversa (XIII) e di estrema importanza nella produzione dantesca. Indirizzata a Cangrande della Scala, nella prima parte costituisce una dedica al signore di Verona del *Paradiso*; nella seconda è una vera e propria introduzione alla lettura della *Commedia*, e in modo speciale della terza cantica, sicché viene a rappresentare un primo necessario strumento per accostarsi al poema dantesco. (Avremo quindi occasione di riparlarne più avanti).

Oltre alle tredici lettere giunte a noi, certamente Dante deve averne scritte altre, andate poi perdute. A parte quelle di corrispondenza privata in senso stretto, che è facile immaginare piuttosto abbondanti, abbiamo sicure testimonianze di una molto importante che, secondo le parole di Giovanni Villani, l'Alighieri « mandò al reggimento di Firenze dogliendosi del suo esilio sanza colpa » (*Cronica*, IX, 136), e della quale l'umanista Leonardo Bruni dà vari particolari nella sua *Vita di Dante*: epistola che incominciava *Popule mee, quid feci tibi?*. Un lungo scritto, questo, in cui il poeta ricordava le proprie benemerenze verso la patria e l'ingratitudine e le ingiustizie che ne aveva ricevuto.

Altre testimonianze si hanno su una lettera che Dante avrebbe inviato a Cangrande nel 1310 da Forlì, a nome proprio e degli esuli bianchi. È probabile, invece, che sia una pura e semplice « fantasia poetica » l'epistola che Dante stesso nella *Vita Nuova* (XXX, 1-2) narra di avere inviato, alla morte di Beatrice, « a li principi de la terra », cioè ai principali cittadini di Firenze, e che sarebbe incominciata con le già ricordate parole di Geremia *Quomodo sedet sola civitas*.

7. Le « Egloghe »

Testimonianza umana e poetica di grande rilievo sono anche le due *Egloghe* in latino con cui Dante, rinnovando il metro esametro, i nomi, gli atteggiamenti allegorici e le immagini pastorali delle *Bucoliche* virgiliane, risponde da Ravenna, fra il 1319 e il 1320, ad altrettanti scritti in versi inviatigli da Giovanni del Virgilio. Questi era un modesto maestro di retorica dello Studio di Bologna, ma era rimasto preso da ammirazione sincera per Dante, la cui fama, con la divulgazione dell'*Inferno* e del *Purgatorio*, andava sempre più diffondendosi: basti pensare che il primo carme con cui il del Virgilio si rivolge all'Alighieri s'inizia così: *Pieridum vox alma, novis qui cantibus orbem / Mulces lethifluum*. Si tratta di composizioni eleganti, in lingua classica ed elaborata; esse risentono della cultura preumanistica che si stava sviluppando nel Veneto, e mostrano l'attitudine di Dante ad accogliere nuove sperimentazioni artistiche. Ma a queste sono uniti anche vecchi ideali: e in primo luogo la difesa del volgare, che qui, a differenza di quanto aveva fatto quindici anni prima col *De vulgari eloquentia* e col *Convivio*, Dante non sostiene contro uomini di scarsa cultura o in malafede, ma nei riguardi di dotti di valore, non solo come un Giovanni del Virgilio, ma come – anche se indirettamente – un Albertino Mussato, uno dei massimi rappresentanti del cenacolo preumanistico padovano, incoronato poeta nel 1315. Insieme con l'appassionata difesa del volgare, nelle *Egloghe* commuove anche il costante pensiero della patria lontana, e la speranza non mai sopita di trovare un giorno nell'ingrata Firenze il riconoscimento del valore di un canto nuovo e grande.

Anche riguardo alla paternità delle *Egloghe* sono stati sollevati vari dubbi: ci limitiamo a registrare che alcuni le hanno ritenute una falsificazione del Boccaccio, fatta per creare a Dante anche la gloria di poeta in lingua latina; ma ormai si considerano dubbi di scarso rilievo.

Al principio del 1319 Giovanni del Virgilio invia a Dante un'epistola di una cinquantina di esametri, dimostrandogli devota ammirazione, ma insieme rimproverandogli di scrivere *carmine laico*, cioè in volgare: il che equivarrebbe a gettar le perle ai cinghiali. Lo esorta quindi a trattare in poesia latina un argomento di storia contemporana: questo gli procurerà fama in tutto il mondo e il merito dell'alloro poetico. – La risposta di Dante ha un tono alquanto polemico già per il fatto che non è compiuta nello stile « alto » dell'epica, ma in quello « umile » dell'egloga. Un'egloga di 68 esametri, vivacemente dialogata, con personaggi dai noti nomi virgiliani: Titiro (Dante), che riceve una missiva da Mopso (Giovanni del Virgilio), mentre si trova con un altro pastore, Melibeo (Dino Parini, esule fiorentino insieme con Dante e suo amico). Titiro, dopo essersi lamentato della decadenza dei tempi presenti, ostili alla gloria della poesia, dice di temere di recarsi a Bologna, ed esprime la speranza che il completamento del suo poema in volgare possa procurargli l'incoronazione poetica sulle rive del « patrio Arno ». Intanto, perché Mopso si ricreda sulla validità della lingua volgare, conclude dicendo che gl'invierà dieci ciotole, *vascula*, col « latte » di una sua *ovis gratissima* (probabilmente dieci canti del *Paradiso*, o, secondo alcuni, dieci nuove egloghe).

All'egloga di Dante il del Virgilio, ancora sotto il nome di Mopso, risponde con un componimento bucolico-allegorico di circa 100 esametri, vicinissimi, nei nomi e nei motivi, alla seconda egloga virgiliana. Mopso loda i versi di Titiro, ne compiange la sorte di esule, lo invita ad andare a Bologna, gli promette a sua volta altrettanti *vascula*; termina col proposito, se sarà disprezzato da Dante, di rivolgersi al Mussato. – La replica di Dante è un'egloga di uguale numero di versi. Vi compaiono due pastori, Titiro e Alfesibeo, che stanno conversando in una selva ombrosa, quando arriva di corsa Melibeo, che, soffiando nella zampogna, riferisce i versi e l'invito di Mopso. Ma Titiro, scongiurato anche da Alfesibeo (*Te juga, te saltus nostri, te flumina flebunt absentem...*, afferma questi) rifiuta di recasi a Bologna, perché non vuole allontanarsi dal luogo dove ha amici e perché ancora nutre la vaga speranza di ottenere in patria il riconoscimento poetico: al tuo illustre capo – gli dice ancora Alfesibeo – *jam frondator in alta / virgine perpetuas festinat cernere frondes*.

Sappiamo che il rifiuto di Dante non poco spiacque al del Virgilio: ma egli continuò a conservare stima e affetto al poeta anche dopo la sua morte.

8. La « Quaestio de aqua et terra »

È un breve scritto dottrinale, la cui attribuzione a Dante, a lungo posta in dubbio, si considera ormai più che probabile[2]. Il

---

[2] Anche per l'attribuzione di questa opera, ed altri problemi ad essa relativi, si vedano in particolare gli studi di F. Mazzoni, La *« Quaestio de Aqua et Terra »* e *Il punto sulla « Quaestio de Aqua et Terra »*, in *Contributi di filologia dantesca*, op. cit., pp. 38-125.

titolo *Quaestio de aqua et terra* è quello divulgato dalla Società Dantesca nell'edizione collettiva del 1921; ma più aderente al contenuto del testo è quello adottato dall'edizione di G. Padoan (1968), *De situ et forma aquae et terrae*; esso è più vicino anche alla designazione che Dante stesso dà del suo scritto tanto al principio della trattazione (*Quaestio igitur fuit de situ et figura sive forma duorum elementorum aquae videlicet et terrae*, IV), quanto alla fine (*Sic igitur determinatur determinatio et tractatus de forma et situ duorum elementorum*, XXIII). L'operetta, letta dall'Alighieri a Verona nel sacello di Sant'Elena in una domenica del gennaio 1320 *coram universo clero veronensi*, durante una sua occasional dimora alla corte di Cangrande, rappresenta – secondo le partizioni che negli usi culturali del Duecento si davano alla *quaestio*, genere letterario in cui si dibattevano i più vari problemi dottrinali – la *determinatio*, cioè l'esposizione scritta della tesi dell'autore sopra l'argomento già precedentemente dibattuto.

La « questione » era sorta qualche tempo prima, quando il poeta si trovava a Mantova. Si trattava di conciliare alcune premesse teoretiche, accettate come certezze, sulla struttura dell'universo, con aspetti della realtà fisica, i quali apparivano in contraddizione con quelle. « Cardine del modello cosmologico accettato dall'autore della *Quaestio* è l'identificazione del centro della terra con il centro dell'universo. Intorno al centro si dispongono ordinatamente le sfere degli elementi terra, acqua, aria e fuoco che compongono il mondo sublunare. L'acqua sarebbe perciò esterna alla terra, o in altre parole dovrebbe ricoprirla uniformemente: ma poiché questo non avviene la questione è se la terra emersa, cioè la parte abitabile del globo, possa essere più alta (o più ' esterna ') rispetto alla superficie dell'acqua – e in tal caso occorre giustificare, individuandone la causa finale e la causa efficiente, l'infrazione delle premesse teoretiche; ovvero se l'acqua rimanga più alta – e in tal caso è necessario demolire o almeno reinterpretare ciò che l'esperienza dei sensi manifesta in contrario » (Pastore Stocchi). Dante col suo intervento scritto controbatte gli argomenti che nella discussione precedentemente tenutasi a Mantova erano stati sostenuti in favore della seconda tesi, ed espone le ragioni per cui si debba credere che la terra emersa è in ogni sua parte più alta della superficie marina, come viene chiaramente dimostrato dalla posizione delle spiagge e delle terre più elevate dell'interno.

Scritta in un latino scolastico arido e deduttivo, l'operetta non presenta procedimenti e soluzioni nuove, ma appare anch'essa tipica espressione della personalità di Dante per il rigore e l'incisività dell'argomentazione. Di Dante ci mostra anche la pluralità degli interessi culturali, l'attenzione ad ogni aspetto di vita in cui possa recare il suo impegno di cittadino e di studioso, la passione che egli, « tra i filosofi minimo », ma « cresciuto fin dall'infanzia » nell'amore della verità, ha sempre ed ovunque di combattere il falso e sostenere il vero. In questa prospettiva si possono leggere gli ultimi paragrafi dell'operetta nei quali, accanto ad un'appassionata esortazione agli uomini perché cessino di *quaerere quae supra eos sunt, et quaerant usque quo possunt, ut trahant se ad immortalia et divina pro posse, ac maiora se relinquant* (XXII), c'è un sarcastico attacco agli avversari che si sono ben guardati dall'intervenire alla *determinatio* per non dover riconoscere la giustezza delle altrui affermazioni. Ecco la vibrante ed ironica chiusa; in cui compare ancora, come all'inizio dell'opera, il nome dell'autore: *Determinata est haec philosophia dominante invicto Domino, Kane Grandi de Scala pro Imperio sacrosanto Romano, per me Dantem Alagherii, philosophorum minimum, in inclyta urbe Verona, in sacello Helenae gloriosae, coram universo clero Veronensi, praeter quosdam qui, nimia caritate ardentes, aliorum rogamina non admittunt, et per humilitatis virtutem Spiritus Sancti pauperes, ne aliorum excellentiam probare videantur, sermonibus eorum interesse refugiunt.* (Questa disputazione fu svolta, regnando l'invitto Signore, il signore Cangrande della Scala per il sacro santo Romano Impero, da me Dante Alighieri ultimo dei filosofi, nella insigne città di Verona entro il sacello di santa Elena gloriosa, presente tutto il clero veronese, eccettuati alcuni che, ardendo di soverchio zelo, non accolgono le altrui questioni e per virtù di umiltà poveri di Spirito Santo, per non mostrare di approvare l'eccellenza degli altri, si trattengono dall'ascoltare i loro sermoni. XXIV).

9. Il « Fiore »

Nel 1881 fu pubblicato a Montpellier a cura di Ferdinand Castets « *Il Fiore* ». *Poème italien du XIIIe siècle, en ccxxxii sonnets imité du « Roman de la Rose » par Durante*[3]. Si è soliti, dunque, chiamare

---

[3] *Il Fiore* è tramandato in unico manoscritto anepigrafo, conservato nella Biblioteca Universitaria di Montpellier (Faculté de Médecine, H. 438). A questo

col titolo *Il Fiore* una « corona » di sonetti che riassume e parafrasa il *Roman de la Rose* nelle porzioni di Jean de Meung e di Guillaume de Lorris. La pubblicazione del *Fiore* suscitò subito il problema della sua attribuzione, o meno, a Dante. Lo stesso Castets, dopo aver pensato, come autore, a Durante di san Miniato o a Dante da Maiano, pensò anche all'Alighieri (va ricordato che « Dante » è ipocorismo di « Durante »); ma la polemica si svolse soprattutto fra i dantisti italiani. Tra i fautori dell'attribuzione a Dante ricordiamo Tommaso Casini, Guido Mazzoni, Francesco D'Ovidio, Pio Rajna; ad essi si opponevano vari studiosi, come Egidio Gorra, Ernesto Giacomo Parodi, Alessandro D'Ancona, Nicola Zingarelli, Robert Davidson, Francesco Torraca, e, successivamente, Michele Barbi e Natalino Sapegno.

La soluzione della questione va ricercata in un raffronto interno con le altre opere di Dante: a questo si sono dedicati, in modo speciale e con notevoli risultati, Alfred Basserman (« Deutsche Dante-Jahrbuch », 1928, X, pag. 94 sgg.), e Domenico De Robertis (*Il libro della « Vita Nuova »*, Firenze, 1961, pag. 60 sgg.). In particolare si deve a Gianfranco Contini lo studio degli elementi lessicali e semantici dei sonetti della collana, in un approfondito raffronto con le *Rime* dantesche e la *Commedia*: studio che porta il critico ad attribuire senza incertezze *Il Fiore* all'Alighieri [4].

Tema del *Fiore* è il racconto di una lenta e faticosa conquista d'amore, dai primi approcci e tentativi fino alla definitiva vittoria che vede la donna cedere alle lusinghe dell'amante.

L'Amante mentre guarda un « fiore » viene colpito dalle saette del dio Amore; decide così di mettersi *tutto in sua balia*, dandogli in pegno il suo cuore e promettendogli fedeltà (I-V). Tramite l'azione di Amore e di Venus, la donna, Bellaccoglienza, viene a conoscenza delle attenzioni amorose del giovane, e, spinta da Venus, consente che quello baci il

---

manoscritto era unito, probabilmente, il frammento ora contenuto nel Codice Ashburnham 1234 della Biblioteca Laurenziana di Firenze, e pubblicato da Salomone Morpurgo sul « Propugnatore » del 1881 col titolo *Detto d'Amore*, pagg. 18-61.
[4] G. CONTINI, *La questione del « Fiore »*, in « Cultura e scuola », IV (1965), n. 13-14, pagg. 768-773; *Fiore*, in *Enciclopedia Dantesca*, II, pagg. 895-901; *Letteratura italiana delle origini*, Firenze, Sansoni, 1970, pagg. 353-360; *Un nodo della cultura medievale: la serie « Roman de la Rose » - « Fiore » - « Divina Commedia »*, in « Lettere italiane », XXV (1973), pagg. 162-189.

« fiore » (XVIII). L'Amante può così avvicinarsi a Bellaccoglienza, e *con molto gran tremore* la bacia. Ma l'apparente semplicità dell'approccio è turbata dal contrasto fra Castità, Gelosia, Vergogna, Paura e Schifo (che rappresentano i vari sentimenti; XXI-XXVII). La spunta Gelosia, che fa *fondare un castello / con gran fossi dintorno e barbacani*, in cui rinchiudere la donna e impedire l'accesso ad estranei (XXVIII-XXXII). Bellaccoglienza, lì *mess'e fermata*, è data in custodia ad una Vecchia. Questa situazione porta sconforto e perplessità in Amante, dibattuto fra la fedeltà all'Amore e i consigli di Ragione, che lo invita a staccarsi da quello (XXXVII). Scomparsa finalmente Ragione, interviene un Amico, preoccupato che Amante *ciascun giorno dimagre e appasse* (XLVII): quello incomincia a rincuorare il giovane, e lo consiglia di « servire » e « onorare » la vecchia guardiana dell'amata, promettendole anche di farle preziosi regali per muoverla a compassione (LII). Segue una lunga digressione dell'Amico sulle donne e sul comportamento che un amante deve tenere con loro (LIII-LXVII).

Amante va poi al castello, sperando di *trovar quell'entrata, / la qual folle Larghezza avea fondata* (LXXIV): ma *di sotto un pin* trova una *donna pregiata*, Ricchezza, che gli impedisce la strada. A sciogliere la situazione viene Amore, seguito dalla sua corte (Madonna Oziosa, Nobiltà, Franchigia, Cortesia, Pietà, Larghezza, Bieltate, Giovanezza, Umiltate, Pazienza...), alla quale così parla (LXXXII): *I' v'ho mandato / Perché convien ch'i' aggia il vostro aiuto, / Tanto che quel castel si' abbattuto [...] Ché pur convien ch'i' soccorra Durante...* (è questa la prima volta in cui appare il nome di Durante; l'altra è in CCII, 14). Segue una lunga digressione (LXXXVIII-CXXVII) di Falsembiante, uno dei presenti, che interviene nella discussione con vari argomenti (su certi religiosi che si atteggiano falsamente da pietosi; su tante sue azioni spregiudicate e furfantesche).

Finalmente riprende l'azione, con l'incontro di Falsembiante, Larghezza, Cortesia e Astinenza-Costretta, entrati nel castello, con la Vecchia che custodisce Bellaccoglienza. I quattro convincono la donna a portare alcuni gioielli all'amata di Durante (CXXXIX-CXLI): essa accetta, e, sola con Bellaccoglienza, fa una digressione sul comportamento, *arte*, che la giovane dovrà tenere col suo uomo e sui mezzi per conquistarne l'amore (CXXXIX-CXCVIII). La Vecchia, infine, s'incontra con Amante, e lo rassicura della buona disposizione di Bellaccoglienza: egli troverà il *cammino aperto* (CXCIV). Amante entra così nel castello (CC) e raggiunge Bellaccoglienza che *immantenente* lo saluta (CCI). Ma quando sembrerebbero vinte tutte le resistenze, altre sopravvengono (CCII-CCXV), e sono superate solo con l'intervento di Venus (CCXVI-CCXVIII); Amante, rassicurato, ottiene la vittoria finale (CCXXVI). Gli ultimi sonetti (CCXXVII-CCXXXII) trattano dell'incontro di Amante con Bellaccoglienza, ormai vinta e felice: *I' gli abbandono / e me, e 'l fiore, e ciò ch'i' ho 'n podere, / E chied e' prenda tutto quanto in dono.*

I. LE OPERE MINORI

Nel racconto del *Fiore* che, come si è detto, deriva dal *Roman de la Rose*, si trovano alcuni motivi tradizionali della cultura e della letteratura dell'ultimo Medioevo: motivi la cui presenza è di notevole importanza sia ai fini della determinazione dell'epoca della composizione sia per una più precisa conoscenza dell'ambiente poetico dell'autore. Si tratta, in modo speciale, del tema goliardico e irreligioso, sarcastico e ironico; di quello dell'amore e della donna, sensuale e cortigiana; di quelli della lealtà, della franchezza e della pietà, spesso trattati ironicamente; dei temi, più generali, della polemica contro la borghesia, dell'adesione al gusto realistico e altri ancora. La lingua è spregiudicata, a volte violenta, ma elegante e raffinata e ricchissima di francesismi.

L'età della composizione del *Fiore* è certamente quella di Dante, e forse è da circoscriversi al decennio 1285-95, sulla base di un'allusione alle lotte fiorentine fra borghesi e magnati, concluse con gli Ordinamenti di giustizia di Giano della Bella (1293). Più particolarmente secondo il Vallone (per il quale col *Fiore* « si è nell'officina di Dante con strumenti che solo lui conosce o che persona accorta d'ogni suo segreto, usa e manovra con pari abilità ») la raccolta risalirebbe ai « trenta mesi » della « crisi » di Dante, iniziatasi con la morte di Beatrice (8 giugno 1290) e terminati con la canzone *Voi che 'ntendo il terzo ciel movete*, scritta fra la fine del 1293 e l'inizio del '94.

Senza più oltre approfondire caratteri, datazione, paternità, ecc., di questo poemetto, e accettandone soltanto come ipotesi la paternità dantesca, concludiamo con un giudizio sintetico del Contini, che è attualmente il più autorevole fautore della sua attribuzione all'Alighieri: « *Il Fiore*, con la sua spregiudicatezza e le sue ipostasi, col suo linguaggio caricaturale e parodistico, con i suoi umori politici alieni dall'attualità trionfante, con la sua simpatia per una libera cultura universitaria, s'inserisce assai razionalmente nella contrastata carriera di Dante, di cui perfino le opere più indiscutibili smentiscono la monumentale invariabilità e sanciscono vitali contraddizioni. Il poemetto non è un aneddoto di gioventù, è un anello della grande catena »[5].

---

[5] Uno studio approfondito dei rapporti fra il *Fiore* e il *Roman de la Rose*, e quindi dei caratteri del *Fiore* e della sua posizione nell'insieme dell'opera dantesca e della poesia italiana tra il '200 e il '300, è stato compiuto da L. VANOSSI, *Dante e il «Roman de la Rose». Saggio sul «Fiore»*, Firenze, Olschki, 1979. Il Vanossi non ha incertezze sul-

II. – La « Divina Commedia »

1. Titolo e motivo

La *Divina Commedia* è un poema in volgare in cento canti, di quasi 15.000 versi endecasillabi in terzine incatenate. È diviso in tre cantiche, *Inferno, Purgatorio, Paradiso*, di trentatré canti ciascuna, oltre uno iniziale dell'*Inferno*, che ha funzione di proemio per l'opera intera. Appare così subito la persistenza del « tre » nella grande simmetria del poema: è un numero di tipico significato simbolico, in rapporto con la trinità divina. (E col *tre*, il suo multiplo *nove*: nove saranno i cerchi dell'Inferno, nove le zone del Purgatorio, nove i cieli del Paradiso).

Dante chiamò il poema semplicemente *Comedía*. Due volte lo definisce così nell'*Inferno* – canto XVI, 126-127: « ... e per le note / di questa *Comedía*, lettor ti giuro... »; canto XXI, 1-3: « Così di ponte in ponte, altro parlando / che la mia *Comedía* cantar non cura, / venimmo... » – e così lo chiama nella famosa lettera a Cangrande della Scala: *Libri titulus est: « Incipit Comoedia Dantis Alagherii Florentini natione non moribus »*: e in tal modo il poema si apre nei manoscritti arrivati fino a noi. Possiamo quindi con certezza affermare che il titolo originale, voluto da Dante, è *Comedía* (probabilmente l'accento, per influsso del francese e come si deduce dai due endecasillabi sopra riportati, è sulla *i*).

Secondo quanto Dante stesso afferma nel *De vulgari eloquentia*, la « commedia » ha uno stile inferiore a quello della « tragedia »; se scritte in volgare, alla tragedia spetta il volgare *illustre*, alla commedia il *mediocre* e l'*humile*: *Per tragoediam superiorem stilum inducimus, per comoediam inferiorem, per elegiam stilum intelligimus miserorum. Si tragice canenda videntur, tunc assumendum est vulgare illustre, et per consequens cantionem* [*oportet*] *ligare. Si vero comice, tunc quandoque mediocre, quandoque humile vulgare sumatur.* (Per la tragedia usiamo lo stile superiore, per la commedia

---

l'attribuzione del *Fiore* a Dante, e pensa che l'opera sia stata composta negli anni 1287-89, trovando anche legami fra il tema del poemetto e la seconda donna dello schermo della *Vita Nuova*. Ma non tutti i dubbi sulla paternità dantesca del *Fiore* sono sciolti, anche perché nessun cenno ad essa si trova negli scritti coevi o successivi a Dante (cfr. M. Marti, in « G. S. L. I. », 1972, vol. CXLIX, pag. 632).

l'inferiore, per l'elegia ci rivolgiamo a quello dei miseri. Se pare che le cose debbano essere cantate nel modo tragico, allora è da prendere il volgare illustre, e conseguentemente da comporre la canzone. Se invece nel modo comico, allora si prenda talvolta il volgare mediocre, talvolta l'umile. II, IV, 5-6). Secondo, poi, le teorie retoriche medievali, la « commedia », al contrario della « tragedia », ha un inizio triste ed un finale lieto, ha per oggetto persone di umili condizioni, ed usa di frequente la critica e il biasimo. Sono, anche questi, concetti che il poeta stesso fa propri ed espone, in particolare, nella lettera a Cangrande, in cui, dopo aver indicato in che cosa la tragedia differisca dalla commedia, conclude: *Et per hoc patet quod Comoedia dicitur praesens opus. Nam si ad materiam respiciamus, a principio horribilis et foedita est, quia Infernus; in fine prospera, desiderabilis et grata, quia Paradisus; ad modum loquendi, remissus est modus et humilis, quia locutio vulgaris in qua et muliercule comunicant.* (E da questo appare manifesto perché la presente opera è detta *Commedia*. Infatti all'inizio la sua materia è orribile e spaventosa, perché vi si tratta dell'Inferno, alla fine felice, desiderabile e grata, perché vi si tratta del Paradiso; e lo stile è dimesso e umile, perché è il linguaggio volgare, che è usato anche dalle donne di umile condizione. XIII, 31).

Tutti questi caratteri si riscontrano nel poema dantesco. In esso però sono tutt'altro che rari i personaggi di elevata condizione; mentre, d'altra parte, si potrebbe notare che l'*Eneide*, la quale ha pure un inizio triste ed un finale sereno, è considerata da Dante « tragedia » per l'altezza della materia e l'elevatezza del linguaggio. Comunque il poeta vide la sua opera come « commedia » soprattutto per motivi di stile, in modo speciale al tempo della composizione della prima cantica. Più tardi la definì con espressioni ben più solenni: lo « sacrato poema » (*Par.*, XXIII, 62), e il « poema sacro / al quale ha posto mano e cielo e terra » (*Par.*, XXV, 1-2). L'attributo « divina », già applicato alla *Commedia* da Giovanni Boccaccio riferendosi prevalentemente alla natura dell'argomento, trova la sanzione definitiva nel 1555 con l'edizione apparsa a Venezia a cura di Ludovico Dolce, per i tipi di Giovanni Gabriele Giolito de' Ferrari [6].

---

[6] Iniziata in esilio intorno al 1305 (non si accetta più, in generale, la notizia del Boccaccio secondo il quale i primi canti dell'*Inferno* sarebbero stati composti a Firenze prima dell'esilio, né trova ormai molto credito l'opinione

L'argomento della *Divina Commedia* è, com'è noto, un viaggio che Dante dice di aver compiuto, per volontà e grazia di Dio e dietro intercessione della Madonna, nei tre regni dell'aldilà: Inferno, Purgatorio, Paradiso. Il viaggio, che Dante riferisce in prima persona, si immagina avvenuto nel 1300 (l'anno del primo Giubileo, proclamato da Bonifazio VIII), quando il poeta aveva trentacinque anni, e durato sette giorni, a partire dall'8 aprile, Venerdì Santo (oppure, come diremo più avanti, dal 25 marzo). Si tratta quindi del racconto di un avvenimento passato, durante il quale il pellegrino dell'aldilà, guidato dapprima da Virgilio e poi da Beatrice, è stato attento nell'osservare la situazione dei tre regni, e in modo speciale le condizioni degli spiriti, – i dannati, i purganti, i beati – e nell'ascoltare le parole delle sue guide, sì da trarne un vantaggio spirituale e per sé e per quanti verranno a conoscenza della sua avventura.

Il motivo del viaggio ultraterreno e della visione celeste è certamente uno dei più diffusi nelle letterature antiche, sicché molti modelli potevano presentarsi al disegno di Dante. Da lui stesso sono esplicitamente ricordati i viaggi nell'aldilà di Enea e di san Paolo (*Inf.*, II, 13-30), narrati l'uno nel VI libro dell'*Eneide* e l'altro da san Paolo stesso nella II epistola ai Corinzi; ed evidenti appaiono non di rado i rapporti con motivi e figure virgiliane (Caronte, Cerbero, ecc.) e con temi biblici (tratti, ad esempio, dall'Apocalisse). Spunti numerosi Dante trovava anche in varie altre opere classiche:

---

che Dante si sia dedicato al poema soltanto dopo la morte di Arrigo VII), la *Commedia* impegnò tutto il resto della vita del poeta. In base a vari rapporti storici e riferimenti cronologici si può congetturare, con buona probabilità, che la prima cantica sia stata completata entro il 1310, la seconda intorno al 1315, la terza poco tempo prima della morte dello scrittore. Di questi non c'è pervenuto alcun autografo; quindi il poema è giunto a noi attraverso varie copie di amanuensi: le più antiche risalgono ad una diecina di anni dopo la scomparsa dell'Alighieri, perché il testo si diffuse ben presto in versione unitaria ed unica, ma anche attraverso un rapido processo di alterazioni e corruzioni. La trasmissione manoscritta, che si svolse per oltre un secolo e mezzo, avvenne infatti assai spesso per mezzo di copisti improvvisati, o anche di professione, ma portati non di rado a sostituire la dizione del testo con ricordi personali.

La prima edizione a stampa fu fatta a Foligno nell'aprile 1472 da Giovanni Numeister di Magonza; nello stesso anno seguirono un'edizione a Venezia ed una a Mantova, a cui molte altre tennero dietro nel corso di quello stesso secolo. (Cfr. più avanti il cap. « Profilo di storia della critica dantesca »).

dal *Somnium Scipionis* di Cicerone, alle *Metamorfosi* di Ovidio, alla *Farsalia* di Lucano. Ancora più diretti esemplari gli forniva la vasta letteratura religiosa delle « visioni », tanto diffuse nel Medioevo a fini edificanti e didascalici: la *Visione di san Brandano*, la *Visione di san Paolo*, la *Visione di Tundalo*, il *Purgatorio di san Patrizio*, ecc. Alle « visioni » si univano numerose leggende ultramondane, esposte in trattazioni ascetiche e agiografiche, come il *De contemptu mundi* di Innocenzo III, e in opere di varia ispirazione religiosa, quali l'*Expositio super Apocalypsim* e il *Liber figurarum* di Gioacchino da Fiore. Più vicini alla sua età, Dante trovava i poemetti in volgare di Giacomino da Verona, *De Ierusalem coelesti* e *De Babilonia civitate infernali*, e di Bonvesin de la Riva, *Il libro delle tre scritture*: rozze e tradizionali ricostruzioni dell'oltretomba; e, per non accennare ad altro, le prose del concittadino e contemporaneo Bono Giamboni, *Il libro de' Vizî e delle Virtudi*.

Ma di fronte a tutto questo materiale, certamente in gran parte noto a Dante, non si può parlare di vere e proprie « fonti » della *Commedia*: il legame fra il poema dantesco e quanto le età precedenti avevano scritto – e Dante aveva letto – sul mondo dell'oltretomba, va ricercato solamente in una generica convergenza d'intenti religiosi e in un generico rapporto fantastico. E infatti tutti i raffronti che si possono compiere fra episodi, personaggi, situazioni della *Commedia* e la loro eventuale ed ipotetica « fonte », fanno ben risaltare quale e quanto enorme divario spirituale ed artistico, umano e poetico distingua i due mondi. Dai più diversi elementi letterari e culturali del passato, da un insieme vastissimo di materiale convenzionale ed ingenuo, o comunque privo di personalità drammatica e poetica, accumulatosi per tanti anni, Dante arrivò ad una sintesi del tutto originale: una costruzione dottrinale solenne e sicura in una rappresentazione poetica del più alto valore. È certo che a questa costruzione dottrinale la « fonte » di gran lunga più importante di tutte gli venne dai dottori della Scolastica, e in primo luogo da san Tommaso d'Aquino con la *Summa theologica*. Questi, e non i logografi delle visioni, è stato a ragione affermato, sono i veri « precursori » di Dante. Accennando più avanti alla « dottrina » della *Commedia* vedremo che senza il fondamento costante delle concezioni teologiche, filosofiche, morali della Scolastica, l'opera dell'Alighieri non sarebbe risultata quel mondo compatto ed armonico che è, bensì un complesso di esposizioni visionarie o di sfoghi lirici e passionali.

2. L'Universo dantesco

Il mondo che Dante ci presenta nel corso del suo itinerario nell'oltretomba costituisce, in sostanza, una visione dell'Universo secondo le concezioni geocentriche che, risalenti in parte ad Aristotele, erano state illustrate dall'astronomo e geografo alessandrino Claudio Tolomeo all'inizio dell'era volgare. Queste concezioni, accettate per tutto il Medioevo, erano state accolte anche da san Tommaso, sicché il sistema tolemaico era divenuto patrimonio della filosofia scolastica. Ad esso doveva necessariamente fare costante riferimento Dante, pur avendo conoscenza anche di altre opere, in cui certe questioni astronomiche erano trattate con conclusioni diverse. D'altra parte nel comporre la *Commedia* Dante non si proponeva intenti scientifici, quanto prospettive morali e poetiche: per questo tutto ciò che egli dice e descrive dell'Universo è pervaso da un costante anelito ad esaltare la grandezza e la sapienza di Dio, *colui che tutto move*, e da un'inconfondibile vibrazione di poesia, in cui tante volte si riflette proprio l'estatica ammirazione per la bellezza e l'armonia del creato.

Dalle mani di Dio la Terra era uscita come una sfera perfetta, compatta, omogenea. Era immobile al centro dell'Universo: intorno a lei, oltre l'atmosfera, oltre una sfera di fuoco, roteavano vari cieli. Al di là dei cieli, l'infinito, l'Empireo. Tutta la superficie terrestre si presentava distinta in due emisferi: quello australe composto solo di terra, quello boreale formato solo di acqua. Poi, alla caduta di Lucifero, ribelle a Dio e da Dio scacciato dal Paradiso, la terra dell'emisfero australe, su cui fu precipitato l'angelo cattivo, *per paura di lui fe' del mar velo*, s'inabissò, cioè, venendo ad emergere nell'emisfero boreale ed a formarvi isole e continenti. Contemporaneamente la terra delle viscere del globo, nel cui centro si conficcava Lucifero, si ritraeva terrorizzata al suo passaggio e rimbalzando nell'emisfero australe, ormai tutto un'immensa distesa di acqua, vi formava un'isola e sull'isola la montagna del Purgatorio. Intanto la grande voragine infernale, che si era aperta sotto la nuova superficie terrestre, accoglieva per primi, condannati ad eterno tormento, gli angeli che avevano partecipato per Lucifero, mentre sulla cima del nuovo monte si sarebbe più tardi innalzata una selva meravigliosa, destinata a dimora dei nostri primi padri: il Paradiso terrestre.

La caduta del ribelle ha dunque sconvolto l'armonia universale e determinato la formazione dell'Inferno e del Purgatorio. La concezione, tutta dantesca, di questo immane cataclisma è certamente grandiosa e porta l'impronta di una fantasia potente e sicura. Così nelle parole di Virgilio, che lo svelerà a Dante di fronte all'immagine oscena dell'angelo capofitto, questo catalisma balza in tutta la sua drammatica rapidità e nell'inarrestabile potenza dell'attuazione di un'ira divina:

> Da questa parte cadde giù dal cielo;
> e la terra, che pria di qua si sporse,
> per paura di lui fe' del mar velo,
> e venne a l'emisperio nostro; e forse
> per fuggir lui lasciò qui loco voto
> quella ch'appar di qua, e sù ricorse.

(Inf., XXXIV, 121-126)

La Terra è dunque concepita da Dante come un'immensa e perfetta sfera sospesa nel vuoto. Al centro della parte boreale, cioè della vera e propria superficie terrestre, egli pone Gerusalemme, equidistante dalle foci del Gange e dalle sorgenti dell'Ebro, i due punti estremi rispettivamente di oriente e di occidente, e lontani, fra loro, 180 gradi. Diametralmente opposta a Gerusalemme, perfettamente ai suoi antipodi, si eleva, in mezzo all'oceano dell'emisfero australe, la montagna del Purgatorio, sicché Gerusalemme e Purgatorio hanno in comune il cerchio meridiano che tagliando l'equatore passa per i poli; e, per conseguenza, l'orizzonte orientale di Gerusalemme è una stessa cosa con quello occidentale del Purgatorio, e quello orientale del Purgatorio coincide con l'orizzonte occidentale della Città Santa. Così quando il Sole spunta a Gerusalemme, alle sorgenti dell'Ebro è mezzanotte, sulla montagna del Purgatorio è il tramonto e alle foci del Gange è mezzogiorno.

Ora, a distanza di secoli, queste ipotesi e credenze geografiche non hanno più, certamente, quell'alone di meravigliosa sapienza di cui l'ignoto e il mistero delle cose dovevano circondare le costruzioni dantesche agli occhi degli uomini del primo Trecento. Ma se ormai ci manca questo motivo d'incanto, resta ancora nei passi geografici ed astronomici, che di tanto in tanto fissano alla mente del lettore l'immensità armoniosa dell'Universo, il fascino eterno che la poesia ha saputo infondere alla geometrica costruzione dantesca. Ecco, ad esempio, una spaziosa indicazione dell'ora del tramonto con riferimenti astronomici, per mezzo dei quali si richiama la posizione del Purgatorio in rapporto a punti fondamentali del globo:

> Sì come quando i primi raggi vibra
> là dove il suo fattor lo sangue sparse,
> cadendo Ibero sotto l'alta Libra,
> e l'onde in Gange da nona riarse,
> sì stava il sole; onde 'l giorno sen giva,
> come l'angel di Dio lieto ci apparse.
>
> (*Purg.*, XXVII, 1-6)

Né meno armonioso e mirabile di quello della Terra è l'aspetto del Cielo dantesco. Oltre la sfera del fuoco, che cinge tutt'intorno la nostra atmosfera ed il nostro pianeta, ruotano da oriente a ponente nove sfere concentriche e trasparenti, i nove cieli che in ordine dalla Terra all'Empireo sono: Luna, Mercurio, Venere, Sole, Marte, Giove, Saturno, Cielo delle Stelle fisse, Cielo cristallino o Primo Mobile. I primi sette cieli contengono ciascuno il pianeta che ha lo stesso nome del cielo: l'ottavo ha in sé *tante vedute*, cioè tante stelle fisse, che formano le costellazioni; il nono, il *maggior corpo* dell'Universo, è tutto di un'assoluta uniformità: e si chiama cristallino perché « diafano o vero tutto trasparente », e Primo Mobile perché « ordina col suo movimento la cotidiana revoluzione di tutti li altri [cieli] » (*Conv.*, II, 3 sgg.)

Oltre queste nove sfere non v'è che il cielo Empireo, « lo soprano edificio del mondo, nel quale tutto lo mondo s'inchiude, è di fuori dal quale nulla è; ed esso non è in luogo, ma formato fu solo ne la prima Mente » (*ib.*). E il nome Empireo gli deriva dall'essere « cielo di fiamma, o vero luminoso », ed è immobile « per avere in sé, secondo ciascuna parte, ciò che la sua materia vuole » (*ib.*). Da questo Empireo, pura *luce intellettual, piena d'amore; / amor di vero ben, pien di letizia; / letizia che trascende ogni dolzore* (*Par.*, XXX, 40-42), da questo cielo, dimora degli angeli e dei beati e manifestazione diretta di Dio, il Primo Mobile, il *maggior corpo*, acquista ogni virtù e potenza: ché nella mente di Dio *s'accende l'amor che il volge e la virtù ch'ei piove* (*Par.*, XXVII, 110-111): l'amore che lo fa ruotare di un moto velocissimo su cui si regolano i moti meno veloci di tutti gli altri cieli sottostanti, e la virtù che esso riversa su tutti i cieli stessi: cosicché questi, quasi *organi del mondo*, vanno *di grado in grado* in modo che di su prendono e di *sotto fanno* (*Par.*, II, 122-123) le loro divine influenze fino alla nostra terra.

È evidente che questo organismo meraviglioso dell'Universo era precostituito nella mente di Dante al tempo della composizione del Poema. La nitida prosa del *Convivio*, che di tanto precede il canto del *Paradiso*, ne è la conferma. Ma nella *Divina Commedia*, se la base dottrinale, scientifica e sacra, resta la stessa del trattato, v'è tutta un'altra atmosfera: perché un soffio gagliardo di amore a Dio si propaga nel poema di verso in verso, crea immagini affascinanti per l'incanto musicale, per l'ampiezza dei ritmi, per il senso del mistero e del mistico che le pervade; è, insomma, l'atmosfera nuova che fa, del disegno cosmico che Dante traccia nell'ultima cantica, una delle concezioni poetiche più grandiose di tutti i tempi.

3. Struttura e contenuto

INFERNO. – Il poema s'inizia col racconto di come un giorno Dante, *nel mezzo del cammin di nostra vita*, cioè all'età di 35 anni, si trovò smarrito in una *selva selvaggia ed aspra e forte*. Dopo avere invano cercato di uscirne incamminandosi verso un colle illuminato dal sole, mentre dalla presenza di tre fiere – una lonza, un leone ed una lupa – viene respinto nella selva, gli appare vicino Virgilio. Questi lo rincora e lo esorta a seguirlo, se vuole scampare da quel luogo, per un cammino attraverso l'Inferno e il Purgatorio: poi, se lo desidererà, un'anima di lui più degna lo guiderà per il Paradiso. Dante accetta, ma presto ha il dubbio di non essere capace e meritevole di compiere il viaggio. Virgilio lo rassicura, narrandogli come *nella corte del cielo* ci siano *tre donne benedette* (la Madonna, santa Lucia, Beatrice) che hanno cura di lui. (Canti I-II).

Messisi allora per un *cammino alto e silvestro*, i due poeti giungono alla porta dell'Inferno: una porta sempre spalancata, e con una scritta minacciosa: di lì si va *nell'eterno dolore*, si va *fra la perduta gente*. Passata la soglia, ed entrati nel buio vestibolo infernale, in un continuo opprimente ripercuotersi di *sospiri, pianti ed alti guai*, si scorge ben presto il primo gruppo di dannati: i vili, che, tormentati da mosconi e da vespe, corrono eternamente dietro una bandiera. Si realizza così con questi dannati, come poi con tutti gli altri, uno degli elementi più tipici dell'Inferno dantesco: quella legge del contrappasso, per cui la pena è sempre in rapporto di somiglianza o di contrapposizione col peccato compiuto in vita. Più oltre appaiono le acque cupe e limacciose del *gran fiume* Acheronte, al di là del quale ha inizio la voragine dell'Inferno. Al di qua, sulla riva, è tutto un affollarsi di ombre nude, agitate, in attesa di passare il fiume e raggiungere l'eterna dimora; e tutte lo bramano perché la giustizia divina le sprona *sì che la tema si volge in disio*. Sullo sfondo domina la figura di Caronte dagli *occhi di bragia*, il vecchio traghettatore. Poi, mentre la sua barca zeppa di dannati naviga il *doloroso rio*, un terremoto scuote tutta la buia campagna e Dante cade *come l'uomo che 'l sonno piglia*. Quando si ridesta si trova oltre l'Acheronte, all'inizio del primo dei cerchi infernali. (III).

L'Inferno è, appunto, formato da un immenso baratro che si restringe a modo d'imbuto o cono rovesciato (o, come lo vide il Boccaccio, di corno con discesa a chiocciola), con nove cerchi concentrici, e digradanti fino al centro della Terra. In ogni cerchio si trova un tipo di peccatori, che Dante, seguendo la classificazione di Aristotele, dispone secondo due grandi categorie: peccatori per incontinenza nell'uso di beni leciti e peccatori per volontà di male. Ora, poiché l'incontinenza *men Dio offende* e *men biasimo accatta*, coloro che peccarono in essa hanno pene meno gravi degli altri e stanno prima delle mura della città di Dite, che dividono in due parti la voragine. Tutti quelli, invece, che peccarono per mala volontà occupano i cerchi successivi alle mura di Dite, e poiché agirono *o con forza o con frode*, sono a loro volta suddivisi in due categorie: peccatori per violenza o *matta bestialità*, peccatori per frode o *malizia*. Così, secondo *le tre disposizion che 'l ciel non vole*, tutti gli *spiriti maledetti* si presentano raccolti: per *incontinenza*: lussuriosi, golosi, avari e prodighi, iracondi e accidiosi (cerchi II-V); per *matta bestialità*: violenti (cerchio VII); per *malizia*: fraudolenti, traditori (cerchi VIII e IX). In tale partizione tripartita non rientrano né coloro che, pur non essendo colpevoli, non furono battezzati, né gli eretici, perché le loro colpe si differenziano profondamente da quelle di tutti gli altri. Quindi anche la loro collocazione è a parte: l'involontaria mancanza di fede sta subito dopo l'Acheronte, il fiume infernale che ricinge la voragine, nel primo cerchio che precede i cerchi dei peccati d'incontinenza; l'eresia sta subito dopo le mura di Dite nel cerchio, il VI, che precede quelli dei peccati di volontà. – Questa disposizione di dannati si realizza in una grandiosa, fatale visione di orrore e di angoscia. Di canto in canto, seguendo Dante e Virgilio, dalla *triste rivera d'Acheronte* fino al punto centrale della Terra, *al qual si traggon d'ogni parte i pesi*, l'aspetto dell'immensa *valle d'abisso* si definisce sempre più tetro e mirabile. Il *baratro* della *perduta gente* ci appare di un'architettura sapiente in tutti i suoi nove cerchi, che, quanto più si restringono man mano che si discende, tanto più aumentano di terrore e di angoscia sotto la spinta creatrice di una fantasia che sempre si rinnovella in grandiose, raccapriccianti scoperte. Del resto, la libertà stessa che è concessa anche alla nostra mente di fantasticare nel vedere e sentire le più diverse invenzioni e descrizioni dantesche, accresce di momento in momento la vastità del paesaggio e l'incubo atroce delle pene.

II. LA « DIVINA COMMEDIA »

Il primo cerchio è un'ampia distesa tenebrosa che gira tutto intorno alla voragine infernale; solo ad un certo punto, in lontananza, è interrotto da una zona di luce. Una fitta *selva di anime* è dappertutto: sono i morti senza battesimo o vissuti prima della venuta di Cristo. Siamo dunque nel limbo: qui non tormenti, non lacrime, ma solo un incessante sospirare nel vano desiderio di vedere Iddio. Mentre Dante e Virgilio passano fra tanti spiriti, si fanno loro incontro quattro ombre; sono i poeti Omero, Orazio, Ovidio, Lucano, che vengono a rendere omaggio a Virgilio. Dante, *sesto fra cotanto senno*, giunge con loro al luogo della luce: un castello in cui gli vengono mostrati vari *spiriti magni* del mondo antico. – All'ingresso del secondo cerchio sta Minosse, il giudice delle anime. In un'ampia distesa tenebrosa, la *bufera infernal che mai non resta* trascina in turbine, su nel vuoto, lunghe file di anime disperate e piangenti: sono i lussuriosi. Dopo che da Virgilio gli sono state indicate *donne antiche e cavalieri* (Semiramide, Didone, Cleopatra, Elena, Achille, Paris, Tristano, e ancora *più di mille ombre*), Dante ha il primo grande incontro, quello con Paolo e Francesca, i cognati amanti, uccisi nella colpa. – Nel terzo cerchio una pioggia *eterna, maledetta, fredda e greve* colpisce i golosi, che urlano come cani e sono dilaniati dal mostruoso Cerbero, cane a tre teste, simbolo della voracità, in diretto rapporto con l'imbestiamento di quelle anime dannate. Da un fiorentino, Ciacco, Dante ha la prima minacciosa profezia sul futuro suo e della sua città. – Un altro essere mostruoso, Pluto, già dio della ricchezza, sta all'inizio del quarto cerchio, ove, distinte nei due semicerchi, vengono eternamente al *cozzo* due schiere di dannati che camminano in direzione opposta e spingono col petto enormi massi: sono gli avari e i prodighi, che, quando s'incontrano, si rinfacciano a vicenda il proprio peccato, gridando gli uni: « *perché tieni?* », e gli altri: « *perché burli?* ». – Un'ampia, buia palude, lo Stige, determinata dall'acqua che sgorga da una fonte bollente, costituisce il quinto cerchio. Vi sono immersi, più o meno profondamente, gli iracondi, che ancora si agitano e si percuotono troncandosi *co' denti a brano a brano*. Mentre i due poeti passano la *morta gora* sulla barca del demone Flegias, incontrano un altro fiorentino, Filippo Argenti, e assistono allo strazio che ne fanno i suoi compagni di pena. (IV-VIII).

Sbarcati presso le mura della Città di Dite, che, *vermiglie come se di foco uscite fossero*, ricingono la parte più interna dell'Inferno, Dante e Virgilio devono attendere l'arrivo di un messo celeste per poter varcare la soglia della porta chiusa dai diavoli. Nella *grande campagna* che si stende subito dopo le mura si trovano, poi, in mezzo ad una distesa di tombe scoperchiate, da cui escono fiamme. Nelle tombe e fra le fiamme stanno gli eretici: qui avviene l'incontro con Farinata degli Uberti e con Cavalcante Cavalcanti. – Per un balzo scosceso, in cui si agita il Minotauro, l'orrendo mostro *infamia di Creti* e simbolo ora della violenza, si discende nel settimo cerchio, quello dei violenti, diviso in tre gironi; il primo è formato da un fiume bollente, il Flegetonte, in cui sono immersi i violenti contro il prossimo e le sue cose, sorvegliati dai Centauri; il secondo è una selva formata di alberi foschi e scontorti, che emettono continui lamenti: sono le anime dei suicidi (violenti contro se stessi), fra i quali Dante incontra Pier della Vigna; mentre le anime degli scialacquatori (violenti contro le proprie cose) sono inseguite e sbranate da cagne fameliche; il terzo è una landa deserta su cui cade una continua pioggia di fuoco: in posizioni diverse vi stanno i bestemmiatori (violenti contro Dio), i sodomiti (violenti contro la natura) e gli usurai (violenti contro l'arte): in questo girone importante è l'incontro di Dante con Brunetto Latini. (IX-XVII).

Trasportati sulla groppa di un'altra fiera mostruosa, Gerione, simbolo della frode, che discende a *rote larghe* e *notando lenta lenta*, i due poeti arrivano nell'ottavo cerchio, quello dei fraudolenti, che è il più complesso di tutti. Si chiama *Malebolge* perché è formato da dieci oscure bolge, cioè fossati paralleli e digradanti verso il centro del cerchio, divisi fra loro da muraglioni, e collegati da alcune serie di ponti. In ogni bolgia, con pene diversissime, sono condannati i vari tipi di fraudolenti: seduttori, adulatori, simoniaci, indovini, barattieri, ipocriti, ladri, consiglieri fraudolenti, seminatori di discordie, falsari. Fra le pene più orrende, quella dei barattieri, immersi nella pece bollente e soggetti alla sorveglianza di *Malebranche*, diavoli pronti ad infilarli con le loro pertiche uncinate, e quella dei ladri che corrono nudi, pazzi di terrore, in mezzo ad un'infinità di serpenti che li mordono e li avviticchiano in un sussequirsi di orribili metamorfosi. Fra i tanti dannati con cui Dante parla nel percorrere Malebolge, colpiscono, soprattutto per la stranezza e l'orrore delle pene a cui sono eternamente sottoposti o per la novità e l'interesse dei loro discorsi, il papa Niccolò III fra i simoniaci, Ciampolo di Navarra fra i barattieri, Vanni Fucci fra i ladri, Guido da Montefeltro fra i consiglieri fraudolenti, Maometto e Pier da Medicina fra i seminatori di discordie, Griffolino e Capocchio fra i falsari di persone, Maestro Adamo fra i falsari di monete; ma fra tutti eccelle, per la sublime grandiosità del racconto della sua ultima avventura, la figura di Ulisse, il cui spirito è condannato a soffrire, insieme con Diomede, entro una delle tante fiammelle in cui si trovano le anime dei consiglieri fraudolenti. (XVII-XXX).

Nel nono cerchio, che è al fondo di un grande pozzo, il pozzo dei Giganti, Dante e Virgilio possono arrivare per l'intervento di uno di quegli immensi colossi che stanno lì, Anteo, il quale li prende sulle sue mani e poi li depone giù. Questo ultimo cerchio è un'ampia e piana distesa di ghiaccio, il *Cocito*: un lago determinato dalle acque dei fiumi infernali, e gelato dal vento freddo prodotto dalle ali di Lucifero, che si eleva nel punto centrale del cerchio, che è anche il centro della Terra. In questo ghiaccio, coi *visi cagnazzi fatti per freddo*, sono conficcati, sempre più profondamente man mano che si procede verso il centro, i traditori, distinti in quattro zone: *Caina,* i traditori dei parenti; *Antenora,* i traditori della patria; *Tolomea,* i traditori degli ospiti; *Giudecca,* i traditori dei benefattori. L'incontro più famoso fra quanti Dante fa in questo cerchio, è quello col conte Ugolino, condannato insieme all'arcivescovo Ruggeri come traditore della patria. (XXXI-XXXIII).

Dante e Virgilio escono dall'Inferno dapprima calandosi *di vello in vello* lungo il corpo di Lucifero; poi, giunti al centro di gravitazione ed entrati nell'emisfero australe, ruotandosi e salendo per una gamba del demonio; infine, percorrendo un lungo corridoio oscuro, la *natural burella,* che taglia tutto l'emisfero australe dal centro della Terra alla superficie opposta a Gerusalemme, cioè all'isoletta su cui s'innalza la montagna del Purgatorio. E lì, *per un pertugio tondo,* i due poeti escono finalmente *a riveder le stelle.* (XXXIV).

Purgatorio. – Rade stelle scintillanti in un cielo dal *dolce color d'oriental zaffiro* indicano a Dante l'arrivo, insieme con Virgilio, sulla spiaggia dell'isoletta del Purgatorio. Un vecchio austero e solenne, dalla barba lunga e *di pel bianco mista,* Catone, li accoglie e li invia sulla riva del mare, perché là Virgilio deterga il viso del suo compagno e poi lo ricinga di uno dei giunchi – simbolo dell'umiltà, necessaria per purificarsi – che sono presso le onde. Mentre eseguono l'ordine di Catone, i due poeti vedono comparire dal mare un *vasello snelletto e leggero* condotto da un angelo e pieno di spiriti. Sono le anime di coloro che, pentitisi delle proprie colpe, morirono in grazia di Dio. Esse, dopo il distacco dal corpo, si raccolgono da ogni parte del mondo alle foci del Tevere; poi un angelo, al momento opportuno, le fa salire nella sua navicella e le conduce al *secondo regno,* dove *l'umano spirito si purga e di salire al ciel diventa degno.* Fra gli spiriti che scendono dal vascello sulla riva, Dante riconosce un caro amico, Casella, che per consolargli *l'anima affannata tanto* incomincia a cantare la canzone *Amor che nella mente mi ragiona.* Ma è una breve dolcezza, ché ben presto Catone esorta tutti a prendere senza indugio la via della purgazione. (I-II).

I due poeti si dirigono allora verso il monte che s'innalza sull'isola. Ai suoi piedi incontrano una *gente d'anime* che avanza lentamente. Sono gli scomunicati, il primo gruppo di spiriti che si trovano nell'« Antipurgatorio », la zona cioè formata dalla spiaggia e dal primo tratto di montagna, scosceso e difficilissimo a salirsi, e che si eleva fino alla regione delle nubi. Tutti questi spiriti in vita furono negligenti nella fede e si pentirono poco prima di morire: ora attendono il momento di poter salire al vero « Purgatorio » per iniziare l'espiazione delle colpe commesse. Non hanno una pena particolare, ma solo sentono un desiderio ardente di vedere Iddio. Sono suddivisi in quattro schiere e assegnati a luoghi diversi: gli scomunicati ai piedi del monte, i pigri sui primi balzi, più in alto i morti di morte violenta, infine in una valletta fiorita i principi che furono troppo intenti alle cure mondane. E mentre gli scomunicati devono trascorrere nell'Antipurgatorio un periodo trenta volte maggiore di quello da essi passato nella loro orgogliosa ostinazione, tutti gli altri debbono rimanervi quanto vissero, se non sono aiutati da preghiera *che surga su di cuor che in grazia viva.*

Fra le anime che Dante incontra nell'Antipurgatorio, e colle quali s'intrattiene a parlare, ascoltando da tutte la propria storia di vita e di morte e la preghiera a ricordarle presso i vivi *sì che s'avacci lor divenir sante,* ci sono alcune figure di grande rilievo: Manfredi, figlio di Federigo II, fra gli scomunicati; Jacopo del Cassero, Buonconte da Montefeltro e Pia dei Tolomei, fra i morti violentemente; Nino Visconti e Corrado Malaspina fra i principi della valletta fiorita. Un incontro di particolare importanza è quello con un'anima solitaria, *altera e disdegnosa / e nel mover de li occhi onesta e tarda,* il trovatore Sordello: il suo affettuoso abbracciarsi con Virgilio al solo sentire che anche questi è mantovano, suscita in Dante una vigorosa invettiva contro la *serva* Italia, luogo di corruzione e di lotte fratricide. (III-VIII).

Il cammino dalla riva del mare alla valletta fiorita richiede un'intera giornata. Sopraggiunta la sera i due poeti trascorrono là la notte. Dante dorme, e sul far del giorno ha un sogno: e così avverrà anche nelle due successive notti che trascorrerà nel Purgatorio. In questo primo sogno gli sembra di essere trasportato da un'aquila fino alla sfera del fuoco. Quando si risveglia si trova col solo Virgilio vicino alla porta del Purgatorio. Sui gradini della porta, di varia natura e di vario colore, sta seduto un angelo, che con la punta di una spada incide sette P sulla fronte di Dante: sono l'indice dei sette peccati capitali che verranno cancellati, uno per ogni cornice al termine del cammino, da altrettanti angeli. Quindi con una chiave d'oro e una d'argento l'angelo apre la porta e fa entrare i due poeti, mentre si ode alzarsi nell'aria un solenne *Te Deum.* (IX).

Varcata la soglia del Purgatorio si incomincia a salire per una *pietra fessa,* uno stretto sentiero scavato nella roccia che porta ad un ripiano: è la prima delle sette cornici che cingono ad altezze diverse il monte, restringendosi man mano che si sale e alle quali si giunge per stretti e ripidi sentieri. In ciascuna delle cornici sta, scontando la pena, una schiera di anime secondo il vizio o i vizi capitali per cui peccarono in vita. Questi sono a loro volta riuniti in tre gruppetti in base all'analisi del concetto di amore. - Prima c'è l'amore per *malo obietto,* quello rivolto cioè a cosa che non si dovrebbe amare e per il quale nascono i tre modi con cui si desidera il male del prossimo: superbia, invidia, ira. Perciò nelle prime tre cornici soffrono la pena rispettivamente i superbi, gli invidiosi, gli iracondi. - Viene poi l'amore rivolto al sommo bene, ma *scemo del suo dovere,* cioè con *poco di vigore:* si tratta dell'accidia; e gli accidiosi scontano la loro colpa nella quarta cornice. - Infine c'è l'amore per i beni terreni quando ad essi *troppo s'abbandona,* cioè con *troppo di vigore*: e qui si può peccare in avarizia, gola, lussuria. Quindi nelle ultime tre cornici sono puniti gli avari e i prodighi, i golosi, i lussuriosi.

La purificazione delle anime in ciascuna delle sette cornici si compie in tre modi: in preghiere, in pene, in contemplazione di esempi. Le preghiere si adattano ad accentuare il rimpianto per le colpe commesse e l'aspirazione all'ammenda; le pene sono assegnate, come nell'Inferno, in base ad un chiaro e completo contrappasso; gli esempi sono di due specie, di premio per la virtù contraria al vizio cui si fu soggetti e di punizione al vizio stesso. I primi esempi costituiscono le *corde de la ferza*, cioè gli incitamenti al bene, i secondi il *freno*, cioè gli ammonimenti a detestare il male. Così nel Purgatorio virtù e vizio sono, insieme, strumenti di purificazione: e le immagini delle virtù accolgono dolcemente all'ingresso di ogni cerchio come sprone e speranza, mentre quelle angosciose del vizio all'estremo della cornice concludono la tristezza del male compiuto. È da notare, infine, come il primo esempio della virtù sia sempre tratto dalla vita della Madonna: manifestazione dell'affetto di Dante per Colei che egli invoca *mane e sera*, ma non certo particolare motivo di poesia. Quando un'anima ha completato nella cornice, o nelle cornici che le spettano, l'espiazione della sua pena, essa si sente monda, e prova in sé il desiderio di salire su per il monte. Allora si mette in cammino, e mentre la montagna trema come per terremoto, tutti gli spiriti alzano un grido di lode a Dio. Ad indicare il valico che conduce da una cornice alla successiva, si troverà sempre un angelo splendente: sarà come il custode del balzo, quasi allo stesso modo che nel regno infernale ogni cerchio aveva a custodi figure demoniache.

Dante dunque sale con Virgilio tutta la montagna e in ogni cornice s'intrattiene con gli spiriti purganti, nei quali la viva aspirazione a Dio si unisce ad un perdurante ricordo della terra: perciò anch'essi rivolgono sempre a Dante la preghiera di ricordarli ai vivi, affinché questi li aiutino ad accelerare l'ascesa al cielo. I personaggi con cui Dante s'intrattiene a colloquio sono: Omberto Aldobrandeschi e Oderisi da Gubbio fra i superbi, che camminano curvi sotto gravi dubbi; Sapia da Siena, Guido del Duca e Rinieri da Calboli fra gli invidiosi, che stanno seduti, rivestiti di cilicio, con le palpebre cucite; Marco Lombardo fra gli iracondi, che camminano avvolti nel fumo; un abate di san Zeno fra gli accidiosi, che devono correre continuamente; Adriano V e Ugo Capeto fra gli avari e i prodighi, che stanno distesi per terra, bocconi, con mani e piedi legati; Forese Donati e Bonagiunta da Lucca fra i golosi, che, magri e sfiniti, patiscono fame e sete; Guido Guinizelli e Arnaldo Daniello fra i lussuriosi, che camminano in mezzo alle fiamme. Nella quinta cornice Dante e Virgilio incontrano anche un'anima che ha completato l'espiazione delle colpe, e si accompagna a loro per raggiungere la cima del monte: è il poeta Stazio. (X-XXVII).

Sulla soglia del « Paradiso terrestre », che si trova al culmine della montagna del Purgatorio, ed è costituito da una selva amenissima, non soggetta a perturbazioni atmosferiche, ma ravvivata dal fremito dell'aria che i cieli muovono rotandole intorno, Virgilio si congeda da Dante perché a lui non è concesso *discernere più oltre*. A Dante occorrerà ora un'altra guida, Beatrice: ma intanto il suo arbitrio è *libero, dritto e sano*, e quindi può agire a suo *senno*. È questo il poeta subito fa, aggirandosi dapprima nella selva. In essa c'è una sorgente perenne da cui si dipartono due fiumi, il Letè e l'Eunoè, nelle acque dei quali, assistiti da una mirabile figura di donna, Matelda, si devono immergere gli spiriti che giungono dalle cornici del Purgatorio dopo avere scontato la pena. Allora il primo fiume cancella da essi la memoria dei peccati compiuti in vita, il secondo ravviva in loro il ricordo del bene che fecero. Si ha così l'estrema purificazione necessaria per l'ascesa al Paradiso. Anche Dante passerà attraverso questa purificazione, ma prima assiste ad una mistica processione, che gli si snoda dinanzi in elementi strani e diversi: sette candelabri, ventiquattro seniori biancovestiti, quattro animali, un grifone che trascina un carro, donne a destra e sinistra di quello, altri uomini che seguono. (XXVII-XXIX).

È una processione che nell'architettura del poema ha un grande valore, perché rappresenta la Chiesa che viene incontro all'uomo penitente coi mezzi divini che essa custodisce. Poi sul carro, cinta da un turbinio di fiori, compare Beatrice: da lei Dante ode aspri rimproveri che lo spingono al pentimento e al pianto, e tanto pungente si fa il dolore che prova per il male compiuto, che alla fine cade *vinto*. Quando torna in sé il poeta si trova nel Letè con Matelda accanto. Uscito da quelle acque e dopo aver fissato a lungo negli occhi Beatrice per *disbranarsi la decenne sete*, assiste a varie e strane vicende del carro, con la comparsa di un'aquila, di una volpe, di un grifone, di una meretrice e di un drudo: sono raffigurazioni di altrettante gravi vicende della chiesa attraverso i secoli. Poi Dante s'incammina verso l'Eunoé con Beatrice, che gli fa una solenne profezia. Arrivati al fiume, è ancora Matelda che lo immerge nella *santissima onda*, da cui poco dopo egli esce *puro e disposto a salire alle stelle*. (XXX-XXXIII).

PARADISO. – Siamo ancora nel Paradiso terrestre. È mezzogiorno e i raggi della *lucerna del mondo* illuminano quello *emisperio* quando Dante, vedendo Beatrice fissare gli occhi nel sole, fa anch'egli altrettanto. In questa fissità vede crescere lo splendore come di *ferro che bogliente esce del fuoco*. È incominciato così, sotto la forza dell'istinto, il suo volo verso l'Empireo: volo tanto rapido che, dopo avere oltrepassato la sfera del fuoco, Dante e Beatrice si trovano subito nel primo cielo. (I-II).

I cieli, grandi sfere concentriche formate di materia cristallina e leggerissima, e ruotanti intorno alla Terra sotto la guida dei cori angelici, sono nove; i primi sette contengono ciascuno il pianeta che dà il nome al cielo stesso. Oltre i cieli c'è l'infinito, l'Empireo: cieli ed Empireo costituiscono il Paradiso. Le anime dei beati vivono la loro eterna beatitudine nella grande *candida rosa* dell'Empireo, un immenso anfiteatro su cui risplende direttamente Iddio. Ma ora che Dante compie la miracolosa ascesa, i beati per volontà divina si staccheranno a gruppi dalla loro sede e si presenteranno a lui nella sfera di cui in vita sentirono maggiormente l'influenza, onde dimostrargli sensibilmente il diverso grado di beatitudine di cui godono. Solo nel primo cielo, quello della Luna, le anime si presenteranno a Dante con parvenze umane; in tutti gli altri appariranno come luci luminosissime, ma in forme e atteggiamenti sempre diversi. Nell'Empireo, infine, il pellegrino li rivedrà tutti in forma umana e vestiti di bianco.

Da poco Dante si è sentito, dunque, trasumanare; da poco ha saputo da Beatrice come avvenga la sua salita per i cieli, quando ha la sensazione di essere avvolto da una nube *lucida, spessa, solida e pulita*: si è congiunto, spiega la guida, con la *prima stella*, la Luna, il pianeta che ruota appunto entro il cielo che porta il suo nome. Nella Luna si presentano le anime che in vita non mantennero i voti; Dante parla a lungo con Piccarda Donati, e da questa gli è indicata la presenza dell'imperatrice Costanza. – Dopo l'illustrazione di alcuni dubbi da parte di Beatrice, si giunge nel cielo di Mercurio, in cui si fanno incontro a Dante le anime di coloro che operarono per amore di gloria terrena: l'imperatore Giustiniano, a condanna della condotta dei Guelfi e dei Ghibellini, fa una grandiosa celebrazione dell'impero dalla morte di Pallante a quando Carlo Magno soccorse la Chiesa attaccata dal *dente longobardo*; e poi ricorda ed esalta la *luce* di Romeo di Villanova, persona *umile e peregrina*, e pur tanto nobile nella buona e nell'avversa fortuna. – Ancora un principe, Carlo Martello, parla a lungo nel cielo successivo, quello di Venere, il cielo degli spiriti amanti, spiegando, in seguito alla constatazione del comportamento sbagliato del proprio fratello Roberto, come avviene la degenerazione dei figli. Altre figure di rilievo di questo cielo sono Cunizza da Romano, sorella del famoso tiranno Ezzelino, e nata quindi nella *terra prava italica*, e il trovatore Folchetto da Marsiglia. – Nel quarto cielo, il Sole, appaiono gli spiriti sapienti. Sono fulgori che danzano in giro, e, *più dolci in voce che in vista lucenti*, cantano in tre corone concentriche. Dalla prima, formata di dodici spiriti, parla san Tommaso d'Aquino che, dopo aver presentato se stesso e i suoi compagni, esalta la figura di san Francesco e critica la corruzione dell'ordine domenicano; dalla seconda parla san Bonaventura, che esalta la vita di san Domenico, critica l'ordine francescano, presenta sé e gli altri beati della corona. – Nel quinto cielo, quello di Marte, Dante vede splendori infiniti che si muovono e cantano formando una croce in cui lampeggia Cristo: sono gli spiriti militanti che combatterono per la fede. Fra loro ci sono personaggi famosi, come Carlo Magno, Orlando, Goffredo di Buglione; ma chi si intrattiene in lungo colloquio con Dante è Cacciaguida, il suo trisavolo, che dopo aver parlato diffusamente, e con accorata nostalgia, della Firenze dei suoi tempi, un *riposato e bello viver di cittadini*, preannunzia al nipote con chiari termini l'esilio che dovrà affrontare, spiegandogli finalmente il senso delle tante *parole gravi* da lui intese fin lì sul corso della sua vita futura, e da ultimo lo esorta a far *manifesta* tutta la sua visione secondo la missione affidatagli da Dio per correzione e salvezza degli uomini. – Nel cielo di Giove, il sesto, tanti splendori volano, e volando s'incontrano componendo una dopo l'altra le varie lettere della frase *diligite iustitiam qui iudicatis terram*, e infine, raccogliendosi sulla M finale, formano l'aspetto di un'aquila. L'aquila, stando di fronte a Dante con le ali aperte, apre il becco e parla della giustizia divina, enumera una serie di re e signori ingiusti, e da ultimo nomina i sei principi giusti che ora risplendono costituendo il suo occhio: David, l'imperatore Traiano, Ezzechia re di Giuda, l'imperatore Costantino, Guglielmo II di Sicilia, il troiano Rifeo. – Nel cielo di Saturno, il settimo, si vede una scala d'oro altissima, per la quale salgono e discendono gli spiriti contemplanti; due grandi santi parlano a Dante, san Pier Damiani e san Benedetto, rievocando, in particolare, la loro vita sulla terra e la corruzione ecclesiastica dei tempi moderni. – Nel cielo successivo, quello delle Stelle fisse, Dante e Beatrice, giunti nella costellazione dei Gemelli, le *gloriose stelle* sotto le quali l'Alighieri nacque, s'intrattengono più a lungo che altrove. Dopo aver assistito al trionfo di Cristo circondato da tutti i beati e all'apoteosi della Madonna, che seguendo il Figlio s'innalza poi verso Iddio, Dante viene interrogato sulle tre virtù teologali: la fede, la speranza, la carità, rispettivamente da san Pietro, san Giacomo, san Giovanni; ognuno di questi esami gli dà la possibilità di mostrare quanto vaste siano le sue conoscenze e quanto saldi i suoi principi religiosi e morali. Parla, sempre in questo cielo, anche Adamo, trattando della sua esistenza nel Paradiso terrestre; ma ben più impressionanti sono le parole che, alla fine, pronunzia san Pietro in un'invettiva fiera e sdegnosa contro i pontefici degeneri, e in modo speciale contro Bonifazio VIII, che del suo cimitero ha fatto *cloaca del sangue e della puzza*. (II-XXVII).

Nell'ultimo cielo, il Primo Mobile, Dante dapprima vede un punto di *lume acuto*, e intorno ad esso nove cerchi fiammeggianti che ruotano velocissimi: sono Dio e i nove cori angelici. Questi hanno l'ufficio di comunicare ad ogni cielo, derivandoli da Dio, moto e luce: si chiamano, quindi, anche intelligenze motrici. Girano in cerchi luminosissimi e concentrici intorno a Dio, su nell'Empireo, ma nello stesso tempo governano il cielo che da essi dipende. Come spiega Beatrice a Dante, i primi due cerchi ruotanti più vicino al Creatore, sono quelli dei Serafini, che presiedono al Primo Mobile, e dei Cherubini, che presiedono alle Stelle fisse; il terzo, quello dei troni (Saturno): e tutti e tre formano la prima gerarchia; costituiscono la seconda i tre successivi ordini: dominazioni (Giove), virtù (Marte), potestà (Sole); la terza comprende i principi (Venere), gli arcangioli (Mercurio), gli angioli (Luna).

II. LA « DIVINA COMMEDIA »

Dopo avere osservato lo splendore dell'estrema bellezza di Beatrice, Dante, sempre più avvicinandosi a Dio, giunge con la sua guida nel centro della *candida rosa*, l'immenso anfiteatro che si eleva sulla superficie esterna del primo mobile e che in più di mille gradini raccoglie tutti i beati in forma umana, bianco vestiti, ognuno nel suo seggio, e contemplanti Iddio, che dall'alto li irraggia. Mentre Dante sta osservando tutto quel *popol giusto e sano* e la *forma general di Paradiso*, il posto di Beatrice è preso da san Bernardo. Questi, dopo avere spiegato a Dante la ragione della sua venuta, gli mostra il seggio che Beatrice occupa nell'alto dei cieli e quale sia la disposizione dei beati nella rosa; quindi prega la Vergine di aiutare Dante a vedere finalmente Dio nella sua essenza. La preghiera è accolta e il pellegrino può giungere così alla realizzazione del lungo e più grande desiderio. Congiunto il suo occhio col *valore infinito* di Dio, dentro vi scorge *tutto ciò che per l'universo si squaderna* e percepisce e comprende i grandi misteri della realtà divina: quello dell'Unità e Trinità, e quello dell'Incarnazione. Così tutto è ormai compiuto: all'alta fantasia manca la *possa* di più altro contemplare; ma l'animo di Dante non è turbato perché il suo desiderio e il suo volere si conformano alla volontà di Dio, *l'amore che move il sole e l'altre stelle*[7]. (XXVIII-XXXIII).

* * *

DATA E DURATA DEL VIAGGIO. – Un'indicazione precisa dell'anno, del mese e del giorno in cui Dante abbia immaginato d'intraprendere il viaggio nell'oltretomba, non c'è nella *Divina Commedia*. Egli, poeta, sentì che il collocare con matematica precisione una creazione puramente fantastica in un tempo in cui la sua vita reale aveva avuto tutt'altro corso, avrebbe determinato un duro ed insanabile dissidio da cui la poesia sarebbe uscita gravemente compromessa. Così la data, che pur era necessario porre come inizio del viaggio, Dante la stabilì, e dette al lettore la possibilità di dedurla, ma lasciandola sempre nel vago e nell'indefinito, in cui la finzione poetica poteva ben vivere.

Ecco perché fra gli interpreti della *Divina Commedia* non v'è accordo nella designazione del momento preciso dell'inizio del viaggio. Senza, anche qui, entrare nell'esame dei particolari sia pro che contro l'una o l'altra data, possiamo seguire l'opinione tradizionale, che – formatasi specialmente sul primo verso del poema e sui versi 112-114 del canto XXI dell'*Inferno* – vede l'inizio del viaggio dantesco il Venerdì Santo

---

[7] Per una più esauriente lettura delle tre cantiche della *Divina Commedia* rimandiamo a G. VITI, *Guida alla D. C.*, I. *L'Inferno*; II. *Il Purgatorio*; III. *Il Paradiso*, Firenze, Le Monnier, 1974⁸.

del 1300, cioè l'8 aprile 1300. E la data è allettante: il 1300 fu l'anno del famoso giubileo bandito da Bonifacio VIII, anno di espiazione, di perdono, di redenzione per tutta l'umanità: e Dante appunto nel poema, oltre che proiettare l'anima sua in cerca della via del bene, simboleggia anche la vicenda morale di tutta l'umanità peccatrice. Così il Venerdì Santo, coi giorni di passione che lo precedono e i giorni di gaudio che lo seguono, costituisce una data ideale per un viaggio che va dallo smarrimento nel peccato alla risurrezione in Dio.

Altri invece, poiché nel suddetto passo del canto XXI dell'*Inferno* risulta che il giorno in cui Dante intraprese il viaggio *mille dugento con sessanta sei anni compiè* dalla morte di Cristo e poiché ai tempi di Dante si riteneva che Cristo fosse morto il 25 marzo (giorno in cui, in coincidenza con la creazione di Adamo, si compivano i 34 anni dalla sua incarnazione, i quali sommati a 1266 danno appunto 1300), ecco che assegnano l'inizio del viaggio al 25 marzo 1300.

Ancor più strana e complessa, per chi ragiona condotto solo dai calcoli matematici, è la considerazione della durata del viaggio attraverso i tre regni, ma soprattutto attraverso l'Inferno. Dante impiega complessivamente sette giorni e sei ore:

una notte e un giorno nella selva;
una notte e un giorno nel visitare l'Inferno;
una notte e un giorno nel salire dal centro della Terra alla spiaggia del Purgatorio;
tre notti e tre giorni e mezzo nel visitare il Purgatorio;
un giorno nel Paradiso.

Ora, secondo le cognizioni del suo tempo, Dante pensava che il raggio terrestre fosse, ridotto alle nostre misure, qualcosa di più di 5000 chilometri. Ma il poeta discende obliquamente, talvolta anche compie lunghi tratti orizzontali: complessivamente, cioè, almeno 10.000 chilometri di strada. Il che vorrebbe dire che Dante, impiegando per tutto il tragitto infernale appena 24 ore, sarebbe andato alla velocità di 400 chilometri l'ora! Senza poi voler calcolare, e quindi detrarre dalle 24 ore, tutto il tempo in cui è stato fermo per conversare coi dannati.

Perciò, non è che il poeta immagini, o voglia farci credere, che sia andato ad una velocità simile. Il suo è un assurdo puramente calcolato, non è un elemento che sia dannoso all'effetto estetico: non si trasforma in un assurdo intuito dalla fantasia. Che anzi, e ben lo vedeva Dante, se il poeta avesse protratto per settimane e mesi il suo viaggio, l'opera, oltre che riuscire prolissa e monotona, sarebbe caduta in ben più gravi assurdi ed inverosimiglianze.

È dunque, anche questa durata del viaggio, uno dei tanti aspetti del poema, nei quali le ragioni dell'arte e della poesia prendono giustamente il sopravvento su ciò che è soltanto razionale, sciogliendosi dai vincoli delle leggi naturali per salire nella sfera del puro fantastico. È Dante insomma che si comporta, a buon diritto, ben più da poeta che da scienziato.

4. Genesi e scopi

Quanto abbiamo fin qui detto sulla struttura e sul contenuto della *Divina Commedia*, ci aiuta a capire quale dev'essere stata la genesi spirituale dell'opera e quali gli scopi che con essa Dante deve essersi proposti.

Per la genesi occorre risalire lontano, occorre ripensare a quel clima di serenità, di purezza, di estasi che la figura di Beatrice aveva determinato nella vita giovanile di Dante. Già, del resto, la *Vita Nuova* – dopo l'ultimo sonetto in cui il poeta canta come il suo « sospiro », giunto « oltre la spera che più larga gira », vede « una donna che riceve onore » nello splendore della corte divina del Paradiso – si era chiusa con un fugace ma essenziale accenno a quelli che sarebbero stati due elementi di fondo della futura *Commedia*: il ricordo di una « mirabile visione » e il proposito di parlare ancora di Beatrice, ma solo quando il poeta si sentisse capace di esaltarla in maniera superiore a quanto era stato fatto per alcun'altra donna:

Appresso questo sonetto, apparve a me una mirabile visione, ne la quale io vidi cose che mi fecero proporre di non dire più di questa benedetta, infino a tanto che io potesse più degnamente trattare di lei. E di venire a ciò io studio quanto posso, sì com'ella sae veracemente. Sì che, se piacere sarà di colui a cui tutte le cose vivono, che la mia vita duri per alquanti anni, io spero di dicer di lei quello che mai non fue detto d'alcuna. E poi piaccia a colui che è sire de la cortesia, che la mia anima se ne possa gire a vedere la gloria de la sua donna: cioè di quella benedetta Beatrice, la quale gloriosamente mira ne la faccia di colui *qui est per omnia secula benedictus* (XLII).

Se in queste parole si può trovare il più lontano proposito di una parte almeno della *Commedia*, l'esaltazione di Beatrice nell'incanto della visione paradisiaca, ben lungo è stato però il travaglio che ha condotto Dante dalla conclusione dell'operetta giovanile alla stesura del poema. In primo luogo bisogna pensare alla crisi che la morte di lei, con la perdita dell'unico sostegno amato e sicuro, determinò nel suo animo. Ci furono, fra il 1290 e il 1300, momenti in cui la memoria e la presenza della « gentilissima » sembrarono sopraffatte e distrutte dall'insorgere di nuovi amori, dalla comparsa di passioni più terrene: divenire sempre più esperto degli uomini e delle cose, affrontare vigorosamente gli studi filosofici, impegnarsi decisamente nella battaglia politica. Fu quello, per Dante, il periodo della deviazione morale: una deviazione da intendersi non tanto come condotta di per se stessa peccaminosa ed aberrante, ma come distacco dalla purezza degli ideali giovanili con l'immersione totale del proprio essere nella praticità di una conquista nuova, sia sul piano intellettuale che su quello sociale e politico.

Il dramma dell'esilio, col crollo di tante illusioni e col peso della solitudine e del dolore, conduce l'animo di Dante ad un nuovo ripensamento sulla realtà della vita, sulle finalità del nostro agire e soffrire nel mondo. Tutta l'esperienza e tutto il sapere accumulati nel passato, sono sottoposti ora ad un vaglio attento e nuovo, e considerati come mezzo per impostare il resto dell'esistenza sulla via di una vera elevazione, per una riconquista di quel distacco dagli interessi contingenti, di quella purezza interiore che avevano caratterizzato la prima età. Si cerca, cioè, da parte di Dante, di realizzare un ritorno spirituale a Beatrice. Ma questo ritorno non può essere oblio di tanti anni trascorsi nello studio e nell'azione, sibbene sublimazione di un'esperienza intensamente vissuta e sofferta.

La *Commedia* nasce così nella mente di Dante come occasione e strumento di ripiegamento sulla propria esistenza, come volontà di percorrere il cammino verso Beatrice rimeditando sulla vita umana, sul male e sul bene, sulle tragedie e i drammi dell'esistenza propria e dell'umanità intera. Un cammino doloroso, perché segnato dalla visione del peccato e delle sue conseguenze, dalla riflessione sul suo significato nei riguardi degli uomini e nei riguardi di Dio, sui molteplici aspetti ed elementi della vita terrena e della vita eterna. Scandagliando nell'immenso scenario del mondo come nel segreto del proprio io, Dante intese allora scrivere un poema per chiarire e fissare a se stesso il processo verso il completo dominio del suo essere, al di fuori di ogni richiamo delle lusinghe terrene. Il culmine di questo cammino ascensionale nel distacco dal male è poeticamente rivissuto nelle parole di Virgilio sulla soglia del Paradiso terrestre:

> libero, dritto e sano è tuo arbitrio,
> e fallo fora non fare a suo senno:
> perch'io te sovra te corono e mitrio.

(*Purg.*, XXVII, 140-142)

II. LA «DIVINA COMMEDIA»

Ma questo non è ancora il culmine della perfezione: l'accettazione totale della fede (Beatrice), la meditazione sull'infinita grandezza e sull'infinita bontà di Dio, la contemplazione del gaudio supremo concesso a quanti hanno bene impiegata la vita, portano Dante – rivivendo in sé tutto ciò che vede nel Paradiso – alla vera, piena conquista della purezza e della redenzione col totale possesso di Dio:

> A quella luce cotal si diventa,
> che volgersi da lei per altro aspetto
> è impossibil che mai si consenta;
> però che 'l ben, ch'è del volere obietto,
> tutto s'accoglie in lei, e fuor di quella
> è difettivo ciò ch'è lì perfetto.
>
> (*Par.*, XXXIII, 100-105)

Ma se tutto questo travaglio di pensiero e d'aspirazioni costituisce la prima e determinante genesi spirituale della *Divina Commedia*, un altro motivo sta, contemporaneamente, alla sorgente del poema, ed insieme ne costituisce lo scopo essenziale. Dante capisce subito che la propria redenzione non può attuarsi in una sfera personale, chiusa, egoistica. Dio ha creato e voluto l'*uomo* essere sociale, ha creato e voluto *tutti gli uomini* fratelli: non ci può essere, quindi, per nessuno piena realizzazione di se stesso, conquista di una propria perfezione, se non nel contatto e nella donazione continua con gli altri uomini, nell'attuazione cioè di un impegno di fratellanza e di amore. Questo impegno si realizza per Dante soprattutto compiendo un'opera di chiarificazione e di educazione, perché la scienza, accostando l'uomo alla verità, lo accosta a Dio. Già il *Convivio* era stato un primo tentativo di ammaestramento in questa visione soprannaturale, un banchetto di scienza per il bene di ognuno. Ora il «banchetto» si allarga, si accresce di una molteplicità di vivande, attraverso i frutti di un sapere più vasto e di un'arte di gran lunga più completa e più ricca. Del resto, proprio negli errori e negli sbandamenti suoi, Dante vede rispecchiarsi quelli dell'intera umanità, a cui sono venute a mancare le guide che Dio le aveva assegnato, l'Impero e la Chiesa. Per questo l'itinerario di Dante a Dio si fa itinerario di tutti gli uomini, e per essi il poeta diviene guida e giudice, maestro e profeta. Nel clima di religiosità medievale in cui vive, nell'attesa profondamente sentita di un intervento divino per la redenzione degli uomini, nella serena coscienza di aver raggiunto una dottrina di gran lunga superiore a quella della comunità umana, Dante si sente direttamente e responsabilmente investito dalla Provvidenza di un'azione educatrice ed apostolica a vantaggio di tutti: basterà che ciò che ha visto per il suo bene lo trascriva nelle forme più alte ed incisive. Nasce così la coscienza di una missione unica affidata da Dio, e con essa la genesi più appassionata e lo scopo più nobile della *Commedia*, come sarà poi proclamato nella solenne predizione di Cacciaguida:

> ... se la voce tua sarà molesta
> nel primo gusto, vital nutrimento
> lascerà poi, quando sarà digesta.
> Questo tuo grido farà come vento,
> che le più alte cime più percuote;
> e ciò non fa d'onor poco argomento.

(*Par.*, XVII, 130-135)

È certo però che questa prospettiva primaria non esclude, nell'impegno poetico di Dante, altri motivi. E in primo luogo quello umanissimo, che anche in questi ultimi versi traspare, e di cui abbiamo più volte parlato, di un'affermazione artistica tanto decisiva da meritargli il riconoscimento di tutti, e in modo speciale dei suoi concittadini:

> Se mai continga che 'l poema sacro
> al quale ha posto mano e cielo e terra,
> sì che m'ha fatto per molti anni macro,
> vinca la crudeltà che fuor mi serra
> del bello ovile ov'io dormi' agnello,
> nimico ai lupi che li danno guerra;
> con altra voce omai, con altro vello
> ritornerò poeta, e in sul fonte
> del mio battesmo prenderò 'l cappello.

(*Par.*, XXV, 1-9)

Ma questo è l'elemento di fondo che, pur sentito in sfumature diverse, sta alla base di ogni opera artistica. Il messaggio nuovo e personale dell'Alighieri è nella prepotenza di un'aspirazione eccezionale al divino, unita alla coscienza di una missione che investe il destino di tutta l'umanità.

5. ALLEGORIA E DOTTRINA

Tutto il viaggio dantesco, e quindi tutto il poema, hanno, come è facile capire, un costante valore allegorico. Abbiamo già visto come Dante attribuisse alla scrittura quattro sensi: letterale, allegorico, morale, anagogico. Era questa una concezione coerente col valore che al simbolismo e all'allegorismo veniva attribuito dalla mentalità e dalla cultura medievali: come la natura e la storia svelano all'uomo vari messaggi celesti, così certe scritture, quelle sacre e alcune fra le profane e poetiche, possono contenere, entro il racconto letterale di fatti e vicende, verità più profonde che l'uomo deve cercare di scoprire perché vi sono state poste a suo vantaggio. In questa visione anche Dante costruisce la *Commedia*, nella cui pluralità di sensi occorrerà ricercare verità segrete ed essenziali che, al di là di quelle letterali, l'autore vuol comunicare a tutti gli uomini come suo messaggio ed ammaestramento.

In tale polisemia del poema è evidente che tutto il viaggio dantesco si presenta come metafora di un itinerario spirituale: un itinerario di redenzione dalla vita di colpa alla purificazione e alla salvezza. L'inizio è segnato dalla presa di coscienza del proprio stato e dalla volontà di riscatto; quindi, attraverso la riflessione sul bene e sul male, si giunge all'acquisizione di conoscenze sempre più vaste ed illuminanti, fino a pervenire alla percezione delle verità più profonde e alla contemplazione di Dio. Si tratta, dunque, del classico *itinerarium mentis ad Deum* attraverso le tre fasi della purificazione, dell'illuminazione e dell'unione con Dio, così diffusamente seguito nella religiosità medievale e particolarmente illustrato da Riccardo di san Vittore, da san Bernardo e da san Bonaventura.

Entro questo significato allegorico va sentito anche il significato morale della *Commedia*: Dante non soltanto racconta una propria vicenda interiore, per cui dal periodo dello smarrimento spirituale seguito alla morte di Beatrice – e chiaramente indicato nel rimprovero che Beatrice stessa gli rivolgerà nel Paradiso terrestre (*Purg.*, XXX) – sarebbe arrivato alla piena riconquista della fede e della grazia passando per un lungo e doloroso travaglio; ma rivolge anche un messaggio agli uomini del suo tempo e all'umanità di sempre, affinché indirizzino il loro vivere secondo i principi della fratellanza cristiana e in accettazione della volontà di Dio. Il senso anagogico, infine, si scopre in un costante richiamo che si sprigiona da ogni parte del

poema verso i fini ultimi della vita umana e la meta eterna dell'anima.
Di tutta questa impostazione allegorica è facile percepire alcuni elementi essenziali anche ad una prima lettura dell'opera. La *selva*, in cui Dante si ritrova smarrito, è senz'altro simbolo della vita peccaminosa; il *colle* illuminato dal *sole* indica la retta strada segnata da Dio; le tre *fiere* che impediscono la salita sono immagine di peccati (forse: lussuria, superbia, cupidigia), che ancora si trovano in lui e lo combattono. Quando il peccatore prende coscienza del proprio stato, e prova desiderio di riscatto, interviene l'aiuto divino, che permette di ritrovare, con *Virgilio*, la ragione naturale che si fa guida a chi ha smarrito proprio un razionale principio di vita e non riesce a rintracciarlo per le vie comuni dell'esistenza. Virgilio, cioè la ragione, offre allora a Dante, col *viaggio nell'oltretomba*, un mezzo eccezionale per la riflessione sul male e sul bene e per l'apprendimento di verità eterne, indispensabili alla salvezza. In questo viaggio è il dramma di un'anima, *Dante*, che incede prima dolorosamente verso la purificazione, per poi innalzarsi felice alla contemplazione di Dio; ma Dante rappresenta anche tutti gli uomini ai quali, per la tristezza dei tempi e per i personali errori e vizi, è necessario percorrere un analogo cammino interiore se vogliono pervenire alla salvezza eterna.

Questo contenuto allegorico è esplicito. Ha la sua base concreta nel primo canto per mezzo dei vari simboli che abbiamo ricordato: selva, colle, sole, fiere, Virgilio, Dante ed altri ancora. Ha i suoi diversi momenti di sviluppo nelle più diverse fasi del viaggio: rievocazione delle colpe e visione delle pene; ammaestramenti di Virgilio; racconti, ammonimenti, profezie degli spiriti; apparizione e parole di Beatrice; interventi dei beati...: sono tutte occasioni, queste, per svelare e criticare il male, e per insegnare, anche con l'esempio di quella che può essere stata una vita sbagliata, la strada di Dio.

Ma se è ovunque facile percepire questo senso allegorico di fondo – allegorico e insieme morale ed anagogico – sono anche frequenti i casi e le situazioni in cui l'allegorismo è più minuto e complesso, intuibile su un piano generale, ma difficilmente concretizzabile nei suoi minuti e specifici elementi. Bastino due esempi: il *castello* in cui si trovano i sapienti del limbo, e la *processione* che Dante vede nel Paradiso terrestre nelle sue varie fasi e trasformazioni; per non parlare di un gran numero di figure e di simboli che nascondono i più vari significati morali e insegnamenti religiosi: dal veltro a Medusa, dagli scalini su cui posa i piedi l'angelo dei P del Purgatorio agli alberi della cornice dei golosi. Del resto, quel tanto di misterioso e d'incerto, che accompagna ogni nostra interpretazione allegorica, fa parte della natura stessa dell'allegoria, per la personalità e l'arbitrarietà del valore che lo scrittore ha inteso attribuirle, riversando in essa la sua anima stessa, nel desiderio di lasciare agli uomini il messaggio più intenso e profondo possibile. In quella personale passione le diverse forme allegoriche perdono quanto di astratto e di sforzato in esse possiamo oggi scoprire, per acquistare i contorni dell'arte e il calore della poesia, le quali proprio nei simboli cari all'età medievale trovano maniere di espressione individualissime e concrete.

È a questa vibrazione artistica e poetica, e quindi profondamente umana e personale, che occorre guardare ogni volta che l'immagine e il simbolo non svelano intero il loro mistero, ma lasciano certamente l'impronta della personalità del poeta che le ha create ed animate. D'altra parte, proprio in certe figure essenziali al complesso allegorico, i valori poetici sono particolarmente evidenti. In primo luogo in Virgilio e in Beatrice, che mai perdono la concretezza dei modi, il calore dei sentimenti più vari, l'attrattiva della creatura umana. E con loro tantissimi personaggi, tratti dal mondo cristiano e pagano, trasportati nell'aldilà come simboli di situazioni spirituali e morali, rimangono sempre figure vive: potenti e drammatiche, o delicate ed armoniose nell'infinita gamma di atteggiamenti e di forme: Caronte e Minosse, Catone e Sordello, i Giganti, gli Angeli...

In questa stessa vitalità artistica e poetica vanno visti anche i più diversi elementi ed aspetti dottrinali che sono fondamento e materia del poema. In essi si riversa e riverbera una cultura vastissima, dedotta dalle più varie letture e personalmente elaborata. Come abbiamo già detto altrove, tutto il bagaglio delle nozioni filosofiche e teologiche, scientifiche e politiche, mitologiche e morali che attraverso la letteratura pagana e quella cristiana nei loro molteplici indirizzi potevano essere recepite ai tempi di Dante, costituisce il substrato dottrinale del poema; un posto di fondamentale rilievo vi hanno, soprattutto, le fonti religiose, dai libri della Bibbia alle cerimonie liturgiche, alle visioni medievali. Tutto questo materiale, che Dante ha fatto suo in maniera eclettica ed enciclopedica, non si presenta attraverso le tre cantiche in esposizioni organiche come in un'opera di dottrina, ma balzando di volta in volta nelle forme e nelle manifestazioni più varie, secondo le occasioni e gli spunti offerti dall'itinerario.

Eppure, riaccostando tra loro, a lettura completa del poema, i diversi tasselli dottrinali in base ai singoli motivi e generi, si ricostruiscono panorami culturali di straordinaria ampiezza. Vi troviamo, in primo luogo, tutta la visione del cosmo secondo il sistema aristotelico-tolemaico-tomistico, con le leggi divine da cui è regolato nel suo ordine naturale e soprannaturale; vi troviamo le più diverse concezioni, alla luce dell'insegnamento cristiano, sull'uomo, le sue doti, la sua condotta, le sue relazioni col mondo e con Dio; vi troviamo una conoscenza vastissima di avvenimenti e di situazioni storiche passate e contemporanee, nelle quali si staglia una netta visione di provvidenzialità e si definiscono problemi politici di straordinaria grandezza ed importanza: quali l'Impero e la Chiesa, i loro rapporti con l'umanità, le condizioni dell'Italia e dei tanti Stati particolari, la situazione degli ordini religiosi e delle famiglie più rappresentative. Si aggiunga la sicura conoscenza del comportamento, delle vicende, del carattere di un numero impressionante di individui di ogni tempo e delle più svariate condizioni sociali: più di cinquecento sono le figure che Dante incontra nel suo viaggio, quasi tutte « di fama note », e di ognuna ha da rievocare la vita o da ricordare un episodio o da citare un aspetto. In questo impressionante crogiuolo di personaggi e di fatti, mirabile è, come diremo più diffusamente fra poco, la capacità dimostrata da Dante nel fondere ed armonizzare cultura pagana e cultura cristiana, e nel mostrare come fra i due mondi scorra una misteriosa ma reale unità: l'unità della vita, con l'eterna varietà e complessità delle sue passioni, del suo bene e del suo male.

I vari campi del sapere presentano, dunque, altrettanti complessi dottrinali, organici in se stessi e in armonia gli uni con gli altri, e tutti rispecchianti la meravigliosa unità che la creazione divina ha impresso alla vita del mondo. D'altra parte, infine, l'avere offerto i molteplici, infiniti elementi di questa dottrina e di queste conoscenze in momenti e luoghi diversi, in collegamento con situazioni e ragioni particolari, non solo illumina ognuno di essi di luce più vivida e di più tipico interesse, ma tutti inserisce in un'armonica strutturazione generale, tutti fa elementi di poesia con una loro vitalità artistica in diretta consonanza col ritmo passionale dello scrittore.

6. La poesia

a) *Il tempo e l'eterno*

Nel presentare alcune delle componenti essenziali e caratterizzanti della *Commedia* – la struttura, la dottrina, l'allegoria – si è più volte accennato al fatto che esse non sono disgiunte da un profondo e costante afflato poetico, nel quale si esprime più tipicamente la personalità di Dante. Vedremo più avanti, nel « Profilo di storia della critica », come il problema del rapporto fra quelle componenti e la poesia della *Commedia*, di solito indicato sinteticamente col binomio « struttura-poesia », presente in ogni tempo alla mente dei lettori del poema dantesco, sia stato impostato in termini decisamente esclusivistici nei primi decenni del Novecento con un famoso saggio del Croce, *La poesia di Dante*, e poi sia stato dibattuto per tutto il corso del secolo.

Senza entrare ora in un'analisi di tale questione – per la quale rimandiamo anche ad alcuni brani dell'« Antologia della critica » – ci limitiamo ad osservare, prima di tutto, come la *Commedia* fu iniziata e composta quando Dante, superata da oltre un decennio la poetica giovanile, percorso un ampio ciclo di studi, intrapresa e conclusa una rapida ma intensa carriera politica, incominciata la stesura di opere filosofiche e scientifiche, e vissuta ormai da anni quella vita di esule che di tanto gli aveva allargato gli orizzonti della precedente esistenza cittadinesca, era nella piena maturità della sua esperienza umana e spirituale, culturale ed artistica. In questa maturità egli ebbe l'assoluta certezza di essere chiamato a compiere una missione profetica, attuando la quale si sarebbe realizzato il disegno della Provvidenza che lo voleva coscienza convinta e voce appassionata che rinfacciasse agli uomini la presente depravazione e additasse le vie della futura redenzione.

Il capolavoro di Dante nacque dunque da un proposito non immediatamente poetico, ma oratorio; di persuasione, non di confessione lirica. Ma di questo proposito nella *Commedia* è rimasto soltanto, oltre la struttura fantastica del racconto, quel fervore di passione, che ora si fa grido di collera, ora ansia di redenzione, ora nostalgia di pace e di virtù, ora invocazione di concordia e di giustizia, e che movendo da un unico centro ideale costituisce l'unità della poesia dantesca, tutta ugualmente appassionata e pervasa da un alto sentimento dei problemi morali e religiosi.

La poesia della *Commedia* va oltre l'astratto fine oratorio e polemico dello scrittore; allo stesso modo che essa non coincide con il contenuto di dottrine e di sentimenti che deriva all'opera dalla varia cultura e dalla multiforme esperienza di Dante. La poesia investe quel contenuto e lo trasfigura, e imprime alle dottrine un sigillo affettivo e personale, e sfoglia i sentimenti della loro immediatezza acre e torbida rendendo ad essi una risonanza universalmente umana. Scienza e filosofia, teologia e convinzione politica, storia e vita stanno per lo più nella *Commedia* non come qualcosa che si possa isolare e giudicare per sé, bensì come la materia concreta di un mondo poetico: la materia che, con la sua compattezza, dà il tono della realtà alla sognante fantasia del poeta e, con la ricchezza e la profondità delle sue concezioni religiose e morali, l'impenna ad un volo più vasto, più maschio e più possente [8].

Uno degli elementi più evidenti di questo mondo poetico della *Commedia* è il calore polemico con cui l'intero poema è tracciato e in cui si riversa tutta la passione e la collera dell' « exul inmeritus », alla coscienza del quale si ripresentano continuamente l'amarezza dell'offesa subita, il dolore per le umiliazioni dell'esilio, la certezza della validità assoluta delle proprie convinzioni politiche e morali. Dall'immagine primaria delle tre fiere, che precede l'inizio dell'*itinerarium*, all'irata invettiva di san Pietro contro i pontefici degeneri, è tutto un succedersi di episodi e di personaggi – la profezia del veltro, le parole di Ciacco e di Farinata, l'allusione di Niccolò III, l'invettiva all'Italia, il discorso di Guido del Duca e la tristezza di Marco Lombardo, la processione nel Paradiso terrestre, l'esaltazione dell'Impero da parte di Giustiniano, le amare, dolorose visioni della decadenza degli ordini monastici nelle parole di san Damiano, san Benedetto,... – in cui, con una continua varietà di colori e di toni, si afferma una poesia potente e vigorosa, entro la quale asprezza e sarcasmo s'incontrano e s'intrecciano con solennità e lirismo, dramma ed elegia. Perché Dante ha capito che nella sua condizione di cittadino di Firenze e insieme di esule dalla terra patria, di cittadino dell'Italia e insieme suddito fedele dell'Impero, nella sua condizione di uomo impegnato nelle lotte politiche e sociali del suo tempo, poteva trovare la fonte di un canto vivo e persuasivo: e non in un mondo astratto ed ultraterreno, in cui la storia del passato si sarebbe perduta in sfondi pallidi e fredde immagini.

Per questo i temi e i colori della contemporaneità, della fioren-

---

[8] N. SAPEGNO, *Compendio di storia della letteratura italiana*, vol. I, Firenze, La Nuova Italia, 1965, n. e., pagg. 138-139.

tinità e dell'italianità sono sempre presenti, seppur con tonalità variate, in tutte e tre le cantiche, ma sempre immuni da angustie e meschinità cronachistiche o individualistiche, e nello stesso tempo senza che mai cadano nel vuoto e nel retorico. Gran parte del merito poetico di Dante sta proprio in questa sua costante capacità di aver trasportato – soprattutto, come vedremo, creando una gamma vastissima di personaggi – il suo mondo e il suo tempo, il terreno e il transeunte, nell'eterno e nell'infinito.

Dante, entrando nel regno dei morti vi porta seco tutte le passioni de' vivi, si trae appresso tutta la terra. Dimentica di essere un simbolo o una figura allegorica; ed è Dante, la più potente individualità di quel tempo, nella quale è compendiata tutta l'esistenza, com'era allora, con le sue astrattezze, con le sue estasi, con le sue passioni impetuose, con la sua civiltà e la sua barbarie. Alla vista e alle parole di un uomo vivo, le anime rinascono per un istante, risentono l'antica vita, ritornano uomini; nell'eterno ricomparisce il tempo; in seno dell'avvenire vive e si muove l'Italia, anzi l'Europa di quel secolo. Così la poesia abbraccia tutta la vita, cielo e terra, tempo ed eternità, umano e divino; ed il poema soprannaturale diviene umano e terreno, con la propria impronta dell'uomo e del tempo. Riapparisce la natura terrestre come opposizione o paragone o rimembranza. Riapparisce l'accidente e il tempo, la storia e la società nella sua vita eterna ed interiore.

Così la vita s'integra, l'altro mondo esce dalla sua astrazione dottrinale e mistica, cielo e terra si mescolano. La vita, guardata dall'altro mondo, guardato dalla terra, veste le sue passioni e i suoi interessi. E n'è uscita una concezione originalissima, una natura nuova e un uomo nuovo. Sono due mondi onnipresenti, in reciprocanza d'azione, che si succedono, si avvicendano, s'incrociano, si compenetrano, si spiegano e s'illuminano a vicenda, in perpetuo ritorno l'uno nell'altro. La loro unità non è in un protagonista né in un'azione né in un fine astratto ed estraneo alla materia; ma è nella stessa materia; unità interiore e impersonale, vivente indivisibile unità organica, i cui momenti si succedono nello spirito del poeta, non come meccanico aggregato di parti separabili, ma penetranti gli uni negli altri e immedesimantisi, com'è la vita [9].

b) *Dante spettatore e attore*

Centro di questa unità, strutturale e poetica ad un tempo, è la figura di Dante, che nel percorrere l'itinerario per i tre regni del-

---

[9] F. DE SANCTIS, *Storia della letteratura italiana*, vol. I, Bari, Laterza, 1968, pag. 171.

l'aldilà porta con sé, secondo l'espressione desanctisiana, tutte le passioni dei vivi, oltre che la sua esperienza di cittadino e di esule della Firenze del primo Trecento, con un proprio patrimonio ideale nei confronti dell'Italia, dell'Impero, del Papato. Dante, così, non è semplice spettatore di un mondo ultraterreno, ma anche attore vivo, con piena e totale partecipazione ad ogni momento del suo cammino.

È naturale che questa posizione del pellegrino dell'oltretomba, spettatore ed attore, sia soggetta a profonde modifiche, non solo col passare dall'uno all'altro regno, ma nello stesso procedere in ciascuno di essi. I mutamenti, ritratti sempre con notazioni psicologiche sapientemente dosate, sono notevoli soprattutto nell'Inferno. Qui permane, è vero, pressoché costante la sicurezza del poeta nel giudicare colpe e colpevoli, pronunziando parole di condanna rapide e vigorose o constatazioni ugualmente taglienti, e rivelatrici d'una coscienza netta e d'una fantasia a cui pochi tocchi essenziali bastano per rivelare un complesso mondo interiore. Ma si assiste anche ad una pluralità di reazioni di fronte ai singoli individui e ai gruppi, nella quale è dato percepire un progressivo attenuarsi della partecipazione di Dante « vivo » alla pena dei dannati ed un contemporaneo accentuarsi della sua posizione di semplice osservatore attraverso numerose forme descrittive e comiche: ma non mancano frequenti ritorni passionali e fortemente drammatici.

Nell'Antinferno e nei primi cerchi la partecipazione del viandante al tormento dei dannati è intensa, e passa da una calda pietà al disprezzo e alla ferocia. Così, quando Francesca ha finito il racconto della sua vicenda terrena, Dante è preso da « tanta pietade » che vien meno, e cade « come corpo morto » (V, 140-142); disposto a « lacrimar » è anche di fronte alla pena di Ciacco (VI, 59); ma con Filippo Argenti non solo non ha pietà, ma, spinto dall'odio verso il male, desidera che costui subisca un più duro tormento (VIII, 52-54). Man mano che si discende verso il centro dell'Inferno, si determina un certo distacco dai dannati: si pensi, in particolare, allo spirito scherzoso con cui Dante indugia a dipingere le situazioni e le avventure della bolgia dei barattieri. Basterebbe rievocare la scena dei diavoli che attuffano l' « anzian di santa Zita » nella pece bollente:

> Poi l'addentar con più di cento raffi,
> disser: « Coverto convien che qui balli,
> sì che, se puoi, nascosamente accaffi ».

> Non altrimenti i cuochi a' lor vassalli
> fanno attuffare in mezzo la caldaia
> la carne con li uncin, perché non galli.
>
> (*Inf.*, XXI, 52-57)

e ascoltare una parte del loro pittoresco colloquio alla vista di Dante:

> Ei chinavan li raffi, e « Vuo' che 'l tocchi »
> diceva l'un con l'altro, « in sul groppone? »
> e rispondien: « Sì, fa che gliele accocchi! »
> Ma quel demonio che tenea sermone
> col duca mio, si volse tutto presto,
> e disse: « Posa, posa, Scarmiglione! ».
>
> (*ib.*, 100-105)

Ma le reazioni violente di Dante spettatore ed attore non sono finite. Ad esempio, quando giunge fra le anime dell'ultimo cerchio, sentendosi strumento della vendetta divina, egli soffoca nell'animo ogni ingiustificato motivo di pietà e si fa torturatore di quegli sciagurati: come avviene col traditore Bocca degli Abati, a cui strappa « più d'una ciocca » di capelli (XXXII, 103-105), e come avviene con l'altro traditore, frate Alberigo, a cui non mantiene la promessa di levargli il ghiaccio che gli preme sugli occhi: « e cortesia fu lui esser villano » (XXXIII, 150). Contemporaneamente, proprio in quest'ultimo cerchio, il Cocito, Dante ha col conte Ugolino uno degli incontri in cui la sua commozione e il suo sdegno di uomo e di padre si manifestano in versi giustamente definiti di biblica latitudine e potenza, e che sono fra quelli che meglio danno un'idea della formidabile forza fantastica del poeta:

> Ahi Pisa, vituperio delle genti
> del bel paese là dove il *sì* suona,
> poi che i vicini a te punir son lenti,
> muovasi la Capraia e la Gorgona,
> e faccian siepe ad Arno in su la foce
> sì ch'egli annieghi in te ogni persona!
>
> (*Inf.*, XXXIII, 79-84)

In questa varietà di atteggiamenti, determinata da motivi d'ordine spirituale e morale – gravità della colpa, riconoscimento della giustizia divina, condanna del peccato, ecc. — resta però costante per tutto l'Inferno la volontà del pellegrino di vedere tutto quanto è possibile, e apprendere, dalle condizioni e dalle parole dei dannati oltreché da quelle di Virgilio, tutto ciò che la Provvidenza permette, in modo da ricavare, anche dagli esempi negativi della condotta terrena di tanti personaggi, nuovi motivi d'insegnamenti.

Durante l'itinerario nel Purgatorio l'atteggiamento di Dante personaggio è più uniforme, e la sua umana sensibilità più vicina agli spiriti purganti. Questo atteggiamento fraterno, fissato sempre con versi caldi e armoniosi, è rivelato soprattutto da alcuni incontri con anime di amici della vita terrena. Si pensi all'intensa affettuosità con cui avviene quello con l'anima di Casella presso la spiaggia del mare:

> Io vidi una di lor trarresi avante
> per abbracciarmi, con sì grande affetto,
> che mosse me a fare il simigliante:
>
> (*Purg.*, II, 76-78)

un incontro in cui i diversi elementi pressoché immateriali che lo costituiscono — la serenità del tempo, la solitudine della riva, la tenuità delle ombre — trovano la loro effusione più naturale nell'onda di un canto soave:

> ' *Amor che ne la mente mi ragiona* '
> cominciò elli allor sì dolcemente,
> che la dolcezza ancor dentro mi suona.
>
> (*ib.*, 112-114)

Su un simile piano di affettuosità sono numerosi altri incontri: con Manfredi, con Buonconte, con Pia, e tante altre anime ancora. Ci basti ricordare per tutti quello con Nino Visconti — « giudice Nin gentile, quanto mi piacque / quando ti vidi non esser tra' rei » (*Purg.*, VIII, 51 sgg.) — e quello con Forese Donati — « la faccia tua, ch'io lagrimai già morta / mi dà di pianger mo non minor doglia... » (*Purg.*, XXIII, 55-56). —

In questa atmosfera di fraternità tutta l'ascesa di Dante su per la montagna del Purgatorio, sospinta da una costante volontà di purificazione, s'accompagna all'ascesa materiale e spirituale che le anime realizzano di momento in momento: è un faticoso ma gradito cammino, in cui si rispecchiano le fasi di un interiore perfezionamento. La fatica, del resto, diminuisce dopo il girone dei superbi, mentre il contatto confortante col sovrumano – gli angeli di ogni cornice – porta ad un sempre più intenso raccoglimento. Tutto questo accentua in Dante l'affermarsi di una posizione ascetica sopra quella più conoscitiva, che aveva caratterizzato il suo incedere nel primo regno. Anche lo scandirsi dell'ora del giorno con alcuni richiami liturgici – come vedremo nei versi stupendi di certi passi a cui accenneremo più avanti – dà a tutto il cammino per la montagna una nota di assorta meditazione, che si fa condanna del male del mondo, progressivo distacco dalla terra, ansia di purezza e di bene: quell'ansia che alla fine si appagherà nella dolce foresta del Paradiso terrestre. Così il rapporto dell'uomo Dante con le anime purganti, fino dai primi contatti e poi sempre più per l'intera salita, si colorisce di tratti di sensibilità e di compassione intensamente partecipe. C'è quindi una comunanza di sentimento fra le « ombre » e il « vivo », perché comune è l'itinerario per la conquista della piena « libertà » dal male e per il raggiungimento del bene supremo.

Nel Paradiso l'ascesa verso l'Empireo si svolge per Dante in una condizione, il « trasumanare », la cui realtà è impossibile « significar per verba » (I, 70), e nella quale si sviluppa un processo mistico-ascetico, in cui, mentre cresce l'ammirazione per ciò che si apprende, cresce anche l'ardore per nuove e più profonde conoscenze. In tale prospettiva vanno visti, in modo speciale, molti passi prettamente dottrinali con i quali a Dante pellegrino del Paradiso si svelano motivi di scienza e di fede. Ricordiamo fra tutti quelli con cui Beatrice, all'inizio del volo su per i cieli, spiega al compagno preso da meraviglia e da stupore nel « trascendere » quei « corpi lievi », come su di lui, ormai purificato, la forza dell'istinto agisca conducendolo verso l'Empireo (*Par.*, I, 97-142). Sono passi, in genere, in cui il poeta è attento più che altrove a nobilitare il discorso con un linguaggio scelto, con immagini solenni, le quali anche al lettore moderno ravvivano di fascino poetico esposizioni che, per altro riguardo, appaiono complesse e talvolta lontane dal nostro più spontaneo sentire.

In questa crescita di sapere in Dante spettatore, se da una parte vibra l'esaltazione interiore della creatura che s'accosta incessantemente a Dio, vibra anche, pur nella gratitudine per il dono infinito e gratuitamente ricevuto, l'umiltà del riconoscimento dei propri limiti. Questo riconoscimento costituisce il tormento del poeta attraverso tutto il viaggio ultraterreno, ma è soprattutto presente nella terza cantica, in cui la resistenza della materia e la pochezza delle possibilità umane sono più volte rivelate con versi pregni di commozione e ricchi d'immagini profondamente poetiche. Il canto iniziale è – ed era giusto che così fosse – quello che fino dai primissimi versi più rivela titubanze e tremori nell'affrontare l'« ultimo lavoro »:

> Nel ciel che più de la sua luce prende
> fu'io, e vidi cose che ridire
> né sa né può chi di là su discende;
> perché appressando sé al suo disire,
> nostro intelletto si profonda tanto,
> che dietro la memoria non può ire.

(Par., I, 4-9)

E quindi, al termine dell'invocazione ad Apollo:

> Poca favilla gran fiamma seconda:
> forse di retro a me con miglior voci
> si pregherà perché Cirra risponda.

(ib., 34-37)

Precisi nella definizione della limitatezza dell'artista di fronte alla grandezza e alle difficoltà della materia sono, sempre nel canto iniziale, i versi posti a similitudine di quanto l'uomo, sebbene sia spinto dall'istinto verso il Creatore, si diparta da quella via e inclini verso il male:

> come forma non s'accorda
> molte fiate a l'intenzion de l'arte,
> perch'a risponder la materia è sorda.

(ib., 127-129)

A questi si ricollegano più avanti quelli con cui s'introduce un'analoga similitudine, intensamente umana e poetica, per indicare come la natura trasmetta sempre imperfettamente l'impronta divina:

> similemente operando all'artista
> c'ha l'abito de l'arte e man che trema.

(Par., XIII, 77-78)

Sono versi che nettamente ritraggono il tormento interiore dell'artista di fronte all'arduo tema affrontato. Ma andando più oltre nel rievocare il sublime viaggio, il senso della sconfitta si fa in Dante ancora più alto e più nobile: è di fronte alla bellezza di Beatrice, in cui si racchiude ogni superiore bellezza, tanto che Dio solo è capace d'intenderla:

> La bellezza ch'io vidi si trasmoda
>   non pur di là da noi, ma certo io credo
>   che solo il suo fattor tutta la goda.
> Da questo passo vinto mi concedo
>   più che giammai da punto di suo tema
>   soprato fosse comico o tragedo;
> ché, come sole in viso che più trema,
>   così lo rimembrar del dolce riso
>   la mente mia da me medesmo scema.
> Dal primo giorno ch'i vidi il suo viso
>   in questa vita, infino a questa vista,
>   non m'è il seguire al mio cantar preciso;
> ma or convien che mio seguir desista
>   più dietro a sua bellezza, poetando,
>   come a l'ultimo suo ciascuno artista.
>
> (*Par.*, XXX, 19-33)

L'apprendimento delle verità, realizzato per tutte le precedenti fasi dell'itinerario ultraterreno, trova nel Paradiso il suo coronamento finale ed estremo con la diretta visione di Dio (XXXIII), quando l'occhio di Dante ne fissa l'essenza, vi percepisce la « forma universal » di tutto il creato, vi scopre la realtà del mistero trinitario nei « tre cerchi di tre colori e d'una contenenza », e quella del mistero della duplice natura di Cristo, allorché il cerchio mediano appare « dipinto dentro da sé, del suo colore stesso / [...] de la nostra effige ».

L'esperienza dello spettatore « del mondo » anche nel Paradiso è, dunque, soprattutto conoscitiva, ed attuata mediante un sublimarsi progressivo, anch'esso concesso da Dio alle sue capacità di apprendimento. Ma pure qui l'apprendimento non è soltanto di ordine spirituale e sovrumano, sibbene anche umanissimo e terreno: i mali della terra, la necessità dell'impero, la funzione della Chiesa, la condotta degli ordini religiosi, e tanti altri problemi di vita concreta si presentano in modi e momenti diversissimi all'attenzione del pellegrino, perché ne faccia motivo di meditazione e di correzione per l'umanità, secondo l'esplicita missione ricordata da Cacciaguida: rendere « manifesta » tutta la visione, in modo che possa lasciare agli uomini « vital nodrimento » (XVII, 127-132). Per questo se è vero che la fantasia di Dante, osservatore del Paradiso, è essenzialmente « idillica e adorante », è anche vero che tante volte essa, anche lì, prende i toni decisi e i colori realistici che caratterizzavano tanti canti dell'Inferno. Ricordiamo soltanto la sdegnosa invettiva di san Pietro contro i papi degeneri. È un passo in cui Dante interviene veramente di prima persona, e allo sdegno che aveva tante altre volte manifestato contro la corruzione di alcuni pontefici (ad esempio con Niccolò III, *Inf.*, XIX; nell'invettiva all'Italia, *Purg.*, VI) dà lo sfogo più aperto e battagliero; uno sfogo che lo sfondo solenne di una corte celeste, attonita e turbata, rende tanto più forte di ogni altra precedente accusa:

> « Se io mi trascoloro,
> non ti maravigliar; ché dicend'io,
> vedrai trascolorar tutti costoro.
> Quelli ch'usurpa in terra il luogo mio,
> il luogo mio, il luogo mio, che vaca
> ne la presenza del Figliuol di Dio,
> fatt'ha del cimiterio mio cloaca
> del sangue e de la puzza; onde 'l perverso
> che cadde di quassù, là giù si placa ».
>
> (*Par.*, XXVII, 19-27)

Così, per l'intero itinerario dalla selva all'Empireo, si assiste, attraverso la personalità di Dante spettatore e attore, e in un succedersi animato di motivi e di forme poetiche diversissime, ad un incontro costante di elevazione al cielo e di richiamo alla terra. La terra, con tutte le sue passioni, il suo bene e il suo male, è vista, osservata, meditata in ogni dove dell'aldilà; il cielo, col suo richiamo continuo ad un giudizio divino, con la sua promessa di una beatitudine in cui si dimentica ogni pena e si appaga ogni desiderio, è conforto al cammino del poeta e di tutta l'umanità.

c) *I personaggi*

Abbiamo detto che più di cinquecento sono i personaggi che Dante incontra nel suo cammino per i tre regni dell'aldilà. Alcuni di essi non sono che puri e semplici nomi, o poco più: come gli spiriti magni del Limbo (*Inf.*, IV, 121-144); i morti violentemente che s'affollano intorno al vivo su per la montagna del Purgatorio (*Purg.*, VI, 1-24); i sapienti delle due corone di beati nel Cielo del Sole (*Par.*, X, 94-138; XII, 127-141). Ma moltissimi sono personaggi vivi e scultorei, ognuno col suo mondo di angoscia, o di speranza, o di beatitudine; ognuno coi suoi ricordi e la sua storia, il suo carattere e i suoi ideali.

Nella creazione di questa « selva spessa » di uomini e donne di tutte le condizioni sociali, sia che il poeta li fermi con giudizi rapidi ed espressioni taglienti, sia che li costruisca e definisca in tutta la complessità del loro stato interiore e della loro parvenza esterna, si rivela un altro degli aspetti più grandi, e facilmente comprensibili, dell'arte e della poesia di Dante. Perché questi personaggi, aspetti diversi e spesso contradditori delle molteplici facce della vita, sono sempre forgiati con vigore e con realismo, spogli di quanto di superfluo si potrebbe riscontrare nelle loro figure, e sbozzati costantemente in quanto vi è in loro di essenziale e caratteristico: sono la sintesi indimenticabile di una vita o di un carattere. Pressoché inutile è fare esempi, tanto restano nella mente di ogni lettore figure note come Francesca, Farinata, Pier delle Vigne, Brunetto Latini, Ugolino..., Manfredi, Buonconte, Sordello, Pia..., Piccarda, san Francesco, san Pier Damiani, san Domenico, san Benedetto, ecc.; ma accanto ad esse se ne potrebbero ricordare decine e decine ancora. Tutte sono forgiate negli atteggiamenti più diversi e spesso fantastici; eppure mai perdono il senso della concretezza e dell'identicità: perché nell'animo d'ognuna Dante è penetrato con una sensibilità psicologica straordinaria, ne ha individuato e ritratto pensieri e fremiti con un'evidenza sempre persuasiva. Ciascuno di questi spiriti è lui e basta: e in questo sta, forse, ciò che più colpisce nella poesia della *Commedia*.

Ma altro elemento poetico proprio dei personaggi danteschi è quella nota comune che li armonizza ad una stessa atmosfera fisica e spirituale, secondo che si trovino nell'Inferno, nel Purgatorio o nel Paradiso. Nei dannati dell'Inferno, in particolare, sarà, accanto all'angoscia e alla disperazione, la nostalgia della terra, espressa in mille modi, ma confacenti sempre al mondo e al carattere dello spirito: « Siede la terra dove nata fui... » incomincia con tono languido e passionale Francesca (*Inf.*, V, 97); « Non fere gli occhi suoi il dolce lome?... » grida Cavalcante Cavalcanti pensando al figlio (*Inf.*,

X, 69); « E se tu mai nel dolce mondo regge... » incomincia l'angosciosa richiesta Farinata (*Inf.*, X, 82); « E se di voi alcun nel mondo riede, / conforti la memoria mia... » supplica il tronco in cui si eterna l'ombra di Pier della Vigna (*Inf.*, XVII, 76); « Se tu segui tua stella, / non puoi fallire a glorioso porto, / se ben m'accorsi nella vita bella... » afferma e ricorda Brunetto (*Inf.*, XV, 55-57). E potremmo continuare a lungo. Come potremmo fermarci nel parlare di quell'eloquenza calda, vibrante che è facile ritrovare in ogni dannato, o almeno nelle figure più attentamente ricostruite; un'eloquenza che nasce da affetti profondi e indomabili: elegiaca e drammatica in Francesca, aggressiva e dolente in Farinata, magnanima e affettuosa in Brunetto, solenne e spaziosa in Ulisse, scattante e tragica in Ugolino.

Ma quello che soprattutto accomuna i grandi personaggi dell'*Inferno* è la potenza della loro personalità, il senso scultoreo delle loro figure che si stagliano vive sulla turba dei compagni di dannazione e di dolore. Per non ricordare ancora Francesca, si pensi all'evidenza con cui è presentato il sollevarsi di Ciacco sul pantano dei golosi:

> Elle giacean per terra tutte quante,
> fuor d'una ch'a seder si levò, ratto
> ch'ella ci vide passarsi davante;

(*Inf.*, VI, 37-39)

all'aggressione improvvisa di Filippo Argenti nella palude Stigia:

> Mentre noi correvam la morta gora,
> dinanzi mi si fece un pien di fango,
> e disse: « Chi se' tu, che vieni anzi ora? »

(*Inf.*, VIII, 31-33)

al drammatico e pittoresco accorrere dei tre fiorentini nel girone dei sodomiti:

> Già era in loco onde s'udia il rimbombo
> dell'acqua che cadea nell'altro giro,
> simile a quel che l'arnie fanno rombo;
> quando tre ombre insieme si partiro,
> correndo, d'una torma che passava
> sotto la pioggia dell'aspro martiro.

Venian ver noi, e ciascuna gridava:
« Sostati tu, che all'abito ne sembri
essere alcun di nostra terra prava ».

(*Inf.*, XVI, 1-9)

Ma il nostro pensiero andrà soprattutto a quella statua grandiosa che s'alza dominatrice sulla fiammeggiante necropoli degli eretici:

« Volgiti: che fai?
vedi là Farinata che s'è dritto:
dalla cintola in su tutto il vedrai ».
I' avea già il mio viso nel suo fitto;
ed el s'ergea col petto e con la fronte,
come avesse l'inferno in gran dispitto.

(*Inf.*, X, 31-36)

Anche qui potremmo continuare: Capaneo, Niccolò III, Vanni Fucci, Ulisse, Ugolino, Lucifero... sono, insieme con le anime ricordate sopra, soltanto alcuni degli esempi di quella costante abilità drammatica con cui Dante sa far balzare fuori i suoi personaggi dalla trama generale del poema. Ma, è da aggiungere, l'abilità, l'arte, la poesia si continuano poi, il più delle volte, in tutto il ritratto, in tutto l'episodio, quando le più diverse passioni prendono concretezza di vita, si snodano lungo il racconto delle vicende di un tempo, degli odi o degli amori che l'eternità non cancella.

Nel Purgatorio, regno della purificazione e del perdono, della preghiera e del raccoglimento, la poesia dei personaggi è, com'è naturale, completamente diversa. Intanto questi spiriti sono molto più affini fra loro che non quelli dell'Inferno. Nel secondo regno le individualità, che tanto risalto avevano nel primo, si stemperano in cori pacati di anime, avvolti da un'aura comune di pace e di dolcezza, in spirito di raccoglimento e di preghiera. Basterebbe osservare i primi gruppi incontrati da Dante, sempre introdotti e determinati da similitudini delicate. Ecco gli spiriti scesi da poco dal « vasello snelletto e leggero » dell'angelo nocchiero:

L'anime che si fuor di me accorte,
per lo spirare, ch'io era ancor vivo,
maravigliando diventaro smorte.
E come a messagger che porta ulivo
tragge la gente per udir novelle,
e di calcar nessun si mostra schivo,

> così al viso mio s'affisar quelle
> anime fortunate tutte quante,
> quasi obliando d'ire a farsi belle.
>
> (*Purg.*, II, 67-75)

Ed ecco il gruppo ancor più famoso degli scomunicati:

> Come le pecorelle escon dal chiuso
> a una, a due, a tre, e l'altre stanno
> timidette atterrando l'occhio e 'l muso;
> e ciò che fa la prima, e l'altre fanno,
> addossandosi a lei, s'ella s'arresta,
> semplici e quete, e lo 'mperché non sanno;
> sì vid'io muovere a venir la testa
> di quella mandra fortunata allotta,
> pudica in faccia e nell'andare onesta.
>
> (*Purg.*, III, 79-87)

E la rassegna potrebbe proseguire: le anime che guardano meravigliate l'ombra di Danté (V, 1-9); i morti violentemente che avanzano « cantando *miserere* a verso a verso » (V, 22-30); i superbi che camminano cantando il *Pater noster* (XI, 1-30); gli invidiosi che, appoggiati alla ripa del monte, sono appoggiati anche fra loro in modo che « l'un sofferia l'altro con le spalle » (XIII, 58-72); i golosi, che, « turba tacita e devota », passano veloci e guardano (XXIII, 16-24). Da queste e da altre schiere ritratte quali bassorilievi delicati e leggeri, si staccano di volta in volta singoli personaggi per raccontare la propria vicenda, per chiedere le preghiere dei vivi: ma sempre conservando la delicatezza e la leggerezza dell'intero gruppo. Casella e Manfredi, Buonconte e Forese, Stazio e Belacqua, e tanti altri ancora, sono creature circonfuse da un'aria pacata, e nelle quali il ricordo delle vicende passate e il dolore delle sofferenze presenti si stempera in un raccoglimento meditativo, nella comprensione degli errori umani, nel grato pensiero della misericordia divina, nella fiduciosa attesa del regno della beatitudine eterna, il regno di cui già si sentono cittadine.

Ancor maggiore è l'affinità degli spiriti del Paradiso, tanto sono pervasi tutti da gaudio profondo ed infinito, tanto coi loro innumerevoli splendori rispecchiano le note dominanti della cantica. La poesia del *Paradiso*, infatti, più che incidersi nelle rappresentazioni dei singoli personaggi, si distende armoniosa e solenne nella rappresentazione delle grandi turbe di beati luminosi e delle sublimi vastità del cielo. Si passa così dalle prime visioni dei gruppi della Luna e di Mercurio – introdotte da delicate similitudini tratte dal mondo naturale:

> Quali per vetri trasparenti e tersi,
>   o ver per acque nitide e tranquille,
>   non si profonde che i fondi sien persi,
> tornan di nostri visi le postille
>   debili sì, che perla in bianca fronte
>   non vien men tosto a le nostre pupille;
> tali vid'io più facce a parlar pronte.
>
> (*Par.*, III, 10-16)

> Come 'n peschiera ch'è tranquilla e pura
>   traggonsi i pesci a ciò che vien di fori,
>   per modo che lo stimin lor pastura,
> sì vid'io più di mille splendori
>   trarsi ver noi, ed in ciascun s'udia:
>   « Ecco chi crescerà li nostri amori »
>
> (*Par.*, V, 100-116)

– alle visioni di moltitudini sterminate, come le « migliaia di lucerne » che costituiscono le « schiere del trionfo di Cristo » (XXIII, 19-30), l'immenso « convento delle bianche stole » nell'Empireo, che riempiono gli scanni della « candida rosa » (XXX, 124-132), la sterminata « plenitudine volante » degli angeli, che

> come schiera d'ape, che s'infiora
>   una fiata e una si ritorna
>   là dove suo laboro s'insapora,
> nel gran fior discendeva che s'adorna
>   di tante foglie, e quindi risaliva
>   là dove 'l suo amor sempre soggiorna.
>
> (*Par.*, XXXI, 4-9).

Sono descrizioni, tante volte, nelle quali alla capacità di fissare e dipingere luci e colori, che quasi nebulose splendenti si disperdono e si raccolgono nell'unità dell'infinito, Dante accompagna tonalità musicali, nelle cui onde diverse si esprime ancora di più l'intensità del sentimento e dell'estasi. Basti, fra tutti, il ricordo della similitudine che introduce la scena del trionfo di Cristo:

> Quale ne' pleniluni sereni
> Trivia ride tra le ninfe etterne
> che dipingon lo ciel per tutti i seni,
> vidi sopra migliaia di lucerne
> un sol che tutte quante l'accendea.
>
> (*Par.*, XXIII, 25-29)

d) *Il paesaggio*

Altro elemento poetico di grande rilievo nella *Commedia* è il paesaggio. Evidentemente ognuno dei tre regni dell'aldilà, e quindi ognuna delle tre cantiche, ha un suo « paesaggio », con motivi e forme profondamente diversi e addirittura contrastanti rispetto ai paesaggi delle altre cantiche. Eppure anche qui qualcosa di unitario collega e caratterizza i diversi momenti paesistici: è il fatto che in essi si esprime sempre lo stato d'animo di Dante e lo stato d'animo che Dante infonde ai suoi personaggi. Sia che discenda per i cerchi bui della voragine infernale, sia che salga per le balze illuminate della montagna del purgatorio, sia che di cielo in cielo contempli spazi infiniti e infiniti scintillii di luci, ovunque il pellegrino è spiritualmente legato ad ognuna delle tante visioni naturali e delle descrizioni paesistiche, e in ognuna il poeta riflette con acuta sensibilità il proprio stato psicologico.

Nell'Inferno, mondo della disperazione e del terrore, delle peggiori colpe e dei contrappassi netti e macabri, il paesaggio, pur nella continua diversificazione dei singoli cerchi, gironi, bolge, zone, è ovunque percorso dal senso dell'orrido, sempre rivissuto con una forza di suggestione potentissima, con pennellate incisive anche se rapidissimi sono gli accenni e fugaci gli scorci. Tale è, ad esempio, la prima visione che si stende al di là della porta infernale: tenebre e tenebre in cui riecheggiano cupi e gravi i lamenti dei dannati:

> Diverse lingue, orribili favelle,
>   parole di dolore, accenti d'ira,
>   voci alte e fioche, e suon di man con elle
> facevano un tumulto, il qual s'aggira
>   sempre in quell'aura sanza tempo tinta,
>   come la rena quando turbo spira.
>
> (*Inf.*, III, 25-30)

Nelle tenebre scorre, in perfetta sintonia di terrore e di morte, la « trista rivera d'Acheronte », la cui « onda bruna », si fonde spaventosa con la « buia campagna », diffondendo desolazione e disperazione.

Né meno vasto e grandioso e terrificante è l'aspetto naturale del cerchio dei lussuriosi, nelle cui note di colore s'incontrano anche l'intento morale e la tragica poesia del contrappasso:

> Io venni in luogo d'ogni luce muto,
> che mugghia come fa mar per tempesta,
> se da contrari venti è combattuto.
> La bufera infernal, che mai non resta,
> mena gli spiriti con la sua rapina,
> voltando e percotendo li molesta.
>
> (*Inf.*, V, 28-33)

Preceduto e accompagnato da un ritmo cupo, insistente, monotono si apre il cerchio dei golosi, lasciando un'impressione indimenticabile di ossessione e di schifo:

> novi tormenti e novi tormentati
> mi veggio intorno, come ch'io mi mova
> e ch'io mi volga, e come che io guati.
> Io sono al terzo cerchio, della piova
> eterna, maledetta, fredda e greve:
> regola e qualità mai non l'è nova.
> Grandine grossa, acqua tinta e neve
> per l'aere tenebroso si riversa;
> pute la terra che questo riceve.
>
> (*Inf.*, VI, 4-12)

Altra mirabile descrizione è quella della palude stigia, ove, in una lenta cadenza e in particolari coloristici d'oscurità, di squallore, di solitudine opprimente, si riflette il senso del tedio che opprime le anime e il pellegrino che le visita:

> L'acqua era buia assai più che persa;
> e noi, in compagnia dell'onde bige,
> entrammo giù per una via diversa.
> In la palude va che ha nome Stige
> questo tristo ruscel, quand'è disceso
> al piè delle maligne piagge grige.

> E io, che di mirare stava inteso,
> vidi genti fangose in quel pantano,
> ignude tutte, con sembiante offeso...
>
> <div align="right">(<i>Inf.</i>, VII, 103-111)</div>

Nonostante la varietà e, talvolta, la stranezza dei paesaggi infernali, si può dire che, in generale, si rivela la tendenza del poeta a foggiare i loro aspetti su quelli della natura a tutti nota. Si pensi come la misteriosa selva dei suicidi sia collegata ad una certa suggestione degli « sterpi aspri e folti » della Maremma toscana (*Inf.*, XIII, 4-8); la landa infuocata del terzo girone dei violenti richiami alla mente la « rena arida e spessa » del deserto libico (*Inf.*, XIV, 13-15); i « duri margini » del Flegetonte siano simili alle dighe che i Fiamminghi fanno « perché 'l mar si fuggia » e agli argini che i Padovani costruiscono lungo la Brenta « per difender lor ville e lor castelli » (*Inf.*, XV, 1-19); e così fino all'ultimo paesaggio, la distesa ghiacciata del Cocito: « un lago, che per gelo / avea di vetro e non d'acqua sembiante » (*Inf.*, XXXII, 23-24).

Ora, se questa tendenza a trasportare nell'aldilà gli aspetti della natura reale si rivela così costante nelle creazioni dei paesaggi fantastici dell'Inferno, tanto più presente e concreta si nota nei paesaggi del Purgatorio, dove tutto, sotto questo riguardo, s'ispira alle forme e ai colori del nostro mondo. In più nel Purgatorio ci sono – lungo le balze e per le cornici, negli spazi del cielo, sulla distesa del mare – le diverse conseguenze terrene del passare delle ore: le albe, i meriggi, i tramonti, le notti; e tutte dipinte coi colori più veri, e spesso in una diffusa musicalità. Anzi, quegli scintillii di stelle, quei tremolii di onde, quegli splendori del sole, quei crepuscoli dei tramonti e delle albe, Dante li ricrea con immagini e tonalità più solenni di quelle che vediamo sulla terra. Possono bastare alcuni esempi tratti dai primissimi canti.

Ecco la prima apparizione di cielo che i due pellegrini scorgono appena escono « fuor de l'aura morta »:

> Dolce color d'oriental zaffiro,
>   che s'accoglieva nel sereno aspetto
>   del mezzo, puro insino al primo giro,
> a gli occhi miei ricominciò diletto
> ...
> Lo bel pianeta che d'amar conforta
>   faceva tutto rider l'oriente.
> ...

> e vidi quattro stelle
> non viste mai fuor ch'a la prima gente.
> Goder pareva il ciel di lor fiammelle.
>
> (*Purg.*, I, 13-25)

Ecco il primo chiarore dell'alba che svela la stupenda distanza del mare:

> L'alba vinceva l'ora mattutina
> che fuggia innanzi, sì che di lontano
> conobbi il tremolar della marina.
>
> (*Purg.*, I, 115-117)

Ecco i raggi del sole che inondano ogni dove:

> Da tutte parti saettava il giorno
> lo sol, ch'avea con le saette conte
> di mezzo al ciel cacciato Capricorno,
>
> (*Purg.*, II, 55-57)

e qualche ora dopo:

> Lo sol, che dietro fiammeggiava roggio,
> rotto m'era dinanzi a la figura,
> ch'avea in me de' suoi raggi l'appoggio.
>
> (*Purg.*, III, 16-18)

E poi, dopo la salita dei primi tratti di montagna e dopo gli indugi dei primi incontri, i versi famosi del primo tramonto:

> Era già l'ora che volge il disio
> ai naviganti e 'ntenerisce il core
> lo dì ch'han detto ai dolci amici addio;
> e che lo novo peregrin d'amore
> punge, se ode squilla di lontano
> che paia il giorno pianger che si more.
>
> (*Purg.*, VIII, 1-6)

In questi ultimi versi, specialmente per « la cadenza lenta di tutto il periodo, come abbandonato all'onda dei ricordi e delle immagini », è facile percepire « una nostalgia insieme terrena e celeste, che unisce in una medesima malinconia le anime che aspirano alla patria celeste e il pellegrino che ha in cuore la lontana patria terrena » (Momigliano); ma anche in tanti altri aspetti e momenti del paesaggio del Purgatorio si può ben sentire quale acuta nota umana vi scorra, in intima aderenza con la condizione delle anime purganti. Quel senso di contrada remota, quasi sperduta negli spazi sterminati dell'oceano e del cielo, quel costante silenzio che sembra marcare segretamente lo scorrere delle ore, i ripidi ed aspri sentieri e le strade aperte e deserte, esprimono non solo la poesia di una natura splendida e pura, ma anche quella di anime melanconiche e pur felici, anime che nel silenzio e nel raccoglimento trovano l'intimità della preghiera e della catarsi.

Colori e motivi del tutto particolari ha la poesia del Paradiso terrestre con la sua « divina foresta spessa e viva ». Nelle note di quel paesaggio si riversano il rinnovamento e lo splendore dell'anima che realizza l'estrema purificazione e inizia l'ascesa al cielo. Ma se per un lato coi suoi fiori e coi suoi profumi il Paradiso terrestre riflette la perfezione dei fiori e dei profumi della terra, dall'altro è anche, com'è stato definito, il « vestibolo del Paradiso » non soltanto per la fragranza del « suolo » e per la dolcezza dell' « aura », ma anche per un intimo senso spirituale di purezza e di levità: lì ogni scoria umana – si sente bene – è ormai caduta, e non resta che passare alle soglie dell'eternità e della beatitudine.

Più monotono è certamente il paesaggio del Paradiso, per la mancanza della pluralità d'ambienti e di situazioni che caratterizza i primi due regni. Ma proprio in quella uniformità di sfondi luminosi, di splendori che sempre più vivi si diffondono di cielo in cielo, sta l'espressione più icastica dell'anelito religioso che spinge Dante verso Dio, della gioia del suo « transumanamento » interiore, e insieme l'effusione del gaudio eterno dei beati e degli angeli. Questa sintesi di luce, di spazi infiniti, di ascesa intellettuale e di mistica contemplazione si attua fino dall'inizio della salita col dilagare del fuoco e della luminosità che avvolgono Dante e Beatrice appena staccati dal Paradiso terrestre:

> Io nol soffersi molto, né sì poco,
>   ch'io nol vedessi sfavillar dintorno,
>   com ferro che bogliente esce del foco;
> e di subito parve giorno a giorno
>   essere aggiunto, come quei che puote
>   avesse il ciel d'un altro sole adorno;

(*Par.*, I, 58-63)

e subito dopo:

> parvemi tanto allor del cielo acceso
> de la fiamma del sol, che pioggia o fiume
> lago non fece mai tanto disteso.
>
> <div align="right">(<i>ib.</i>, 79-81).</div>

Troviamo qui e altrove, è vero, iperboli e sforzi per ritrarre un mondo che la fantasia può vedere, ma che sfugge alla comune esperienza umana: ma tutto ciò niente toglie alla forza di una « poesia pittrice » in cui si riversa l'impeto dell'aspirazione al divino. È questo l'atteggiamento costante dell'animo e dell'arte del poeta: si può rinvenire perfino nella descrizione piana, ma di straordinaria evidenza, del primo e più materiale corpo celeste, la Luna, il più vicino alla terra, e il più lontano dall'Empireo:

> Parev'a me che nube ne coprisse
> lucida, spessa, solida e pulita,
> quasi adamante che lo sol ferisse.
> Per entro sé l'eterna margarita
> ne ricevette, com'acqua recepe
> raggio di luce permanendo unita.
>
> <div align="right">(<i>Par.</i>, II, 31-36)</div>

Poi, gli altri corpi celesti sono così rarefatti e impalpabili che neppure se ne percepiscono forma ed essenza, ma soltanto vibrazioni interiori attraverso la crescita del loro splendore: come avviene per il pianeta di Mercurio:

> Quivi la donna mia vid'io sì lieta,
> come nel lume di quel ciel si mise,
> che più lucente se ne fe' 'l pianeta.
> E se la stella si cambiò e rise,
> qual mi fec'io...
>
> <div align="right">(<i>Par.</i>, V, 94-98)</div>

Ma il grande « paesaggio » del *Paradiso* va ricercato nell'ultima parte della cantica, quando, dall'arrivo di Dante nella costellazione dei gemelli (XXII) al completamento della visione di Dio (XXXIII), si può dire che sia un continuo susseguirsi di poesia cosmica, in cui si riversa tutto l'empito dell'anelito spirituale e religioso: in una

simbiosi perfetta fra la crescita della beatitudine e la crescita della
luce, e viceversa. Questa estrema visione degli spazi più alti, e
quindi dell' « ultima salute », è sapientemente iniziata da uno sguardo
di Dante sui cieli sottostanti, e quindi da una rapida riflessione
sulla meschinità della terra, « l'aiuola che ci fa tanto feroci »:

> Col viso ritornai per tutte quante
> le sette spere, e vidi questo globo
> tal ch'io sorrisi del suo vil sembiante;
> ...
> E tutti e sette mi si dimostraro
> quanto son grandi, e quanto son veloci,
> e come sono in distante riparo.
> L'aiuola che ci fa tanto feroci,
> volgendom'io con li etterni gemelli,
> tutta m'apparve da' colli a le foci.

(Par., XXII, 133-153)

Uno scorcio panoramico così vasto e complessivo non ha certo funzione meramente descrittiva, né costituisce soltanto lo sfondo a « la turba trionfante / Che lieta vien per questo etera tondo »: nella sintesi pittorica dell'universo stanno la valutazione morale del mondo, l'entusiasmo per la virtù creatrice di Dio, l'ansia di staccarsi da ogni limite e disperdersi nell'infinito. È quanto ribadisce il verso che conclude la visione delle sette spere: un verso che nella sua lineare semplicità ha un effetto poetico di rara potenza: « poscia rivolsi li occhi a li occhi belli » (XXII, 154).

Il panorama dell'Empireo costituisce l'ultima grande prova della poesia dantesca nella creazione dei paesaggi di Paradiso: se ne osservi la lenta solennità con cui ogni parola si svolge, stagliando le immagini su uno sfondo in cui lo sguardo e l'animo si posano ammirati, mentre nella lucidità della rappresentazione si riflette lo smarrimento incantato del pellegrino celeste:

> Lume è lassù che visibile face
> lo creatore a quella creatura
> che solo in lui vedere ha la sua pace.
> E' si distende in circolar figura,
> in tanto che la sua circonferenza
> sarebbe al sol troppo larga cintura.

> Fassi di raggio tutta sua parvenza
> riflesso al sommo del mobile primo,
> che prende quindi vivere e potenza.
> E come clivo in acqua di suo imo
> si specchia, quasi per vedersi adorno,
> quando è nel verde e ne' fioretti opimo,
> sì, soprastando al lume intorno intorno,
> vidi specchiarsi in più di mille soglie
> quanto di noi la sù fatto ha ritorno.
> E se l'infimo grado in sé raccoglie
> sì grande lume, quanta è la larghezza
> di questa rosa ne l'estreme foglie!

(Par., XXX, 100-117)

e) *Lingua e stile*

Non piccola parte nella qualificazione della poesia della *Commedia* hanno la lingua e lo stile. Non a torto è stato di recente osservato come la lingua del poema dantesco sia naturalmente condizionata dal contenuto e dalla struttura di fondo dell'opera:

> Il contenuto della *Commedia* è una visione; ma quello che si vede in essa è la verità come figura, è dunque tanto reale che razionale. La lingua che ci comunica questa verità come figura, è perciò insieme la lingua di un resoconto e di un trattato didascalico. In primo luogo, di resoconto, non di epos: perché non le è concesso di lasciar libero gioco alla fantasia, in un lontano paese di leggende e di eroi, ma chi parla è testimone che ha visto tutto di persona, e si richiede da lui esatto resoconto. [...] La lingua è, poi, quella di un trattato didascalico: perché il fatto visto nella visione è l'essere, o la verità, ed è ordinato del tutto secondo ragione e fin proprio alla soglia della vera e propria *visio Dei* è accessibile ad una comunicazione logica saldamente circoscritta.
> La combinazione di questi due elementi, il resoconto dell'avvenimento reale, autentico ed esatto fino alla crudezza, e la dottrina del vero ordine, dogmatica e razionale fino alla pedanteria, determinano il carattere linguistico dell'opera. I due elementi non sono mai completamente separabili, anzi per lo più sono pienamente fusi; non accade nulla che la dottrina non dimostri e non si insegna nulla se non col fatto evidente e attuale. Ma il vero elemento della poesia, cioè la fantasia, sia quella epica, che ritesse liberamente il materiale di avvenimenti della lontana sfera della leggenda, lo riconnette, lo trasforma, lo elabora, sia quella lirica che abbandona limiti razionali per destare e far risuonare liberamente ciò che

propriamente non ha limiti, il sentimento, questo elemento ha perduto nella *Commedia* la sua autonomia [10].

Da questa dipendenza della fantasia, e quindi della narrazione, dalle necessità del resoconto didascalico e dall'impostazione dottrinale, deriva alla lingua di Dante un'esattezza di termini e di espressioni che subito rende con forza e chiarezza immagini e concetti. Basterebbe ascoltare il timbro marcato e sicuro delle singole parole che compongono i primi versi del poema:

> Nel mezzo del cammin di nostra vita
> mi ritrovai per una selva oscura,
> ché la diritta via era smarrita.
> Ah quanto a dir qual era è cosa dura,
> questa selva selvaggia e aspra e forte,
> che nel pensier rinnova la paura!
> Tant'è amara che poco è più morte.
>
> (*Inf.*, I, 1-7)

La trasparenza cristallina del linguaggio risulta tanto più evidente se si riflette a quanto senso allegorico sia infuso in questi versi. Fuori da ogni nota di lirismo, il discorso s'inizia e procede allargando passo per passo la visione nelle cose concrete, facendone recepire i riflessi nell'animo del viandante smarrito, fino all'ultimo verso, che nella sua limpidezza spettrale, e ad un tempo reale, apre l'occhio e la mente sulle future visioni infernali.

Da un brano di racconto, passiamo ad un brano di dialogo e di profezia, quello di Brunetto Latini:

> ... quello ingrato popolo maligno
> che discese di Fiesole ab antico,
> e tiene ancor del monte e del macigno,
> ti si farà, per tuo ben far, nemico:
> ed è ragion, ché tra li lazzi sorbi
> si disconvien fruttare il dolce fico.
> Vecchia fama nel mondo li chiama orbi;
> gente avara, invidiosa e superba:
> dai lor costumi fa che tu ti forbi.
>
> (*Inf.*, XV, 61-69)

---

[10] E. AUERBACH, *Studi su Dante*, trad. di M. L. De Pieri Bonino, Milano, Feltrinelli, 1971³, pagg. 144-145.

Non c'è chi non veda come l'incisività di ogni verso, il vigore della designazione dei caratteri, la forza dei consigli e della profezia riposino essenzialmente sui termini recisi e taglienti, propri di un linguaggio popolare e proverbiale.

E se dai toni cupi e plebei del mondo dannato, passiamo a quelli melanconici e casti del Purgatorio, e a quelli sereni e solenni del Paradiso, non sarà mai difficile scoprire un linguaggio attento, esatto e completo. Bastino, ancora, due soli esempi: l'inizio del famoso ritratto di Manfredi, così armonioso e preciso:

> Io mi volsi ver lui e guardail fiso:
>   biondo era e bello e di gentile aspetto,
>   ma l'un de' cigli un colpo avea diviso;

(*Purg.*, III, 106-108)

e un momento della preghiera di san Bernardo alla Vergine, in cui concezioni teologiche e note umane s'incontrano in un dettato solenne e limpido:

> Qui se' a noi meridiana face
>   di caritate, e giuso, intra i mortali,
>   se' di speranza fontana vivace.
> ...
> In te misericordia, in te pietate,
>   in te magnificenza, in te s'aduna
>   quantunque in creatura è di bontate.

(*Par.*, XXXIII, 10-21)

È facile poi vedere come entro questa concretezza di termini il linguaggio dantesco assuma i toni più diversi, che vanno dalla dolcezza e dalla delicatezza al realismo, al sarcasmo, all'invettiva. Ci limitiamo a coglierne alcuni dalle labbra degli spiriti dell'Inferno: il melanconico lirismo della prima presentazione di Francesca:

> Siede la terra dove nata fui,
>   su la marina dove il Po discende
>   per aver pace co' seguaci sui;

(*Inf.*, V, 97-99)

la lacrimosa domanda di Cavalcanti:

> Se per questo cieco
> carcere vai per altezza d'ingegno,
> mio figlio ov'è? e perché non è teco?
>
> (*Inf.*, X, 58-60)

l'austera affermazione della nobiltà della propria condotta da parte di Farinata:

> Ma fu' io solo, là dove sofferto
> fu per ciascun di torre via Fiorenza,
> colui che la difese a viso aperto;
>
> (*Inf.*, X, 91-93)

la squisita eleganza di tutto il discorso di Pier della Vigna:

> Sì col dolce dir m'adeschi,
> ch'io non posso tacere; e voi non gravi
> perch'io un poco a ragionar m'inveschi...
>
> (*Inf.*, XIII, 55 sgg.)

la superbia che vacua rimbomba nelle parole di Capaneo:

> Qual io fui vivo, tal son morto...
>
> (*Inf.*, XIV, 48 sgg.)

la calda oratoria di Brunetto Latini, maestro e profeta:

> Faccian le bestie fiesolane strame
> di lor medesme...
>
> (*Inf.*, XV, 73 sgg.)

il senso dell'infinita grandezza del mistero nel racconto di Ulisse:

> ma misi me per l'alto mare aperto
> sol con un legno...
>
> (*Inf.*, XXVI, 100 sgg.)

II. LA « DIVINA COMMEDIA »

Un aspetto tutto particolare del linguaggio dantesco è quello che si suol chiamare lo « stile comico », cioè quello stile non sublime, ma ora mediocre ed ora umile, che, come abbiamo visto altrove, Dante assegna alla sua *Commedia*. Questa concezione permette al poeta non solo d'accogliere singole parole comunemente giudicate volgari e plebee, ma anche di comporre diffusi passi triviali e bercereschi. Come tipico esempio di questo stile si suol ricordare la scena degli adulatori, sozzi di sterco nella seconda bolgia:

> Quindi sentimmo gente che si nicchia
> nell'altra bolgia, e che col muso scuffa,
> e se' medesma con le palme picchia.
> Le ripe eran grommate d'una muffa,
> per l'alito di giù che vi s'appasta,
> che con gli occhi e col naso facea zuffa. ...
>
> (*Inf.*, XVIII, 103 sgg.)

Sono, come si può già notare da queste due terzine iniziali, versi fatti di parole irte e strane, di rime complicate e chiocce, condotti con un fare volgare che ricorda, e supera, i toni più plebei della tenzone con Forese.

Alla teoria dello stile comico si può ricollegare anche l'uso di voci dialettali, estranee al fondo sostanziale della lingua di Dante, che è il fiorentino, ed impiegate soprattutto per caratterizzare certi personaggi. Accanto a singole parole – come l'avverbio lucchese *issa* per « adesso », messo in bocca a Bonagiunta da Lucca (*Purg.*, XXIV, 55), e *donno* per « signore » e *di piano* per « pianamente », che sono modi linguistici della Sardegna, usati parlando di frate Gomita di Gallura e Michele Zanche di Logodoro, due sardi condannati fra i barattieri (*Inf.*, XXII, 81 sgg.) –, e alla frase latina *scias quod ego fui successor Petri*, con cui si presenta un pontefice, Adriano V (*Purg.*, XIX, 99), e a quella ancor più maestosa che introduce il lungo e solenne intervento del trisavolo Cacciaguida:

> O sanguis meus, o superinfusa
> gratia Dei, sicut tibi cui
> bis unquam coeli ianua reclusa?
>
> (*Par.*, XV, 28-30)

L'esempio più tipico e più ampio di lingua non fiorentina e non italiana è l'intera parlata provenzale di Arnaldo Daniello:

> Tan m'abellis vostre cortes deman,
> qu'ieu no me puesc ni voill a vos cobrire.
> Ieu sui Arnaut, que plor e vau cantan...
>
> (*Purg.*, XXVI, 140 sgg.)

Anche per questa varietà di linguaggio realistico e dialettale, talvolta vero plurilinguismo, Dante, come si è detto, chiamò il suo poema *Commedia*. Ma se in questo titolo si potrà notare un'espressione di modestia, in quanto il poeta volle così riconoscere, in un certo senso, la distanza d'argomento e di stile che separava il suo mondo poetico da quello dell'*Eneide*, si dovrà anche ricordare come Dante ebbe sempre l'orgogliosa coscienza di realizzare un'opera di grande impegno stilistico: e per questa coscienza tappezzò, per così dire, l'intero racconto del suo *itinerarium* con solenni affermazioni sulla novità e sul valore della sua opera. Ne bastino alcuni esempi.

Accingendosi a narrare le fantastiche metamorfosi dei ladri, sostiene di poter contendere coi grandi poeti latini:

> Taccia Lucano omai là dove tocca
> del misero Sabello e di Nassidio,
> e attenda a udir quel ch'or si scocca.
> Taccia di Cadmo e d'Aretusa Ovidio ...
>
> (*Inf.*, XXV, 94 sgg.)

Sul punto di raccontare l'entrata nel Purgatorio e di trasfigurare nell'austero incontro con un angelo il rito della confessione, premette:

> Lettor, tu vedi ben com'io innalzo
> la mia matera, e però con più arte
> non ti maravigliar s'io la rincalzo.
>
> (*Purg.*, IX, 70-72)

Prima d'iniziare la descrizione della grandiosa mistica processione apparsagli nel Paradiso terrestre, sente il bisogno d'invocare l'aiuto delle Muse, e insieme di affermare il valore del proprio impegno artistico:

> O sacrosante Vergini, se fami,
> freddi o vigilie mai per voi soffersi,
> cagion mi sprona ch'io mercé vi chiami.
> Or convien che Elicona per me versi,
> e Urania m'aiuti col suo coro
> forti cose a pensar mettere in versi.
>
> (*Purg.*, XXIX, 37-42)

Di fronte alla novità di una ispirazione che lo porterà a percorrere i cieli del Paradiso e a fissare l'essenza divina, il poeta esce in un preludio vibrante, nelle terzine più superbe di tutto il poema: decisa affermazione di un linguaggio e di un'arte poetica superiori, in cui l'ardimentoso navigatore di un mare sconfinato e misterioso esprime la fiera coscienza di aver tentato l'impossibile:

> O voi che siete in piccioletta barca,
> desiderosi d'ascoltar, seguìti
> dietro al mio legno che cantando varca,
> tornate a riveder li vostri liti:
> non vi mettete in pelago, ché, forse,
> perdendo me rimarreste smarriti.
> L'acqua ch'io prendo già mai non si corse:
> Minerva spira, e conducemi Apollo,
> e nove Muse mi dimostran l'Orse ...
>
> (*Par.*, II, 1-18)

Dopo queste affermazioni non resterà che ascoltare, in una mirabile sintesi di tristezza accorata e superba, le estreme constatazioni di una grandezza raggiunta, insieme con l'umanissima speranza di una gloria che, riconosciuta da tutti, permetta all'esule il sospirato ritorno nell' « ovile » della patria:

> Se mai contingua che 'l poema sacro,
> al quale ha posto mano e cielo e terra,
> sì che m'ha fatto per più anni macro,

vinca la crudeltà che fuor mi serra
del bello ovile ov'io dormi' agnello,
nimico ai lupi che li danno guerra;
con altra voce omai, con altro vello
ritornerò poeta, ed in sul fonte
del mio battesmo prenderò 'l cappello.

(Par., XXV, 1-9)

PARTE TERZA
LA CRITICA

I. - PROFILO DI STORIA DELLA CRITICA DANTESCA

IL TRECENTO

L'opera di Dante, e in particolare la *Divina Commedia*, fu largamente conosciuta ed ammirata fino dal suo primo apparire. Ma ciò che colpì i lettori e gli studiosi del tempo non fu tanto il valore artistico e poetico di quegli scritti, quanto la vastità delle conoscenze e l'altezza morale dell'Alighieri. Questo si vede già nei primi commenti alla *Commedia*, che si diffondono pochi anni dopo la morte del poeta, insufficienti nelle loro esegesi e poveri nell'interpretazione dell' « uomo » Dante, ma preziosi per le testimonianze che hanno tramandato: quelli parziali del figlio Iacopo (1322) in terzine e di Graziolo de' Bambaglioli (1324), quello integrale di Jacopo della Lana (1323-28), dell'Ottimo anonimo fiorentino, forse Andrea Lancia (1334-35), le Chiose marciane (intorno al 1337), quello di Pietro Alighieri (1340-58), di Guido da Pisa (1343-50); e poi, nella seconda metà del secolo, le Chiose Ambrosiane (dopo il 1355), i commenti di Benvenuto da Imola (1375-80) e di Francesco da Buti (1385). Il più importante di questi commenti è quello di Benvenuto, per l'abbondanza delle notizie storiche che fornisce, per le doti intellettuali e il senso della misura con cui è stato condotto.

Durante il Trecento l'impegno maggiore nello studio di Dante si trova in GIOVANNI BOCCACCIO, autore del *Trattatello in laude di Dante* (1357-1362?) la prima « vita » dell'Alighieri, quella a cui si sarebbero rifatti, nel corso di quel secolo e dei successivi, tutti gli altri biografi del poeta. Il *Trattatello*, più che essere una vera e propria biografia, è un « ritratto spirituale » che risente di un clima irreale e « meraviglioso », per l'intento nobilitante che ne è alla base: Dante, per il Boccaccio, rappresenta il poeta ideale, che dedica la sua esistenza allo studio e alla poesia, nonostante le preoccupazioni familiari e le vicende della vita civile (immagine che poi il Boccaccio riprenderà nel *De genealogia deorum gentilium*). Dante fu dunque colui « il quale primo doveva al ritorno delle muse sbandite d'Italia aprir la via [...]; per costui la morta poesi meritamente si può dir suscitata ». Della *Commedia*, in particolare, il Boccaccio intuisce ed esprime il motivo animatore di fondo, quando afferma che Dante, « conoscendo che, se metricamente in latino, come gli altri poeti passati, avesse scritto, solamente a' letterati avrebbe fatto utile; scrivendo in volgare fece opera mai più non fatta, e non tolse il non potere essere inteso da' letterati, e mostrando la bellezza del nostro idioma e la sua eccellente arte in quello, e diletto e intendimento di sé diede agli idioti, abbandonati per adrieto da ciascheduno ». Al Boccaccio si deve anche un commento, pieno d'ammirazione, ai primi 17 canti dell'*Inferno*, frutto delle sue « esposizioni » pubbliche tenute in Firenze nel 1373-74, e rivolto in modo speciale ad illustrare riferimenti mitologici e storici.

Con l'atteggiamento entusiastico del Boccaccio contrasta quello critico di FRANCESCO PETRARCA che, soggetto al pregiudizio della superiorità del latino sul volgare, e tutto intento alla ricerca di un signorile decoro e di un'armonica compostezza, svaluta l'arte di Dante, e quindi l'intera *Commedia*, giudicandola opera rozza e disuguale. Il Petrarca precorre così quello che, in generale, sarà l'atteggiamento degli umanisti nei confronti dell'Alighieri, anche se talvolta, come fa in una famosa lettera al Boccaccio del 1359, volendo difendersi dall'accusa di nutrire odio verso Dante, ne esalta la figura morale per aver reagito con tanta dignità all'avversa fortuna; tuttavia anche lì, poiché riduce i meriti di Dante all'ambito della poesia volgare, affermando che egli fu « un po' inferiore a se stesso » perché più eccelle negli scritti in volgare che in quelli in poesia e in prosa latina, ne limita l'importanza nella storia della poesia.

IL QUATTROCENTO

L'età umanistica, soprattutto per opera dei primi studiosi fiorentini – come COLUCCIO SALUTATI e FILIPPO VILLANI (che commenta il I canto dell'*Inferno* nel 1402-4, ed inserisce una breve biografia di Dante nel *Liber de origine civitatis Florentiae et eiusdem famosis civibus*) – riconosce nell'Alighieri l'uomo completo che, a differenza del puro letterato, non si isola dal mondo, ma impegna decisamente le sue capacità anche nella vita civile, e lo stima così non solo come « poeta », ma anche come « cittadino » di Firenze.

Ma è nei *Dialogi ad Petrum Paulum Histrum*, composti da Leonardo Bruni nel 1401, che possiamo vedere quale sia, nel complesso, la posizione degli umanisti verso l'Alighieri. Niccolò Niccoli, protagonista dell'opera, nel primo dei due dialoghi, lo accusa violentemente di rozzezza e d'ignoranza, affermando che i suoi scritti sono adatti ai ciabattini e ai fornai; poi, nel secondo, ritratta le accuse, dicendo che erano state fatte per burla e per stuzzicare il Salutati, ammiratore di Dante, e finisce con un elogio del poeta. Ora non bisogna guardare troppo a queste conclusioni: al di là di esse e dei diversi punti di vista degli studiosi di Dante, è dall'insieme dei *Dialogi* che si può dedurre il giudizio più largamente diffuso fra gli umanisti nei riguardi dell'opera dell'Alighieri, e in particolare della *Commedia*: giudizio che era « non di gretta avversione o di dispregio, non di ammirazione fervida, ma di riverenza senza passione, contegnosa e infeconda » (V. Rossi).

Le ambiguità degli umanisti, espresse nel Bruni nei *Dialogi*, avevano un'origine assai complessa. Scrittori perfetti nel latino ciceroniano, essi notavano quanto imperfetto e rozzo fosse il latino di Dante; conoscitori profondi del mondo classico, erano infastiditi dagli errori in cui vedevano incorso l'Alighieri nel leggere e nell'interpretare gli antichi; affascinati dal mito del mondo greco-romano, si trovavano davanti un'opera, la *Commedia*, che traeva la sua ispirazione dal Medioevo, e per di più era opera scritta in volgare. D'altronde sentivano anche il fascino della potente fantasia di Dante, della forza delle sue passioni, della ricchezza dei suoi sentimenti: sicché arrivavano ad affermare che se il poeta fiorentino avesse scritto in lingua latina avrebbe superato Omero e Virgilio. Ma questo pregiudizio dell'inferiorità del volgare di fronte al latino, nascondeva, in realtà, quanto gli umanisti fossero incapaci a penetrare il mondo spirituale della *Commedia*. Ciò non toglie che il Quattrocento presenti grandi cultori di Dante, come lo stesso Bruni, autore anche di una *Vita di Dante* (1436), in cui, in contrasto con le tesi del Boccaccio, si insiste nel mostrare come l'Alighieri fosse stato cosciente dei suoi doveri di uomo e di cittadino, e insieme autore insuperato nelle canzoni e nella *Commedia*. Biografie del poeta furono scritte da vari altri umanisti nel corso del secolo XV: da GIANNOZZO MANETTI a SICCO POLENTON, a GIOVANNI MARIO FILELFO, che fu anche pubblico lettore del poema.

Nella seconda metà del '400, quando prese maggior impulso la produzione volgare e alla nuova lingua si riconobbero capacità letterarie, con più approfondita attenzione riprese anche lo studio sull'opera di Dante. In questa nuova atmosfera culturale CRISTOFORO LANDINO procurò nel 1481 un *Comento alla Commedia* di fondamentale importanza e valore, frutto della sua ammirazione, espressa anche con altri scritti, per l'Alighieri, e di una più critica lettura del poema. Considerato il commento classico del Rinascimento, questo del Landino bada in modo speciale all'interpretazione allegorica, soprattutto alla luce delle suggestioni neoplatoniche. Al Landino si deve anche un'entusiastica *Vita di Dante*, nella quale a molte acute intuizioni si alternano numerose espressioni retoriche e di gusto barocco, come questa: « Si può affermare Dante essere simile all'oceano, imperocché come tutti i fiumi nascono dall'oceano e nell'oceano ritornano, così tutte le scienze da costui s'attingono e in lui redondano ».

Intanto, nel 1472 si erano avute le prime edizioni a stampa della *Commedia*: l'*editio princeps* fu quella di Foligno, seguita da quelle di Venezia e di Mantova; poi, dal 1474 al 1477 ci furono altre tre pubblicazioni a Napoli. Eppure, anche negli ultimi decenni del Quattrocento, per quanto si superasse il pregiudizio nei riguardi del volgare, continuò un certo distacco dal poema dantesco, ritenuto lontano in particolare dall'eleganza raffinata delle liriche del Petrarca: tipico è l'atteggiamento di PAOLO CORTESI, che nel dialogo *De hominibus doctis* (1489-90), assommando il fastidio per il volgare a quello, addirittura, per il latino dello stesso Petrarca, ritenuto ormai superato, riconosce la straordinaria forza d'ingegno e le virtù morali ed artistiche di Dante, ma rimpiange che si sia servito della lingua volgare: *Praeclarum eius poema plane bene indicat incredibilem ingenii magnitudinem. Mirabile illud certe fuit quod res tam difficiles, tamque abstrusas vulgari sermone auderet explicare. Est enim in sententiis subtilis et argutus, acerbus in reprehendendo, in probando nervosus, sed interdum etiam rebus non satis apertis obscurus. In permovendo autem et incitando non est credibile quam sit concitatus et vehemens. Utinam tam bene cogitationes suas Latinis litteris mandare potuisset, quam bene patrium sermonem illustravit!*

(Il suo nobile poema rivela chiaramente la straordinaria grandezza del suo ingegno. È cosa certamente mirabile che abbia osato trattare in lingua volgare argomenti tanto difficili e tanto profondi. È sottile e penetrante nei concetti, severo nel rimproverare, efficace nell'approvare; ma talvolta anche oscuro in questioni non abbastanza accessibili. Non è credibile quanto sia impetuoso e violento nell'incitare e nello stimolare. Volesse il cielo che avesse potuto svolgere i concetti tanto bene in lingua latina quanto bene ha illustrato il linguaggio volgare).

Il Cinquecento

Il Cinquecento si apre, per quel che riguarda la diffusione degli studi danteschi, con l'opera di PIETRO BEMBO, che nel 1502 cura l'edizione della *Commedia*, impressa in piccolo formato da Aldo Manuzio, e destinata a divenire il prototipo per tante successive ristampe. Ma ben più importante, ai fini della storia della critica dantesca, è la posizione sostenuta dal Bembo nelle sue *Prose della volgar lingua* (1525). Qui, poiché base essenziale di giudizio, sotto l'influenza della poesia petrarchesca, è il decoro formale, si riconoscono, sì, a Dante le doti di « grande e magnifico poeta », ma gli si rimprovera l'uso di moltissime parole « vecchie », « rozze », « durissime », e si paragona la *Commedia* ad « un bello e spazioso campo di grano, che sia tutto d'avene e di logli e d'erbe sterili e dannose mescolato », tanto da far preferire le opere del Petrarca e del Boccaccio.

Sotto l'influsso del Bembo il primo Cinquecento, tutto intento alla ricerca della perfetta eleganza formale, è in posizione ostile nei riguardi della *Commedia*. Tuttavia queste critiche non impedirono il diffondersi, nel corso del secolo, di varie esposizioni del poema, composte soprattutto nell'ambiente culturale dell'Accademia fiorentina, e di carattere essenzialmente dottrinale e morale, minuziose nell'indagine e nell'interpretazione: ricordiamo quelle di BENEDETTO VARCHI e GIAMBATTISTA GELLI. Altri più modesti commenti alla *Commedia* si devono ad ALESSANDRO VELLUTELLO e a BERNARDO DANIELLO. Ma proprio in questo secolo l'attenzione critica incomincia a rivolgersi anche alle opere minori di Dante: in particolare, in piena polemica sulla questione della lingua, GIAN GIORGIO TRISSINO nel dialogo *Il Castellano* (1529) si rifece al *De vulgari eloquentia*, oltreché alla *Commedia*, per sostenere la tesi dell'opportunità di una lingua aulica, illustre, comune a tutta la penisola, e formata dal meglio dei diversi volgari italiani. Più singolare vicenda toccò alla *Monarchia*, le cui prime edizioni, per il fatto che il trattato fu condannato come opera eretica, apparvero fuori d'Italia, a Basilea (1558 e 1566).

Nella seconda metà del Cinquecento, con l'affermarsi di una precettistica ispirata ai princìpi aristotelici e alla definizione dei generi letterari, la critica alla *Commedia* andò accentuandosi in senso negativo, anche perché in essa non si riscontravano le caratteristiche di alcuno dei generi letterari veri e propri. Fra quanti, in contrasto con tale atteggiamento, si distinsero nello studio di Dante, ricordiamo il Mazzoni, il Castelvetro e il Borghini. JACOPO MAZZONI compose un *Discorso in difesa della Commedia* (1572), che voleva dimostrare come il poema di Dante rispondesse alle « regole » aristoteliche. LODOVICO CASTELVETRO, autore di *Chiose all'Inferno*, scrisse anche una *Sposizione* dei primi 29 canti dell'*Inferno* (opera interrotta dalla morte, 1571), dove una minuta discussione linguistica e stilistica si unisce all'intento di chiarire la lettura del poema e discuterne la struttura: la *Commedia* appare superiore ad ogni altro scritto moderno, compresi quelli petrarcheschi, e paragonabile solo agli omerici. VINCENZO BORGHINI, infine, rivolse le sue cure filologiche al poema, cercando di dare nell'*Introduzione al poema di Dante per l'allegoria* un'interpretazione unitaria dell'allegoria dantesca, vista in stretta connessione con le condizioni che l'anima esperimenta durante la vita in terra, in mezzo alla società umana. In un altro scritto, *Difesa di Dante come cattolico*, si propone di esaltare le finalità spirituali e religiose della *Commedia*, riprendendo anche la critica a precedenti interpretazioni allegoriche, responsabili di aver trascurato la giusta spiegazione della parola. Purtroppo molte altre pagine in cui il Borghini ha parlato di Dante sono rimaste incompiute e sparse in vari quaderni ancor oggi in buona parte inediti. Comunque la sua attività di studioso dell'Alighieri è di grande valore e può considerarsi il punto d'arrivo più significativo di tutto l'impegno filologico e dottrinale realizzato sulla *Commedia* nell'intero svolgere del secolo.

In questo quadro di studi danteschi si collocano anche le ricerche sul sito, la grandezza e la misura che PIER FRANCESCO GIAMBULLARI compie sull'Inferno e sul Purgatorio (1544-51), e più tardi quelle di GALILEO GALILEI sull'Inferno (1587-88). Infine si deve riconoscere al Cinquecento il merito di aver procurato i due migliori testi della *Commedia*, che s'imposero fino all'Ottocento: quello già ricordato del Bembo all'inizio del secolo, e, alla fine, l'edizione dell'Accademia della Crusca (1595), realizzata da esperti linguisti sul confronto di numerosi codici.

Il Seicento

Nel Seicento, per effetto del gusto barocco e del disprezzo generalmente sentito per tutta la letteratura del passato, considerata incolta e rozza, la fortuna di Dante e del suo poema toccano il punto più basso. Basti pensare che in oltre cento anni (1596-1702) non vi furono che tre edizioni della *Commedia* e nessun commento. Le accuse, frequentissime e quasi sempre le stesse, erano rivolte soprattutto alla lingua, giudicata barbara e pedantesca, per cui il poema di Dante si considerava addirittura un'opera inqualificabile, come ironicamente metteva in risalto TRAIANO BOCCALINI in un famoso *Ragguaglio*, in cui l'Alighieri viene aggredito da alcuni retori di fede aristotelica che vogliono forzarlo a definire che cosa sia il suo poema. Fra i tanti denigratori di Dante si pensi ad un PAOLO BENI, che lo giudicò « poeta di niun giudizio e ingegno », e definì la *Commedia* « un miscuglio o un capriccio senza regola e senza forma di poetica azione »; o ad un FRANCESCO FULVIO FRUGONI, che diceva di stimare più una strofa o un sonetto di uno dei tanti lirici del tempo o un'ottava del Tasso, dell'Ariosto, del Tassoni, del Chiabrera, che tutta la *Commedia* di Dante.

Non mancano, però, i difensori, come: BENEDETTO FIORETTI, che nei suoi *Prolegomeni poetici* trova nella *Commedia* una « quinta essenza di poesia »; CARLO DATI, che nella *Difesa di Dante contro Mons. Della Casa* si lamenta che il poema sia « biasimato da molti perché letto da pochi e da pochissimi inteso »; LORENZO MAGALOTTI, che commentò i primi canti dell'*Inferno* e definì la *Commedia* « un seme non solo fruttifero... ma creatore universale di ogni genere di pensieri e di idee grandi »; ALESSANDRO GUARINI, che nel dialogo *Il Farnetico savio ovvero il Tasso* (1610) trattando, ad un certo punto, dello stile della *Commedia* fa numerose osservazioni puntuali ed interessanti, pur nell'inconfondibile barocchismo dei tempi; riprendendo, ad esempio, il trito tema del confronto fra Dante e Petrarca, scrive: « A bene assomigliare i due poeti toscani, sicché dell'uno la lode sia senza il biasimo dell'altro dico, che il Petrarca è somigliante a quel musico, il quale ne' suoi figurati componimenti con la dolcezza e con la leggiadria va spargendo il diletto, studiandosi sovra ogni altra cosa di non offender l'orecchio, con isquisita soavità lusingandolo. Dante poi a quell'altro è molto simile, che il suo diletto va rintracciando per altri vestigj; perciocché vuol egli derivarlo dalla imitazione di quelle parole che egli imprende a figurare con le sue note. E per conseguir questo suo fine, non teme durezza, non fugge asprezza, né schifa l'istessa dissonanza contra l'arte artificiosa ».

Ma fra tutti gli ammiratori di Dante nel Seicento s'impone Tommaso Campanella. L'adesione del grande filosofo a Dante, da lui stimato nuovo profeta e vero modello da imitare, deriva soprattutto dalla sua concezione della poesia, dominata da un ardente spirito moralistico e avversa ad ogni forma di pedanteria retorica ed aristotelica. Questo entusiasmo del Campanella per Dante è veramente eccezionale per quei tempi, e si trova manifestamente espresso in quasi tutti i suoi scritti con giudizi particolari o complessivi e con frequenti citazioni, dalla giovanile *Poetica* italiana alla tarda *Poetica* latina. Della prima ricordiamo questa affermazione: « Tra' poeti Dante si deve amare nella buona repubblica, per esser egli il gran laudatore del bene e del male grande biasimatore, sommo intenditore delle cose politiche e gran fingitore a benefizio di chi le legge, e a tempo, e a luogo, e del personaggio parlante, di tutte le condizioni accoppiatore industrioso a meraviglia, e però poco inteso e manco apprezzato dal volgo nemico di virtù »; della seconda una pagina suggestiva dell'*Appendix* al cap. VIII in cui ironicamente il Campanella scrive: *Plebecula et grammatici insulsi, qui vocabulis afficiuntur delicatis, non vere significantibus quod oportet, fastidiunt Dantem, qui, ut ante oculos ponat scientias et rerum veritates, in personis variis eas exprimit vocibus tam divis, ut res potius quam voces ipsae voces videantur.* (Il popolino e i grammatici sciocchi, che si lasciano prendere dalle parole raffinate, ma che non esprimono bene ciò che occorre, hanno a noia Dante; il quale per porre dinanzi agli occhi cognizioni scientifiche e verità concrete, le esprime in personaggi vari, con voci tanto divine, che cose più che voci sembrano le voci stesse).

Il Settecento

Molto più varia e complessa è la critica dantesca del Settecento, in correlazione ai molteplici, e spesso contrastanti, aspetti culturali del secolo. In linea generale però si può affermare che per gran parte del secolo XVIII ci fu una diffusa ostilità nei riguardi della *Commedia*, perché l'imperare del gusto arcadico spingeva ad una rivalutazione degli atteggiamenti petrarcheschi e classicistici, e l'affermarsi della mentalità illuministica e antistorica portava a trascurare tutto ciò che si rifaceva all'età medievale, mentre l'amore per la chiarezza e la scorrevolezza si risolveva in una diffusa condanna per quanto si presentasse involuto e difficile nel pensiero e nell'espressione. Non a torto è stato affermato che « il secolo delle parrucche incipriate e dei cicisbei, degli abati galanti e versaiuoli, dei canapé, della cioccolata e della tabacchiera, che vide l'incoronazione poetica in Campidoglio di Corilla Olimpica, che proclamò il Metastasio Sofocle italiano, non poteva capire né amare Dante; né lo poteva capire e amare il secolo volterraneo, razionalista e sensista, antitradizionalista e antistorico: vi si opponevano, insomma, così il tono generale della vita sociale come l'indirizzo prevalente del pensiero » (Chimenz).

Il più tipico rappresentante di questa mentalità ostile all'opera dell'Alighieri è SAVERIO BETTINELLI, soprannominato « Padre Totila » per l'insistenza delle violente condanne lanciate, in modo speciale, contro la *Commedia*: le quali, però, vanno viste nel più ampio quadro della polemica illuministica per il rinnovamento del costume letterario. Nelle sue *Lettere virgiliane* (1757), pur ammettendo che Dante aveva l' « anima » grande e sublime, l' « ingegno » acuto e fecondo, la « fantasia » vivace e pittoresca, il Bettinelli afferma che l'Alighieri di niente altro mancò che di « buon gusto e discernimento nell'arte », e che in definitiva fu « un grand'uomo a dispetto dei suoi tempi e della sua lingua ». I difetti del poema non sono, quindi, tanto da imputarsi a lui quanto alla barbarie dei tempi. E con sarcasmo lo scrittore si chiede che cosa mai sia la *Commedia*, di cui al massimo si possono salvare tre o quattro canti (fra cui quelli di Francesca e di Ugolino): « È questo un poema, un esemplare, un'opera divina? Poema tessuto di prediche, di dialoghi, di questioni, poema senza azioni e con azioni soltanto di cadute, di passaggi, di salite, di andate e di ritorni, e tanto peggio quanto più avanti ne gite? [...] Quale idea debbono avere della poesia quei giovani che si vedono a par d'Omero e degli altri maestri lodar Dante, tanto da quelli diverso?». Il Bettinelli si occupò di Dante anche in altre opere successive: *Risorgimento d'Italia dopo il Mille* (1775), *Dissertazione accademica sopra Dante* (1800). Ma, in sostanza, egli conservò, pur fra contraddizioni, le sue riserve di fondo nei riguardi della *Commedia*.

Una *Difesa di Dante* componeva, subito dopo la comparsa delle *Lettere virgiliane*, GASPARE GOZZI, basata su una nobile fede nei valori della tradizione culturale e in Dante «principe e padre della nostra letteratura», ma impostata più sul buon senso che su vere capacità critiche. Ciò non toglie valore ad alcune giuste osservazioni del Gozzi, come quella sulla necessità di studiare il poema di Dante sullo sfondo della società civile e letteraria del primo Trecento, e col contributo delle opere minori, dalla *Vita Nuova* al *Convivio*.

Ma oltre la «difesa» del Gozzi ben altri elementi positivi offre la critica settecentesca nei riguardi dell'opera di Dante. In primo luogo è da osservare come fino dall'inizio del secolo XVIII, secolo di erudizione, accanto alla comparsa delle prime edizioni delle opere complete dell'Alighieri si determinò un processo di studi e ricerche erudite al fine di una più completa visione storico-biografica della personalità e degli scritti danteschi. Uno dei primi contributi del Settecento alla rivalutazione della poesia di Dante è il *Della ragione poetica* (1708) di GIAN VINCENZO GRAVINA, per il quale la cultura del Fiorentino è superiore a quella degli antichissimi poeti-teologi, perché egli volle «la sua poesia consecrare colla religione e colla teologia rivelata e celeste, molto più degna della naturale de' filosofi e de' primi poeti». Importanti sono anche: i numerosi studi, uniti alla stampa di opere minori di Dante, di ANTONIO MARIA BISCIONI; le indagini contenute nella *Serie degli aneddoti su Dante* e in vari altri scritti di GIAN GIACOMO DIONISI, col quale si apre una più moderna esplorazione storico-filologica del *corpus* dantesco attraverso un minuzioso esame di quanto potesse ricollegarsi con la vita e con l'opera del poeta; le *Memorie per servire alla vita di Dante e alla storia della sua famiglia* di GIUSEPPE PELLI, con cui si rivolge una più critica attenzione alla ricostruzione delle vicende biografiche dell'autore. Anche LUDOVICO ANTONIO MURATORI si occupò di Dante, ma gli parve oscuro e che si fosse servito di «parole e modi di dire che oggidì riescono pedantesche e rozze».

Il Settecento porta ad una ripresa cosciente dell'ammirazione per l'Alighieri soprattutto con due personalità di grande rilievo, il Vico e l'Alfieri. GIAMBATTISTA VICO, nel suo processo di rivalutazione dell'arte « primitiva », vede in Dante il « toscano Omero » e lo esalta per il vigore delle passioni e la potenza della fantasia, in cui scopre gli elementi primi della sua poesia al di fuori dei motivi eruditi e dottrinali. Oltre che nell'opera maggiore, la *Scienza nuova* (1730 e 1734), il Vico espone le sue teorie dantesche nel *Giudizio sopra Dante* e nella famosa lettera a Gherardo degli Angioli. Per il filosofo, in particolare, Dante è grande perché visse e fiorì in un periodo di « barbarie ritornata », e sui « primitivi » sentimenti del suo tempo, fieri e appassionati (e quindi, secondo l'estetica vichiana, favorevoli alla nascita della poesia), egli seppe realizzare la sua creazione così come Omero la realizzò nel « medioevo » ellenico. Ecco come il Vico riepiloga il carattere eccezionale di Dante: « Primo, altezza d'animo, che non cura altro che gloria ed immortalità, onde disprezzi e tenga a vile tutte quelle cose che ammiransi dagli uomini avari, ambiziosi, molli, delicati e di femmineschi costumi. Secondo, animo informato di virtù pubbliche e grandi soprattutto di magnanimità e di giustizia ». E queste *concezioni* il Vico tenne presenti nella lettura della *Commedia*, di cui, precorrendo il gusto romantico, preferisce i canti ove i protagonisti sono personaggi agitati da forti passioni: Francesca, Farinata, Ugolino, mentre ebbe riserve sulle parti filosofiche e dottrinali e su tutto il *Paradiso*, anticipando, anche in questo, un diffuso atteggiamento della successiva critica romantica.

VITTORIO ALFIERI rimase affascinato soprattutto dall'altezza morale e dall'impegno civico dell'Alighieri, del quale esaltò la capacità di « altamente pensare » e di « robustamente scrivere », nonostante che dall'oppressione e dalla necessità fosse costretto « d'andare ramingo ». Colpirono l'Alfieri, in modo particolare e in conformità con i suoi gusti poetici, le forti invettive, i vivaci dialoghi, le sentenze morali, le indagini psicologiche. E, come il Vico, predilesse l'*Inferno*, con gli episodi di Francesca e d'Ugolino, di Farinata e di Cavalcante; il *Purgatorio* attirò il suo interesse più del *Paradiso*. L'Alfieri non solo si occupò di Dante nell'*Estratto di Dante*, cioè della *Commedia* (nel quale intendeva trascrivere i versi « belli per armonia, o per l'espressione, o per il pensiero, o per la stravaganza »), ma lo ebbe più volte presente: dal sonetto *O gran padre Alighier* al trattato *Del Principe e delle lettere*.

È da ricordare, infine, che quasi negli anni del Vico, e in ideale continuità col suo pensiero, fuori d'Italia, JOHANN JAKOB BODMER, in un saggio pubblicato su una rivista di Zurigo nel 1763, scriveva, in modo e con argomenti ben più validi di quelli della *Difesa* del Gozzi, la miglior risposta che sia stata data non solo alle *Lettere virgiliane* del Bettinelli, ma a tutte le infinite critiche degli infiniti «vanitosi censori» che da secoli si andavano sforzando con i più diversi equilibrismi per contrastare la grandezza di Dante. In questo saggio il Bodmer rilevava fra l'altro che fonte della poesia di Dante erano anche la morale e la teologia, oltre che le passioni umane, e che nell'esposizione dei fatti il poeta aveva seguito regole proprie, le quali non erano né irregolari né «gotiche», ma originali. In questa prospettiva lo studioso svizzero arriva ad affermazioni che precorrono idee dei nostri tempi, come ad esempio quelle sulla poesia del *Paradiso*: «Anche i pezzi mistici, che egli [Dante] offre nel *Paradiso*, concernevano oggetti di cui i sottili dotti del suo tempo si occupavano ogni giorno nelle loro celle e nelle loro stanze da studio. Chi nel *Purgatorio* o nel *Paradiso* cerca passioni e rapimenti come quelli che si trovano nella Francesca e nel conte Ugolino, chiede qualcosa di cui il poeta qui non voleva parlare. [...] Chi trova assurdità nella serietà dogmatica, e si duole che Dante non abbia usato il proprio genio per gettarlo nella tragica irrequietezza delle turbolente passioni, deve sapere che il poeta non si è mai proposto di conciliarsi questa sorta di lettori. Io lo rimando agli eroi da teatro, che nel massimo grado dei dolori assordano la scena col loro insensato gridare, si ambasciano come femmine e piangono come bambini. Dante sapeva che l'uomo è abbastanza piccolo, abbastanza infelice, abbastanza debole, da non doversi spargere incenso dinanzi alla sua stoltezza quasi sia una virtù» (trad. di B. Croce). Sono giudizi e conclusioni ben più profonde di quanto affermava allora uno straniero tanto più famoso del Bodmer, ma di lui tanto più superficiale nell'accostarsi al mondo di Dante, il Voltaire, per il quale la *Commedia* sarebbe un guazzabuglio che rivela la personalità gotica e barbarica dell'Alighieri.

L'OTTOCENTO

Vico e Alfieri precorrono quel clima di profonda ammirazione con cui l'Ottocento romantico – definito il «secolo di Dante» – si accosta allo studio dell'opera complessiva dell'Alighieri. All'origine di questa straordinaria ripresa del culto di Dante stanno due motivi, che, già in parte affiorati nel Settecento, si affermano decisamente fra la fine del secolo XVIII e l'inizio del XIX: l'esaltazione della personalità individuale e la diffusione della mentalità storicistica. In questa atmosfera colpisce del poeta fiorentino, ora come non mai, la grandezza morale e politica, mentre nella sua opera si scopre la potenza di un genio artistico che, con assoluta libertà di sentimento e di gusto, seppe accogliere ed esprimere tutto ciò che di più tipico aveva avuto la civiltà medievale: e di questa civiltà la *Divina Commedia* appare, ora, una delle espressioni più rappresentative, la « vera epopea artistica del Medioevo cristiano e cattolico », secondo la definizione di Hegel. Ma c'è di più: in Italia, nel clima patriottico del primo Ottocento, Dante è sentito alfiere del sentimento e degli ideali nazionali, profeta e padre del Risorgimento.

Già all'inizio del secolo FRANCESCO TORTI nel suo *Prospetto del Parnaso italiano* (1806), in un capitolo dedicato a Dante, in vivace polemica col Bettinelli e in chiara consonanza con posizioni vichiane e preromantiche, si diffonde nel mettere in evidenza quanto la *Commedia* sia opera originale e pervasa da forte passionalità: un'opera che deve tutto alla grande personalità dell'Alighieri e alle vicende storiche in cui egli si trovò a vivere e che divennero motivo di fondo del suo canto. « Dante – scrive il Torti – andò errando per l'Italia e per la Francia cercando un asilo contro la rabbia de' suoi persecutori ed un ricovero contro le ingiustizie della sorte. Il suo coraggio lo sosteneva, ma la sua bile s'infiammò. Fu allora ch'egli scrisse il celebre poema della *Divina Commedia*, in cui egli prende occasione d'esalare tutta l'amarezza di un cuore esulcerato da tante ferite. [...] Tutto ciò che l'ignoranza e la barbarie, gli odi civili, l'ambizione, l'ostinata rivalità del trono e dell'altare, una politica falsa e sanguinaria ebbero mai d'odioso e di detestabile, tutto entrava naturalmente nel piano che il poeta si era proposto. Il colorito e la tinta di questi differenti oggetti è sempre proporzionato alla loro nerezza, ed il suo pennello non comparisce mai tanto sublime quanto allorché tratteggia fieramente gli orrori accumulati in quel funesto periodo sulla metà dell'occidente cristiano ».

Nella nuova congerie spirituale che caratterizza il primo Ottocento, UGO FOSCOLO col *Parallelo fra Dante e Petrarca* (1823) e col *Discorso sul testo della « Divina Commedia »* (1825) dà un impulso determinante a tutto il processo di rivalutazione e d'ammirazione per l'opera e la personalità dell'Alighieri. Nel *Parallelo* il confronto fra i due poeti è fatto su motivi ben diversi da quelli essenzialmente formali a cui ci si era riferiti nel passato; per il Foscolo Dante e Petrarca rappresentano due diversi ideali di poesia, che egli sentiva presenti nella sua anima: mentre il Petrarca dalle molteplici esperienze della vita approda all'effusione poetica e in questa s'indugia contemplando la morte e anelando ad una pace che il mondo non può dargli, Dante è il poeta-vate, che «come tutti i poeti primitivi, è lo storico dei costumi del suo tempo, il profeta della sua patria e il pittore dell'uman genere; ed eccitando tutte le facoltà dell'anima, le chiama a riflettere sopra tutte le vicissitudini dell'universo». Nel *Discorso* il Foscolo si dedica ad illustrare la poesia e il linguaggio della *Commedia*, con finissime interpretazioni artistiche di singoli episodi, ed insieme a scrutare la missione che Dante si sente assegnata. Tramontato il sogno di una restaurazione imperiale, l'Alighieri avrebbe posto «tutta la mente e l'ardire, e la generosa ferocia a far divino il Poema. Allora forse i tratti più caldi su le calamità dell'Italia, e le riforme della religione furono scritti; e sentiva ch'ei non aveva da aspettarsi di rivedere Firenze, se non per decreti della provvidenza e della vittoria. Allora non che stimarsi esiliato, esiliava la sua patria da sé; ed ascoltava più forte il comando e le ispirazioni d'adempiere ad una celeste missione. La sua fantasia concitata dalle sventure, e dalle passioni, e dal secolo, congiurò col suo grande intelletto a raffermarlo nell'opinione ch'ei fosse predestinato a rinnovare la Chiesa».

Alle concezioni foscoliane si sarebbero successivamente ricollegati uomini di diversi indirizzi artistici e politici, da Giuseppe Mazzini a Vincenzo Gioberti, da Francesco Domenico Guerrazzi a Niccolò Tommaseo, e moltissimi altri. L'interpretazione «ghibellina» data dal Foscolo al poema, viene ripresa, ad esempio, da GABRIELE ROSSETTI che, in vari saggi, la esaspera al punto da considerare il ghibellinismo una carboneria medievale, i cui affiliati – che si servivano di un loro linguaggio segreto – sarebbero stati i poeti, dai siciliani agli stilnovisti: così quando scrivevano «amore» intendevano «Roma», per «donna» intendevano «potere imperiale», per «salute» «imperatore», per «Dio» «impero». Nel filone ghibellino si pongono anche GIOVAN BATTISTA NICCOLINI, attento soprattutto alle questioni linguistiche suscitate dal *De vulgari eloquentia* e dalla *Commedia*, e FRANCESCO DOMENICO GUERRAZZI, che vede il maggior valore della poesia di Dante nell'espressione delle passioni di un animo vigoroso e drammatico. Per GIUSEPPE MAZZINI lo studio dell'Alighieri riscatta il popolo «dall'infiacchimento che tre secoli d'inezie e di servilità hanno generato e mantengono », e Dante avrebbe presentito l'unità nazionale, schierandosi da guelfo bianco « con l'elemento della nazione futura » e poi inclinando a divenire guelfo ghibellino.

A queste interpretazioni dei « neoghibellini » risposero i « neoguelfi », fra i quali grande fortuna ebbero gli scritti di CARLO TROIA e di CESARE BALBO: il primo nel *Veltro allegorico di Dante* (1825), opera di vasta e profonda erudizione, cercò di dimostrare che il veltro dantesco impersonificava Uguccione della Faggiuola; il secondo, autore di una *Vita di Dante* (1839), esaltò il guelfismo di Dante e ne condannò il passaggio all'ideologia ghibellina. Anche VINCENZO GIOBERTI in vari suoi scritti, dalle *Chiose alla Commedia* (1821-23) al *Rinnovamento civile d'Italia* (1851), si rifece più volte all'Alighieri, la cui grandezza poetica vide soprattutto nel vigore della fantasia creatrice. In Dante, « l'Omero della letteratura cristiana », il Gioberti nota la presenza dei tre elementi fondamentali della civiltà italiana: il romano, il barbarico, il cristiano; e afferma che il poeta, dopo essere stato un fiducioso esaltatore del primato papale, successivamente accettò l'interpretazione laica che distingue nettamente il potere spirituale da quello temporale.

Come si vede, nella critica dantesca del clima romantico del primo Ottocento si riflettono le passioni politiche del momento e gli ideali di un risorgimento culturale e civile: motivi che, nella lettura del testo di Dante, sviano assai spesso dall'interesse puramente critico ed estetico, deformando, in definitiva, la stessa figura del poeta. Immuni da tali preoccupazioni politiche e nazionali sono gli studiosi e i pensatori stranieri che si rivolgono all'esame dell'opera di Dante. Le loro interpretazioni sono quindi aperte a problemi di più vasto orizzonte e destinate ad ulteriori sviluppi. Ci limitiamo a ricordare come il filosofo tedesco G. W. FRIEDRICH HEGEL, in alcune delle sue più penetranti pagine critiche, le *Lezioni sull'estetica* (*Vorlesungen über die Aesthetik*, 1836-38), mentre considera la *Commedia*, come abbiamo già detto, la vera epopea artistica del Medioevo cristiano e cattolico, pone in risalto l'umanità e la poesia dei personaggi danteschi: « quali gli individui erano, nel loro fare e patire, nelle loro intenzioni e nelle loro realizzazioni, così sono qui per sempre, pietrificati come statue di bronzo ». Geniali anche le intuizioni del francese ABEL-FRANÇOIS VILLEMAIN che nel *Tableau de la littérature au Moyen Age* (1828) individua la posizione di Dante nella civiltà medievale, e nello stesso tempo ne pone in risalto il valore personale sul piano della costruzione artistica. Ricordiamo, infine, il contributo di un altro francese, studioso del Medioevo, CLAUDE FAURIEL, i cui saggi e le cui lezioni su Dante furono raccolti nel volume postumo *Dante et les origines de la langue et de la littérature italiennes* (1854), nel quale fra l'altro risultano posti nel giusto rilievo i rapporti fra l'ambiente storico e culturale e la ricchezza individuale della fantasia e dell'arte del poeta.

Tornando alla produzione italiana dell'Ottocento converrà ricordare, oltre alle opere di cui abbiamo parlato sopra, numerosi commenti alla *Commedia* composti lungo l'intero arco del secolo, come quelli di Niccolò Biagioli, Paolo Costa, Raffaele Andreoli, Pietro Fraticelli, Giambattista Giuliani, Brunone Bianchi. Fra tutti si distingue però quello di NICCOLÒ TOMMASEO: un commento a cui lo scrittore dalmata attese per trentacinque anni (dalla prima edizione del 1837, attraverso successivi rifacimenti, alla ristampa del 1869), lasciando un'opera di acuta sensibilità, ricca nell'interpretazione filologica, storica e filosofica, finissima nelle osservazioni estetiche.

Ma un'interpretazione estetica veramente organica si ha, nella seconda metà dell'Ottocento, soltanto con FRANCESCO DE SANCTIS, i cui scritti danteschi, culminanti nella *Storia della letteratura italiana* (1870), costituiscono, secondo una definizione crociana, una vera « pietra miliare ». Già in momenti precedenti, come nelle lezioni tenute a Torino (1853-55) e soprattutto in quelle di Zurigo (1856-59), il De Sanctis aveva indicato quale sarebbe stato il suo scopo nella lettura del poema: la ricerca della poesia: « La *Commedia* non è scienza, né storia, ma poesia. [...] Dante ha avuto i suoi mille antiquari e filologi: non è egli tempo che nella grande poesia si cerchi la poesia, cioè quello per cui Dante è immortale? ». Con questa ricerca il critico vede nella *Commedia* due mondi in contraddizione: da una parte quello astratto e intenzionale dell'allegoria politico-morale-religiosa, e dall'altro quello concreto della vita e delle passioni reali: e il dualismo farebbe sì che il poema, sul piano artistico, non risulti del tutto armonico e realizzato. A questa distinzione è collegata anche la valutazione finale che il De Sanctis dà delle tre cantiche. Mentre, infatti, in un primo tempo giudicò fatica vana il volere « porre a ragguaglio » una cantica con l'altra, perché per la loro intrinseca differenza di concetti, e quindi di forme, si tratta di « tre mondi, tre poemi, tre poesie diverse », successivamente, sviluppando motivi vichiani e romantici – quale quello della « barbarie » sentita come ricchezza di passioni, di forza, di poetiche immaginazioni − e ricercando nell'arte la creazione di potenti individualità, la rappresentazione d'immagini piene e vigorose, la manifestazione di gagliardi ideali, in sostanza l'espressione del mondo concreto e della realtà viva, il De Sanctis arriva ad una netta preferenza per l'*Inferno*, pronunziando distinzioni ed affermazioni conclusive e nette come le seguenti: « Nell'Inferno la vita terrena è riprodotta tal qual, essendo il peccato ancor vivo, e la terra ancora presente al dannato. Il che dà all'*Inferno* una vita piena e corpulenta, la quale, spiritualizzandosi negli altri due mondi, diviene povera e monotona. [...] L'*Inferno* ha una vita più ricca e più piena ed è dei tre mondi il più popolare. [...] L'*Inferno* è il regno della carne, che scende con costante regresso fino a Lucifero. Il Purgatorio è il regno dello spirito, che sale in grado sino al Paradiso. [...] Il Paradiso è il regno dello spirito, venuto a libertà, emancipato dalla carne e dal senso, perciò il soprasensibile, o come dice Dante, il transumanare, il di là dall'umano. Ecco il mondo della filosofia che Dante volea realizzare in terra, il regno della pace, dove intelletto, amore e atto sono una cosa ». − Tutti i numerosi scritti desanctisiani su Dante si possono ora leggere nella raccolta *Lezioni e saggi su Dante*, curata da S. Romagnoli (1955).

IL NOVECENTO

I temi critici e le valutazioni estetiche del De Sanctis non trovarono sviluppo fra gli studiosi di Dante negli ultimi decenni dell'Ottocento e nei primi del Novecento, quando, in conformità col nuovo dominante clima positivistico, si ebbero, sì, moltissimi studi, e spesso di grande valore, ma rivolti alla ricostruzione del testo della *Commedia* e delle altre opere dantesche, all'indagine dei vari aspetti culturali del poema e all'illustrazione della vita, della personalità e dell'ambiente del poeta. Il maggior contributo fu portato, appunto, dai critici della « scuola storica », così detta perché intendeva accostarsi all'opera d'arte attraverso uno studio approfondito e documentato delle circostanze storiche e dei diversi elementi cronologici, biografici, politici, culturali, comunque in rapporto con essa, e attraverso un esame scientifico della tradizione del testo. Le finalità della critica storica nei riguardi dell'opera dell'Alighieri così furono più tardi riassunte da uno dei massimi dantisti del Novecento, Michele Barbi: « Raccogliere i documenti della vita di Dante; prendere in diligente esame i manoscritti delle sue opere, per fissare il testo genuino di esse; studiare la storia e la scienza di quell'età, per mettersi in grado d'intendere il pensiero e il sentimento del poeta; pubblicare le esposizioni antiche della *Commedia* per servirsi della testimonianza dei contemporanei come di fondamento e riscontro delle indagini nuove».

Fra i maggiori esponenti della «scuola storica» ricordiamo: ALESSANDRO D'ANCONA, GIOSUE CARDUCCI, DOMENICO COMPARETTI, TOMMASO CASINI, ISIDORO DEL LUNGO, FRANCESCO D'OVIDIO, NICOLA ZINGARELLI, ADOLFO BARTOLI, PIO RAJNA, FRANCESCO TORRACA. Ad essi vanno aggiunti alcuni stranieri: EDWARD MOORE, KARL WITTE, PAGET TOYNBEE, GIOVANNI SCARTAZZINI; e più tardi ERNESTO GIACOMO PARODI e MICHELE BARBI, il dantista «principe» del primo Novecento, animatore e coordinatore per lungo tempo in Italia degli studi sull'Alighieri, e al quale la Società Dantesca affidò nel 1893 la direzione del «Bollettino», sostituito poi da «Studi danteschi», la più autorevole rivista dantesca, che ancora si continua a pubblicare in Italia; ma dell'opera del Barbi parleremo più avanti.

Contemporaneamente alla scuola storica, anche se con minor numero di seguaci, si sviluppa, fra la fine dell'Ottocento e i primi del Novecento, la «scuola allegorica», impegnata in un tentativo d'interpretazione unitaria del mondo di Dante. Massimo rappresentante ne è GIOVANNI PASCOLI: ma opera di poeta, più che lavoro di critico nel senso comune, sono da considerarsi i suoi studi: *Minerva oscura, Sotto il velame, Mirabile visione* (1898-1902). In essi, che sono un'ulteriore espressione di quell'ansia d'indagine del mistero tipica dello spirito e della lirica del Pascoli, attraverso uno sforzo di decifrazione di alcune delle fondamentali allegorie, si tenta di afferrare l'essenza profonda del poema e dell'intera produzione dantesca. Ma i risultati sono limitati: «suggestioni romantiche e positivistiche, simbolismo decadente e un certo gusto e tendenza misteriosofica inducono il Pascoli e la scuola allegorica del primo Novecento alla ricerca di significati simbolici reconditi, spesso assai complessi e ingegnosi, che, mentre trovano una motivazione generica di fondo nella struttura indubbiamente allegorica del poema, si discostano poi da esso per una frequente sovrapposizione di intenzioni e significati che essi muovono in un'atmosfera spirituale e ideologica alquanto lontana da quella che la scienza storica e filosofica vanno accertando come propria di Dante e del suo tempo» (Barberi Squarotti-Jacomuzzi). Fra quanti si posero, almeno in parte, sulla scia del Pascoli, ricordiamo Luigi Valli (*Il segreto della Croce e dell'Aquila nella Divina Commedia*, 1922; *La chiave della Divina Commedia*, 1925; *Il linguaggio segreto di Dante e dei fedeli d'Amore*, 1928) e Luigi Pietrobono (*Il poema sacro*, 1915; *Dal centro al cerchio*, 1923; il commento alla *Commedia*, 1923).

Alle impostazioni culturali del positivismo si ricollega invece, nei primi anni del Novecento, la grande e geniale monografia del tedesco Karl Vossler, *La « Divina Commedia» studiata nella sua genesi e interpretata* (*Die Göttliche Komödie. Entwicklungsgeschichte und Eklärung*, 1907-10), dove è studiato il mondo culturale che fa da sfondo alla composizione della *Commedia* vista sotto l'aspetto religioso, filosofico ed etico-politico, nel tentativo di unire alla ricerca storico-culturale quella estetica. La vasta indagine, ricca di notevoli intuizioni sulla civiltà del Medioevo e sull'opera e la personalità di Dante, ha favorito ulteriori approfondimenti negli studi danteschi successivi.

Dieci anni dopo la comparsa del libro del Vossler, nel 1921, anno centenario della morte di Dante, uscirono due contributi di fondamentale valore per lo studio dell'opera dell'Alighieri. Il primo è l'edizione, promossa dalla «Società Dantesca Italiana», del testo critico di tutte le opere di Dante, ricostruito sul confronto e l'esame delle varianti dei diversi codici esistenti, per opera di una schiera di studiosi diretti dal Barbi: E. G. Parodi, F. Pellegrini, P. Rajna, E. Rostagno, E. Pistelli, G. Vandelli. Con questa edizione, che degnamente coronava l'attività della scuola storica, i testi della *Commedia* e delle altre opere di Dante, purificati dalle corruzioni degli antichi amanuensi e delle più diverse pubblicazioni a stampa, riacquistavano il vigore e il colorito di quelli che devono essere stati gli originali dell'Alighieri.

L'altro contributo, destinato a modificare notevolmente indirizzi e concezioni nel campo della critica dantesca, è *La poesia di Dante* di Benedetto Croce. Presentato con l'intento apparentemente modesto di offrire «un'introduzione metodologica alla lettura della *Commedia* e insieme come un saggio di quella lettura condotta con semplicità, libera da preoccupazioni estranee», il libro venne a proporre un modo di valutare il poema dantesco del tutto nuovo, specialmente con l'impostazione di due temi di fondamentale importanza. Il primo è che Dante è soprattutto «poeta», e che quindi soltanto sotto questo aspetto egli deve essere considerato e valutato: perciò vengono a perdere di valore le molteplici questioni e ricerche effettuate nelle età precedenti sulla vita dell'autore, le fonti del poema, le indagini sulle cognizioni filosofiche e scientifiche, le idee religiose e politiche di Dante, ecc. Il secondo è il tema del rapporto fra « struttura » e « poesia », ossia fra ciò che nella *Commedia*, per il Croce, è costituito da un enorme complesso di conoscenze scientifiche e religiose, di ideali politici e morali, di costruzioni allegoriche e di esigenze didascaliche (elementi tutti strutturali e non estetici), e ciò che invece è veramente trasfigurazione di sentimenti in immagini: cioè quelle zone liriche in cui lo scrittore, libero da preoccupazioni dottrinali, impegni allegorici e finalità morali, è riuscito ad esprimere con efficacia e limpidezza il suo intimo e personale sentire sugli uomini, le cose, la storia. In questa prospettiva, mentre sotto il riguardo estetico si compie una svalutazione di tutto il mondo religioso, filosofico, allegorico, politico, culturale ecc. – del quale il critico non dovrebbe tener conto, in quanto il suo compito è la ricerca della poesia, « sintesi a priori di sentimenti e di intuizioni » –, sotto il profilo dell'unità artistica della *Commedia* si viene a scindere il poema in due zone ben diverse e distinte: da una parte c'è il 'romanzo teologico', dall'altra le 'poesie o gruppi di poesie'. « Si potrebbe forse – scrive il Croce – acconciamente chiamare, questo lavoro compiuto da Dante, un ' romanzo teologico ' o ' etico-politico-teologico ', in analogia dei romanzi ' scientifici ' o ' socialistici ', che si sono scritti in tempi a noi vicini e si scrivono ancora, il fine dei quali è divulgare e rendere altrui accetto e desiderabile qualcosa che si crede o si desidera, presentandolo con l'aiuto dell'immaginazione. [...] Mutati i tempi e gli interessi degli uomini, diventate le scienze naturali e le disquisizioni sociologiche ciò che un tempo furono la teologia e i problemi della salvazione dell'anima, romanzi teologici ora non se ne compongono più; ma parecchi se ne composero nel corso del Medioevo (tra i quali sono in parte da annoverare le così dette ' visioni '), e questo di Dante fu di gran lunga il più ricco di tutti, il più grandioso e meglio architettato, sebbene non l'ultimo ». E altrove: « L'unità vera della poesia dantesca è lo spirito poetico di Dante, del Dante della *Commedia*, e non quella complessiva del volume suo. [...] Per determinare quale sia, nei suoi tratti distintivi, questo spirito poetico di Dante, il cammino più corto e più proprio è quello di ripercorrere le tre cantiche procurando di passare in rassegna le principali poesie o gruppi di poesie, che esse contengono, e venirne notando la varia ispirazione e modulazione ».

Il saggio del Croce ebbe ben presto molta fortuna, tanto da influire, ad esempio, sullo stesso Vossler, che ripubblicò il suo grande saggio in una seconda edizione profondamente modificata sotto la suggestione delle idee estetiche del filosofo italiano. Certo è che della *Poesia di Dante* passarono inosservati non pochi e gravi limiti, come il disinteresse per il fondamento religioso e medievale del poema, la limitata comprensione di alcuni dei passi più alti e complessi, la disinvoltura nell'isolare parti che pure sono unite da un legame interiore, certi pregiudizi laici nel trascurare il significato cristiano dell'intero *corpus* dantesco ecc. Ora, sebbene tutti questi siano stati anche alcuni dei caratteri e delle predilezioni della critica dantesca fino verso la metà del secolo, intorno alla tesi del Croce sulla distinzione fra struttura e poesia non tardò a delinearsi una polemica sempre più vivace, e destinata ad approfondire con esiti sostanzialmente utili un'ulteriore conoscenza del mondo e dell'arte di Dante. È impossibile qui fermarci ad indicare i diversi interventi sia di quanti accettavano e portavano alle più varie conseguenze la distinzione fra struttura e poesia, sia di quanti, in una superiore visione unitaria, cercavano di porre in luce il valore poetico anche di quelle zone (e nel complesso la terza cantica) che il dualismo crociano, struttura-poesia e poesia-non poesia, sembrava estromettere dalla valutazione estetica. Ci limiteremo a ricordare gli interventi del Russo, del Barbi e del Sapegno.

Luigi Russo compose i suoi scritti danteschi più importanti negli anni immediatamente successivi alla comparsa della *Poesia di Dante* del Croce: fra di essi si segnalano l'ampio saggio *Il problema della genesi e dell'unità della « Divina Commedia »* (1926), che entra nel vivo delle discussioni sul rapporto struttura-poesia, e i successivi *Problemi di metodo critico* (1929). Il Russo, superando la rigida distinzione crociana, afferma che la struttura, il così detto « romanzo teologico » non è « nient'altro che la poetica, la filosofia, la religione, la si chiami come si vuole, che c'è nella poesia di tutti gli artisti, anche del poeta più lirico e più aereo; quella struttura è il mondo storico dell'artista in cui la poesia si spiega, e senza di essa la poesia non potrebbe affermarsi attualmente ». Con questa visione di una poesia intimamente alimentata di storia, di dottrina, di passioni politiche e sociali, è naturale che se la *Commedia* presenta parti incidentali « rimaste sorde alla poesia », quelle parti « non vivono come ' struttura ', come ' schemi di comodo ', ma sono soltanto le parti opache, che mai mancano anche nei più alti capolavori. Quello che è sordo poeticamente, è segno che è poco felice anche strutturalmente ».

MICHELE BARBI — a cui già abbiamo accennato come esponente della « scuola storica » e della cui vastissima attività di studioso di Dante ricordiamo: *Studi sul Canzoniere* (1913), *Problemi di critica dantesca* (1934-41), *Con Dante e i suoi interpreti* (1940), *Dante. Vita, opere e fortuna* (1940) — trova una saturazione del dissidio struttura-poesia nel considerare la genesi del poema come unitaria immagine del reale e dell'uomo sottoposti alla « Divina Provvidenza »: « Nello spirito di Dante — afferma il critico in *Poesia e struttura nella Divina Commedia* (ora in *Problemi fondamentali per un nuovo commento della D.C.*, 1956) — il poema sorge non per un interesse generico destato in lui dalla vita dell'oltretomba [...], ma da ideali religiosi e politici concreti, suscitati dalla condizione in cui si trovava l'umanità ai suoi tempi; onde quello che è rappresentato via via nel poema di vivo, di umano, di terreno, non è in contrasto, ma è anzi in perfetta corrispondenza col suo vero concepimento. [...] Venire in contatto, durante il viaggio pei mondi ultraterreni, con spiriti d'ogni tempo e d'ogni condizione per rievocare quello che nella storia dell'umanità o nelle forme e vicende della vita, paresse più interessante, non fu quindi pensiero posteriore del genere poetico, ma è implicita necessità della stessa invenzione primordiale: Dante va per disposizione divina all'altro mondo, per sapere la sorte di questo qua e procurarne la salute, e materia del suo poetare non sono tanto i terrori, le speranze, le gioie dei tre regni ultraterreni quanto quella visione che la Provvidenza vuole ch'egli abbia della nostra vita, che più largamente si riflette, e si può per conseguenza meglio conoscere di là ».

NATALINO SAPEGNO si è occupato a più riprese di Dante e della *Divina Commedia*, dal *Compendio di Storia della letteratura italiana* (1936) al commento alla *Commedia* (1955-57), alla *Storia letteraria del Trecento* (1963), al *Dante Alighieri* nel secondo volume della *Storia della letteratura italiana* (1965, diretta con E. Cecchi), ecc. La visione del Sapegno sul problema struttura-poesia è decisamente contraria a quello del Croce, in quanto egli vede che la *Commedia* è « concepita con un'unità rigorosamente concettuale ad un tempo e fantastica ». L'esame concreto del libro nel suo complesso e la ricostruzione della sua genesi compositiva mostrano che « l'architettura nasce e si sviluppa in stretta e costante connessione con il contenuto poetico e con gli strumenti della tecnica narrativa e drammatica dello scrittore. [...] La poesia degli episodi che apparentemente si presentano come più autonomi e svincolati dal «romanzo teologico», si complica in realtà di più o meno esplicite ragioni morali e richiede, ad esser bene intesa, un'attenzione assidua alla struttura. E, inversamente, il vigore e l'intensità di una fantasia naturalmente predisposta a tradurre in termini sensibili e corposi anche i dati più intellettuali ed astratti della sua esperienza, intervengono dovunque a colorire poeticamente ogni minimo particolare della trama compositiva e perfino le zone più scopertamente didascaliche e allegoriche».

Naturalmente la critica dantesca degli ultimi cinquant'anni non si è esaurita entro i limiti di uno schieramento di plauso o di opposizione al Croce. Tanti sono stati, e ben validi, i temi nuovi affrontati in questo lasso di tempo, ma che in un profilo sintetico come il nostro non è possibile presentare con sufficiente completezza. Siamo quindi costretti a ricordare soltanto alcuni dei maggiori contributi, sottolineando subito come non pochi di essi, e fra i più significativi, si devono a studiosi stranieri. Fra questi occorre citare in primo luogo il tedesco ERICH AUERBACH che nel corso di un trentennio ha pubblicato una serie di saggi che hanno condizionato l'ulteriore svolgimento dell'esegesi dantesca: da *Dante poeta del mondo terreno* (*Dante als Dichter der irdischen Welt*, 1929), al saggio *Figura* apparso nel 1938 sulla rivista «Archivium Romanicum», a *Mimesis*, 1946 (trad. it. 1956), a *Lingua letteraria e pubblico nella tarda antichità latina e nel Medioevo* (*Literatursprache und Publikum in der Lateinischen Spätantike und im Mittelalter*) del 1958. Fra le concezioni più personali dell'Auerbach vi è quella della «figura», per cui le varie componenti del racconto della *Commedia* – personaggi, situazioni, vicende, – sono intese come *umbra futurorum*: annuncio storico, cioè, e prefigurazione (figura) di un altro avvenimento di ordine mitico-religioso: un assoluto e un eterno in cui s'integrerà e si compirà il primo; ad esempio, la libertà ' storica ' per cui Catone ' rifiutò la vita ' è la prefigurazione della libertà ' cristiana '. Da ciò deriva un modo nuovo di guardare il rapporto fra poesia e allegoria, di valutare la prospettiva storica, gli elementi dottrinali, ed anche una nuova visuale stilistica. Notevole anche la raccolta di saggi del filosofo e teologo tedesco, di origine italiana, ROMANO GUARDINI, il quale, partendo da un'ampia trattazione sulla natura degli angeli, giunge ad acute osservazioni su molteplici elementi della *Commedia* nel volume *Der Engel in Dante Göttliches Komodie* (1951).

Fra i numerosi dantisti francesi si nota una particolare attenzione all'esame dei rapporti di Dante col mondo antico: dal *Dante disciple et juge du monde gréco-latin* (1944) di PAUL RENUCCI, al *Dante sous la pluie de feu* (1950) di ANDRÉ PÉZARD e al *Dante humaniste* (1952) di AUGUSTIN RENAUDET. Ma ancora più rilevante è stato lo sviluppo degli studi danteschi nel mondo anglosassone. Dopo i lavori rivolti soprattutto a ricerche testuali ed erudite degli inglesi EDWARD MOORE, i cui saggi danteschi più importanti sono raccolti nei quattro volumi di *Studies in Dante* (1896), e PAGET TOYNBEE, al quale oltre che un *Dizionario di nomi propri e delle cose notevoli nelle opere di Dante* (1898; successivamente riveduto e condensato in un *Breve dizionario dantesco*, 1914), si deve un'opera veramente monumentale, di rigorosa e vastissima documentazione, il *Dante in English Literature from Chaucer to Cary* (1909), l'interesse si è indirizzato in modo speciale all'esegesi simbolico-allegorica, in cui si è imposta, per la ricchezza e la sensibilità delle intuizioni e delle osservazioni, l'opera del grande poeta e drammaturgo statunitense THOMAS STEARNS ELIOT. L'influenza di Dante su Eliot è stata notevole per tanta parte della sua attività, come egli ebbe a dire in una conferenza tenuta nel 1950, *Quello che io debbo a Dante*, ora nel volume postumo *To criticise the Critic*. Lo scritto dantesco più importante dell'Eliot, *Dante* (1929) – il cui scopo era quello di « persuadere il lettore innanzi tutto dell'importanza di Dante quale maestro, potrei finanche dire *il* maestro, per un poeta che scriva oggi in qualsiasi lingua » – studia con acutezza la posizione della poesia dell'Alighieri nella sensibilità e nella cultura medievale. Ricordiamo, infine, il maggiore dantista americano degli ultimi anni, CHARLES SOUTHWARD SINGLETON, a cui si devono profonde ed originali osservazioni specialmente sulla *Vita Nuova* e sulla *Commedia*. In *An Essay on the « Vita Nuova »* (1949) il Singleton interpreta il « libello giovanile » come « vangelo di Beatrice », cioè come libro sacro inteso a rappresentare e celebrare Beatrice quale nuova incarnazione e ipostasi di Dio, *figura Christi*. Nei *Dante studies*. I. *Commedia. Elements of Structure* (1957); II. *Journey to Beatrice* (1958), procedendo ad una ricostruzione di tutta la struttura del poema sulla base di un'interpretazione allegorica suffragata dalla più accurata conoscenza dei testi e del mondo del poeta, illustra la *Commedia* come duplice « viaggio » di Dante a Beatrice e a Dio, e contemporaneamente di ogni uomo dal peccato alla verità e alla salvezza.

Osservando ora in sintesi la vasta produzione di critica dantesca

I. PROFILO DI STORIA DELLA CRITICA DANTESCA

sviluppatasi in Italia durante gli ultimi decenni, troviamo che fra i temi più ampiamente discussi, specie nei riguardi del *Paradiso*, c'è quello del rapporto tra « teologia » e « poesia », due termini che da secoli ricorrono, quasi inscindibile binomio, come motivi di una completa valutazione del poema o in senso positivo o in senso negativo. Si passa infatti dagli antichi lettori che, come Giovanni del Virgilio, videro in Dante soprattutto il « theologus nullius dogmatis expers », e che, come Coluccio Salutati, lo giudicarono « omnium rerum divinarum humanarumque doctissimus », riconoscendo così nel suo sapere teologico l'elemento essenziale della poesia e dell'arte della *Commedia*, ai lettori moderni che in modi diversi hanno accentuato quanto di contraddittorio credevano di scoprire nel rapporto fra teologia e poesia. La critica più recente, in generale, concorda nel ritenere che esiste una conciliazione fra i due elementi, e che quindi si possa parlare di poesia della teologia. Ma mentre per alcuni tale poesia si afferma positivamente solo in qualche sporadico brano, altri sostengono che questa sarebbe l'unica poesia della cantica, perché il suo motivo lirico sarebbe essenzialmente teologico. È questo, in particolare, il punto d'arrivo di GIOVANNI GETTO, il quale nei saggi raccolti in *Aspetti della poesia di Dante* (1947 e 1966), che rappresentano il suo maggiore impegno negli studi danteschi, compie una profonda rivalutazione del *Paradiso*, proprio perché l'elemento teologico non è giudicato un impedimento intellettualistico alla manifestazione poetica, ma mistica sostanza dell'ispirazione stessa. Accanto all'opera del Getto è da considerare quella di MARIO APOLLONIO, in modo speciale per il monumentale *Dante. Storia della Commedia* nella storia vallardiana (1951) che, mentre sostituisce la precedente opera di NICOLA ZINGARELLI, *La vita, i tempi e le opere di Dante* (1931), non ne rinnega il sostanziale storicismo, e mira a delineare la storia di tutto Dante, ricercando e ricostruendo gli elementi biografici e culturali, la poetica e la fortuna, e compiendo un'attenta e nuova lettura del poema. Sempre nella collana vallardiana, venti anni dopo si è aggiunto un nuovo *Dante* di ALDO VALLONE (1971). Al Vallone già si dovevano altri scritti danteschi, come gli *Studi su Dante medievale* (1965), ma questo ultimo libro s'impone per la vastità e l'acutezza dell'analisi sull'intero svolgimento dell'opera e del pensiero danteschi, attraverso un attento esame che va dalla prima produzione giovanile alla *Commedia* e agli ultimi scritti in latino.

Contributi nuovi ed originali ha portato all'esegesi dantesca la nuova stilistica, soprattutto col suo più illustre cultore, LEO SPITZER. In tre saggi raccolti nel volume *Romanische Literaturstudien 1936-56* (1959) il critico austriaco, esaminando la tecnica linguistico-espressiva di alcuni passi del poema, risale alla ricerca delle condizioni di sentimento e di pensiero dell'autore e cerca di rintracciare le ragioni profonde dell'ispirazione. I risultati più persuasivi lo Spitzer ha raggiunto nel saggio *Espressione e linguaggio nel canto XIII dell'Inferno*, nel quale, attraverso l'esame filologico e tecnico del linguaggio con cui gli spiriti fanno rivivere pene e tormenti, si risale alla loro situazione morale: si scopre, in sostanza, quanta corrispondenza sussista «tra frase involuta e sentimento involuto, tra frase semplice e sentimento candido».

Importanti risultati sono derivati anche dagli studi ispirati alla critica «semantica», studi quindi fondamentalmente linguistici, ma utili anche all'interpretazione complessiva del poema. Si segnalano, fra tutti, quelli di ANTONINO PAGLIARO: *Saggi di critica semantica* (1956), *Nuovi saggi di critica semantica* (1956), *Ulisse. Ricerche sulla Divina Commedia* (1966).

Quest'ultima opera, che riunisce studi precedenti, si ricollega cronologicamente e idealmente ad altre di vari critici edite nell'occasione del VII Centenario della nascita del poeta, la cui ricorrenza ha notevolmente contribuito alla presentazione di opere nuove o alla ristampa di già diffuse con grande prestigio. Così oltre cinquant'anni di studi, rivolti a penetrare il pensiero religioso e filosofico dell'Alighieri, e che hanno avuto vasta influenza nell'ulteriore approfondimento dell'opera dantesca, ha pubblicato BRUNO NARDI, con *Saggi e note di critica dantesca* (1966); in particolare per il Nardi è proprio dalla concretezza personalissima di quel pensiero che sembra si colorisca tutta l'arte di Dante «nelle tappe fondamentali della sua ascesa, dai canti dell'adolescenza che celebrano il suo amore per colei che, 'venuta di cielo in terra a miracol mostrare', al cielo era tornata sul trapassare dalla prima alla seconda età della vita mortale, alle rime filosofiche del laborioso periodo del *Convivio*, e finalmente alla *Visione*, la più originale e concreta delle sue poetiche concezioni, nella quale egli stesso, protagonista, ricostruisce con la fantasia ispirata il mondo fisico e quello umano, soffermandosi a contemplarlo nella luce eterna che, mentre brilla alla sua mente, ne riscalda il cuore».

Anche un altro dei maggiori dantisti del nostro tempo, UMBERTO BOSCO, ha raccolto in un armonico volume, *Dante vicino* (1966), il frutto di alcuni decenni d'indagini storiche, filologiche e linguistiche compiute col fine ultimo di meglio capire la poesia della *Commedia*, mentre Francesco Mazzoni in *Contributi di filologia dantesca* (1966) ha riproposto studi di tempi e argomenti diversi, ma accomunati dal rigore filologico e dalla continuità metodologica, e ai quali ha fatto seguire un amplissimo *Saggio di un nuovo commento alla « Divina Commedia ». « Inferno » I-III* (1967). Ancora: Giovanni Fallani in *Dante poeta teologo* (1965) ha rielaborato il ricco materiale contenuto nei tre precedenti volumi di *Poesia e teologia nella « Divina Commedia »* (1959-64), in cui sono affrontati i maggiori temi sulla dottrina e l'arte di Dante; Edoardo Sanguineti in *Il realismo di Dante* (1965) ha confermato idee già presentate in *Interpretazioni di Malebolge* (1961) e *Tre studi danteschi* (1961); Alberto Chiari in *Nove canti danteschi* (1966) ha raccolto una serie di « letture » rivolte soprattutto ad illustrare singoli personaggi del poema; Mario Marti, che in *Realismo dantesco e altri studi* (1961) aveva raccolto un primo gruppo di scritti danteschi di vario soggetto e tutti di notevole interesse, in *Con Dante fra i poeti del suo tempo* (1966) presenta un'altra valida raccolta di saggi che gravitano sul tema dei rapporti fra Dante e la civiltà letteraria contemporanea.

Sempre in coincidenza col VII Centenario della nascita di Dante è uscita la nuova edizione critica del testo del poema, curata da Giorgio Petrocchi, *La Commedia secondo l'antica vulgata* (I. *Introduzione*, II. *Inferno*, III. *Purgatorio*, IV. *Paradiso*), 1966-67, ricostruita con grande rigore critico e filologico sull'esame dei manoscritti (una trentina) anteriori all'*editio* del Boccaccio, dalla quale dipende gran parte della produzione posteriore. L'opera del Petrocchi – che successivamente in *Itinerari danteschi* (1969) ha raccolto alcuni studi preparatori all'edizione e altri di esegesi, di storia e di ascesi dantesca – rappresenta oggi, col suo corredo di premesse, note, apparato di varianti, ecc., un elemento fondamentale di studio e la più autorevole edizione critica della *Commedia*.

Il Centenario, infine, attraverso le varie manifestazioni con cui è stato celebrato (congressi, convegni, incontri, ecc.) ha procurato una ricchissima serie di ulteriori pubblicazioni. Ci limitiamo ad indicare, fra i tanti scritti che meriterebbero di essere segnalati, i volumi che raccolgono gli « Atti » dei vari congressi e convegni promossi dal Comitato Nazionale, ed altre opere d'interesse dantesco, anch'esse promosse dal Comitato. In particolare si distinguono i volumi dedicati agli *Atti del Congresso internazionale di studi danteschi*, e i volumi: *Dante nel mondo, Dante e Roma, Dante e l'Italia meridionale, Atti sul Convegno di studi su « Dante e la Magna Grecia », Dante e la cultura veneta, Dante e Bologna nei tempi di Dante.*

Anche dopo il Centenario sono comparse opere di grande prestigio nel campo degli studi danteschi, come *Esemplarità e antagonismo nel pensiero di Dante* (1968) di SALVATORE BATTAGLIA, acuto indagatore di problemi filosofici e dottrinali e di aspetti linguistici e stilistici; *Tradizione e struttura in Dante* (1968) di ETTORE PARATORE, che in modo magistrale ha approfondito la conoscenza dei rapporti fra Dante e i latini.

Mentre per opere più recenti rimandiamo alle indicazioni della « Nota bibliografica », ci sembra opportuno chiudere questa rassegna sulla storia della critica dantesca ricordando una monumentale opera dei nostri giorni, che fa onore alla cultura italiana, l'*Enciclopedia Dantesca*, in cinque grandi volumi (1970-75), un'opera che, come dice il Ferrabino nella presentazione, « vuole essere ed è un sussidio critico ed ermeneutico, un avviamento ed orientamento, per tutti coloro o italiani o stranieri i quali affrontino la scabrosa lettura ed il complesso studio della *Divina Commedia*, nonché delle minori opere dantesche. [...] Alle pagine recondite del poeta è qui offerto il lume di una lampada chiara e tranquilla: senza presumere di violare i penetrali inaccessibili della personalità creatrice e della sua gloria simbolica ».

I Commenti del Novecento alla « Divina Commedia »

I diversi modi di vedere il mondo dantesco e di sentire, in particolare, il rapporto fra struttura e poesia, sono alla base dei vari *commenti* alla *Divina Commedia* del Novecento; naturalmente, però, i maggiori e più personali di essi si distinguono anche per non pochi altri elementi e motivi ispiratori. Nel vasto panorama dei commenti italiani dalla fine dell'Ottocento ad oggi, si possono individuare almeno quattro filoni, in corrispondenza di altrettanti periodi storici e di altrettante impostazioni critiche e metodologiche.

Il primo filone è il più lontano nel tempo, in quanto i suoi testi fondamentali risalgono alla fine dell'Ottocento e ai primi del Novecento. È costituito da quella corrente interpretativa che risale alla critica storico-positivistica, che si sviluppa dopo il De Sanctis, rivolta ad illustrare, attraverso attente ricerche e profonde discussioni, un'immensa quantità di dati rimasti sconosciuti nel passato, ed a presentare così tutto il mondo di Dante vicino e comprensibile al lettore moderno.

In questa atmosfera culturale, e con lo scopo di rendere noti i risultati delle più diverse indagini critiche, fu composto, e pubblicato nel 1887, il commento di Tommaso Casini, opera che nel 1892 veniva accolta nella sansoniana « Biblioteca scolastica di classici italiani » diretta da Giosue Carducci, che quel commento giudicò il migliore per la scuola; il testo fu poi aggiornato e ripubblicato da Silvio Adrasto Barbi « ne' limiti e ne' modi ch'è da credere avrebbe tenuto il Casini », e riapparve in nuova edizione nel 1922: da allora fu per lunghi anni il commento più diffuso nella scuola.

Pressoché contemporaneo, ed ispirato ad analoghi criteri, è il commento che il dantista svizzero Giovanni Andrea Scartazzini dette alle stampe tra il 1874 e il 1882: lavoro ricchissimo di materiale illustrativo, specie per i numerosissimi riferimenti biblici. Dopo la morte dell'autore questo commento fu profondamente riveduto e ripubblicato in varie edizioni da Giuseppe Vandelli, il quale si attenne agli stessi princìpi dello Scartazzini: in sostanza lo scopo era quello di fornire la delucidazione più sicura possibile di vocaboli, frasi, costrutti, la spiegazione dei riferimenti storici, astronomici, filosofici, mitologici, teologici senza porre eccessiva cura alle valutazioni estetiche, considerate compito dell'insegnante e campo dell'impegno personale degli studenti. A questi due fondamentali commenti si possono accostare, nonostante varie sfumature determinate da diversità di interessi, quelli di Francesco Torraca (con analisi estetiche di buon gusto), di Vittorio Rossi - Salvatore Frascino (con particolare attenzione alla personalità del poeta), di Luigi Pietrobono (con notevole impegno nell'interpretazione allegorica).

L'impostazione crociana del problema dantesco s'impone soprattutto negli anni Trenta e Quaranta, e produce i suoi frutti migliori coi commenti del Grabher e del Momigliano. Carlo Grabher, attraverso una profonda conoscenza del mondo dantesco, si propone d'illustrare il testo e porre contemporaneamente in risalto la poesia: e ciò ottiene rilevando finezza di gusto e chiarezza di sintesi. Ma ancora più emblematico della nuova metodologia critica è il commento di Attilio Momigliano (1945-47), il quale, sentendo che ' è compito essenziale del critico quello di andare in cerca della poesia, e questa presentare ed illustrare al lettore, già con la famosa *Premessa* al commento scrisse una pagina definita « più rivoluzionaria di un proclama di guerra », e quindi ha lasciato un lavoro che ha una grandissima importanza storica come splendida testimonianza di un modo d'intendere l'opera letteraria e la funzione del critico. Ma questo commento ha anche, nonostante gli evidenti limiti che una tale impostazione viene ad imporre, un rilevante valore per quella sensibilità, ben difficilmente raggiungibile, con cui il Momigliano sa accostarsi ad ogni parte del poema, cogliendone le atmosfere più varie e complesse, illuminando con eccezionale finezza tanto le più diverse situazioni psicologiche come i più vari momenti paesistici. Questo commento del Momigliano è stato ripubblicato (1972-74) con a fronte quello del Casini-Barbi, con intelligente e preziosa cura, da FRANCESCO MAZZONI, il quale presentando l'opera fa giustamente osservare come «dal significante contrasto fra i due commenti (e insieme dalla loro stimolante, sinergica complementarità)» appare evidente che «ogni opera esegetica è sempre l'espressione di un preciso momento storico, di un determinato orizzonte culturale, e che il travagliato e vitale *continuum* della critica letteraria (come d'ogni altra scienza umana) non può essere considerato, anche nei suoi momenti paradigmatici, che come un *progressus ad infinitum*».

Il terzo filone fondamentale dei commenti contemporanei alla *Divina Commedia* si ricollega alla nuova critica storicistica, e trova in NATALINO SAPEGNO la più alta espressione. Anche il Sapegno fa precedere il commento (1955-57) da un'avvertenza di fondamentale valore, in quanto non si tratta soltanto di un'introduzione specifica all'interpretazione dantesca, ma di un vero e proprio manifesto programmatico di cultura e di critica. È anche una rispettosa ma chiara polemica nei confronti del Momigliano, specie là dove si afferma che « non par lecito accostarsi a un testo, quale è quello di Dante, così arduo per arcaicità di linguaggio, per ricchezza e complessità di presupposti culturali, per ampiezza e vigore e varietà di intenti dottrinali, morali e polemici, di procedimenti tecnici e di respiro poetico, con l'illusione di una lettura facile e piana, condotta sul filo di un'interpretazione univoca e pacifica che non corrisponde affatto alle condizioni attuali degli studi».

Contemporaneamente al commento del Sapegno fu composto quello più importante del quarto filone critico, un filone in cui ha parte predominante l'analisi stilistica, in corrispondenza con le correnti critiche che si ricollegano, appunto, alla stilistica. È il commento di LUIGI MALAGOLI che, riducendo al minimo (analogamente, in questo, a quanto aveva fatto il Momigliano) le note storico-erudite, tende soprattutto alla definizione di un giudizio estetico attraverso l'analisi dello stile, della lingua, delle forme sintattiche, ecc.; un lavoro di indiscutibile utilità, ma non sufficiente, da solo, a fornire una visione completa delle diverse componenti del mondo dantesco.

Fra gli altri commenti più notevoli apparsi negli ultimi decenni, e nei quali si scorge, in generale, tanto la cura d'illustrare i vari elementi dottrinali, storici, lessicali del poema, quanto la preoccupazione di porre in risalto aspetti artistici e poetici, ricordiamo quelli di C. STEINER (1921), D. PROVENZAL (1937-38), M. PORENA (1946-47), F. MONTANARI (1949-51), D. MATTALIA (1960), G. FALLANI (1964), G. GIACALONE (1965); ma soprattutto è da tener presente quello recente di U. BOSCO e di G. REGGIO (1979), fondamentale punto d'arrivo nell'esegesi del poema dantesco, sia per il valore delle introduzioni ad ogni canto, altrettanti veri e propri saggi critici, sia per l'eccellenza dell'ampio corredo di note.

II. - ANTOLOGIA DELLA CRITICA

1. Beatrice nella poesia giovanile di Dante. – 2. Prosa e poesia nella *Vita Nuova*. – 3. Il realismo delle *Rime*. – 4. Il *Convivio* fra la *Vita Nuova* e la *Commedia*. – 5. La nozione di « lingua italiana » nel *De vulgari eloquentia*. – 6. L'ideale politico di Dante e la *Monarchia*. – 7. Le tre Epistole « politiche ». – 8. Aspetti del pensiero filosofico di Dante. – 9. La *Commedia* « itinerarium mentis ad Deum ». – 10. Cielo e terra nel poema dantesco. – 11. L'allegoria nella *Commedia*. – 12. Struttura e poesia nella *Commedia*. – 13. L'unità poetica della *Commedia*. – 14. Tempi e motivi della poesia della *Commedia*. – 15. Dante e il mondo classico. – 16. Il paesaggio nella *Commedia*. – 17. La terzina dantesca. – 18. « Nel mezzo del cammin... ». – 19. La « retorica » di Francesca. – 20. Farinata e Dante. – 21. Pier della Vigna. – 22. La rapsodia dei diavoli. – 23. Il « folle volo » di Ulisse. – 24. Il conte Ugolino. – 25. Il mistero di Casella. – 26. « Biondo era e bello... ». – 27. Il significato dell'episodio di Buonconte. – 28. Sordello e l'invettiva all'Italia. – 29. L'incontro con Forese. – 30. Guinizelli e Daniello. – 31. L'apparizione di Beatrice. – 32. Il tema di Dio nel *Paradiso*. – 33. L'incanto poetico di Piccarda. – 34. Storia e poesia dell'Impero. – 35. Il san Francesco di Dante. – 36. I canti di Cacciaguida. – 37. Il trionfo di Cristo. – 38. L'ultima visione. – 39. La *Commedia*, ultimo miracolo della poesia. – 40. Dante, il più universale dei poeti.

1. - Beatrice nella poesia giovanile di Dante

L'esperienza decisiva della giovinezza di Dante, il dato fondamentale della sua vita furono gli eventi che egli stesso ha rappresentato come la vita nuova, cioè la storia del suo amore per Beatrice. Per la nostra indagine è indifferente sapere chi era Beatrice, e se essa sia vissuta davvero; la Beatrice della *Vita Nuova* e della *Commedia* è una creazione di Dante e non ha quasi a che fare con una giovane di Firenze che più tardi sposò Simone de' Bardi. E se essa d'altro canto è niente più che una allegoria di mistica sapienza, resta in lei tanta realtà e personalità che si ha il diritto di considerarla una figura umana, che possano o no quei dati di fatti reali riferirsi ad una persona determinata. Il ragionare in termini di aut-aut – o Beatrice visse e Dante l'amò veramente, e allora la *Vita Nuova* è una poesia nata da un'esperienza, oppure tutto è un'allegoria, e perciò un'illusione, una costruzione non poetica, e uno dei nostri ideali più belli è distrutto –; questo modo di giudicare non è soltanto ingenuo, ma anche antipoetico. Tutti i poeti dello *Stil*

Nuovo hanno una amata mistica, a tutti loro accadono le stesse straordinarie esperienze amorose, a tutti loro Amore dispensa o rifiuta doni, che sembrano più un'illuminazione che un godimento dei sensi, tutti appartengono a una specie di lega segreta, che determina la loro vita interiore e forse anche esteriore: e solo uno di loro, Dante, ha saputo rappresentare quei fatti esoterici in modo tale che devono essere accettati come autentica realtà, persino quando sono assolutamente misteriosi nei loro motivi e nelle loro allusioni. Questo è decisivo per la natura poetica del loro autore, e non si capisce perché si debba riconoscere maggior forza di ispirazione a un'esperienza erotica che può succedere a ogni uomo, che non a un'illuminazione mistica che è capace di conservare l'evidenza delle cose; come se la *mimesis* poetica dovesse essere una copia di cose determinate, e non fosse piuttosto autorizzata a fondere a suo piacimento il suo materiale di realtà, tratto dall'infinito numero delle cose di cui la memoria dispone.

Dunque la poesia della *Vita Nuova* non è utilizzabile come materiale biografico in senso pragmatico: gli avvenimenti che vi succedono, gli incontri, i viaggi, i discorsi possono non aver avuto luogo nel modo che vi si dice, e non consentono neppure conclusioni che possano essere messe a profitto per la biografia. Ma per la biografia interiore di Dante, l'opera è decisiva. Essa mostra la derivazione della sua struttura spirituale dal misticismo erotico dello *Stil Nuovo*, e insieme il posto che specialmente gli compete entro quel movimento. [...]

In Beatrice il motivo orientale-cristiano della divina perfezione incarnata, la *parusìa* dell'idea, prese una strada che fu decisiva per tutta la poesia europea. Il temperamento severo e appassionato di Dante, il suo desiderio sempre presente di realizzare il giusto, non sopportava una esperienza, una visione, che non potesse essere subito legittimata dalla ragione e dall'azione; l'arcana verità, che qui fu insieme il primo dolcissimo incanto dei sensi, egli la trasse dall'ambito della particolare, oscura lega segreta e su di essa fondò la realtà; la nostalgia di essa non è divenuta nel suo cuore infruttuosa eterodossia o misticismo informe. La Donna esoterica dei seguaci dello *Stil Nuovo* appare ora a tutti nel suo significato; essa è parte ordinata e necessaria, prevista nei consigli divini, della redenzione; in quanto sapienza teologica, Beatrice, la beata, è la necessaria mediatrice della salvezza per gli uomini che mancano di conoscenza. Questa sua posizione può avere un che di pedante e di non-poetico per i romantici increduli del XIX secolo; ma per Dante, il tomista per il quale sapere e fede erano cosa unica, l'amata sibillina – cui Maria ha dato il potere di salvare lui Dante con lo svelargli gradualmente la reale verità, il vero pensato e il vero essere – non è una figura mista, ibrida, costruita, ma la reale sintesi sensibile e razionale della perfezione.

ERICH AUERBACH
(Da *Studi su Dante*, trad. di M. L. De Pieri Bonino, Milano, Feltrinelli, 1971³, pagg. 54-56).

2. – Prosa e poesia nella «Vita Nuova»

È un fatto che non si sottolineerà mai abbastanza, e per me estremamente significativo, che il primo libro della nostra letteratura sia composto di prosa e di versi. Un libro nel quale la riflessione trova posto, e dignità, accanto all'invenzione, che ammette la coesistenza di due forme distinte d'espressione, una doppia misura delle cose, e che rispecchia, esso stesso, un procedimento riflessivo, di arretramento e distacco. E quella coesistenza è giustapposizione e confronto di momenti e di realtà diverse, quella doppia misura si anima in una prospettiva, dà luogo a una distinzione di piani; la riflessione si esercita proprio sull'invenzione, quel distacco è storia in atto. La prosa ripropone le immaginazioni della poesia con mezzi e in termini nuovi, sotto un'altra luce, ritenta la favola e intanto la colloca nel suo tempo, se ne fa interprete e insieme giudice: prosa nata intorno alla poesia, per la poesia, « in armonia con essa », eppure prosa-prosa, con una sua funzionalità e caratteri suoi, consapevole di essi, se l'intento « giustificativo » a cui essa risponde è determinabile, attraverso l'analisi linguistica, fin nella struttura sintattica (e, si badi, non solo nei luoghi dove l'autore ragiona e distingue, ma come forma della contemplazione e rievocazione « fervida e passionata » di uno stato d'animo, della stessa narrazione). Prosa con alcunché di poetico, come vorrà il Leopardi, ma non come surrogato o una varietà della poesia, come alto *exploit* retorico, quello appunto delle *Lettere* di Guittone; e proprio per ciò capace di accompagnare la poesia e di illuminarla.

Il dialogo tra le due forme d'espressione non è meno interessante e importante dell'altro dialogo, tra la fantasia e le sue ragioni, tra il « dato » e la testimonianza che esso è chiamato a rendere, tra storia e storia; ne è anzi la spia più segreta. Ciò è significativo non solo per la storia della nostra letteratura, ma per quella di Dante: che cioè egli, a un certo punto della sua ancor breve carriera, abbia sentito il bisogno di ritornare sulla propria esperienza, di tirar le somme del suo lavoro, e che trovasse, «vedesse per se medesimo», per usare le sue parole, «l'arte del dire» tutto questo, la forma appropriata ad un simile consuntivo, definisse, non solo per sé, il dominio e i caratteri propri di questa forma. In verità, è la prosa il fatto nuovo di questo libro; ed è in virtù della prosa che la storia di Dante apre nello stesso tempo un nuovo capitolo della storia della nostra letteratura (e non soltanto per quel che riguarda l'inaugurazione di un «genere» misto, che avrà tanta fortuna). E d'altra parte è la poesia che dà senso e sfondo alla testimonianza della prosa, e ne costituisce la più intima ragione. E il dialogo poesia-prosa assume, su un diverso piano, il carattere di dialogo tra poesia e poesia, tra poesia di ieri e poesia di oggi, fra tradizione e innovazione. È in quel manipolo di rime che Dante accolse nel libro, e nelle «ragioni» di cui le accompagnò che noi riconosciamo l'immagine e la definizione più autentica di quello che fu poi detto «stil novo».

Libro nuovo, dunque, doppiamente nuovo; per ciò che propone, e per il modo come lo propone, per ciò che rivela e per ciò che nasconde, per quel continuo rapporto tra realtà e «finzione» (in duplice senso anch'essa); o diciamo per la realtà che la finzione continuamente ricrea. Anche il più candido e «devoto» dei lettori non si fa ormai illusioni circa la rete di relazioni che attraversano il racconto, circa le condizioni che determinano lo stesso suo accostamento. Come se poi Dante ammettesse, avesse mai presupposto, egli, un lettore candido. E poteva, a distanza d'anni, nel metter mano al *Convivio*, guardare senza incertezze all'opera giovanile, e dichiarare di non volere «a quella in parte alcuna derogare», proprio in quanto frutto di un'età precisa, in quanto prodotto «fervido e passionato»: in quanto, cioè, valida per il tempo in cui fu scritta e a cui appartenevano quegli ideali, quei valori che in essa aveva difeso: i valori di una poesia «pura», che ha in sé la propria ragione, e in cui si riassommava per allora ogni perfezione e nobiltà: e la poesia era chiamata ora a celebrare e testimoniare la ricerca di una perfezione che era fuori di lei, la battaglia dell'uomo per la conquista della sua dignità.

Domenico De Robertis
(Da *Il libro della «Vita Nuova»*, Firenze, Sansoni, 1961, pagg. 5-7).

3. – Il realismo delle «Rime»

È certo superfluo ricordare quanto la vita politica di Dante abbia contribuito all'arricchirsi della sua umanità e al consustanziarsi del suo realismo. Ché la vita fiorentina, dopo gli Ordinamenti nuovi, che avrebbero dovuto segnare una rinnovata calma nella rappacificazione degli animi, continuò se non più rivoluzionaria, certamente più tumultuosa e disordinata di prima, nonostante gli sforzi di uomini come Dino Compagni e Dante Alighieri, i quali nella loro semplice dirittura, nella lineare onestà delle loro intenzioni, nei loro utopistici appelli alla forza della legge umana e divina, rimanevano come ingenuamente scoperti e disarmati di fronte alle astuzie degli scaltri disonesti ed alle violenze degli arroganti potenti [...]. La rotta del Comune fiorentino non subì alcuna sensibile deviazione, che fosse dovuta a Dante timoniere; mentre viceversa fu il poeta a ricevere dall'avventura politica più di quanto egli avesse potuto dare. Ma egli così poté conoscere sempre più da vicino le passioni e la vera natura degli uomini, la faziosità cieca e l'ostilità preconcetta, l'egoismo più chiuso e l'ambizione più sfacciata, la falsità in faccia d'onesto, l'arroganza orgogliosa e sprezzante, i mille aspetti improvvisi ed inattesi della folla anonima... Egli avrà bene avuto occasione più volte di fare appello al suo senso di giustizia e d'imparzialità; occasione di trarre nuove risorse dalla sua coscienza morale, e di conoscere più addentro i veri movimenti delle azioni umane. Ogni giorno un insegnamento per lui; tanto più solenne ed impegnativo, quanto più egli ascendeva nell'importanza delle cariche ricoperte, e quanto più si allargava l'orizzonte delle sue responsabilità e dei suoi doveri: fino al priorato, fino a quando egli si trovò di fronte a papa Bonifacio VIII. Un'ascensione, invero, che finisce per avere il sapore del Golgota. E sono gli anni nei quali in lui si solidificano i due pilastri posti a base del poema: la coscienza della necessità della virtù e la conoscenza degli uomini e della vita. Giudizio etico ed esigenze realistiche.

Le rime «petrose» sono l'analogica trasposizione di queste condizioni spirituali e di questi stati d'animo sul piano della letteratura e dell'indagine stilistica. S'è parlato, con varia sfumatura, di realismo; s'è parlato di riflessa e mediata esercitazione stilistica; s'è parlato di momento arnaldesco; e s'è anche parlato di sincera autobiografia colma di sensualità. Certo; le rime «petrose» sono un solenne ed esaustivo esercizio stilistico; rappresentano una vera ed effettiva presa di possesso della realtà, pur nel loro cerebrale e talora artificioso tecnicismo; rivelano già la sicura capacità di proiettare il reale nella sfera del metafisico, secondo una tecnica espressionistica che ricorda certe modulazioni realistiche di Guittone poeta e prosatore, o di taluni poeti « comici », e che Dante porrà a frutto in tanta parte del suo poema. Ma è da chiedersi perché soltanto ora Dante si rivolga ad Arnaldo Daniello e consideri quel poeta più d'ogni altro grande e degno d'essere imitato; o perché solo ora lo sollecitino le difficoltà tecniche più aspre ed insormontabili; o ancora perché solo ora egli canti l'amore come forza selvaggia in un impeto rabbioso di realistica passione. Il Contini ha saputo vedere il sottilissimo filo che pur lega la tenzone Dante-Forese con le rime per la donna « pietra », quando egli parla di un « virtuosismo rovesciato » di quella rispetto ad un « virtuosismo diritto » di queste. Virtuosismo certo, in entrambi i momenti, nella tenzone e nelle « petrose »; ma si tratta di un particolare virtuosismo che è interiormente condizionato, entrambe le volte, da una violenta carica di realismo. All'esplosione ribelle ed in certo modo irriflessa della tenzone, ora tien dietro la scelta consapevole, responsabile, sapiente delle « petrose ». Tra quella e queste il richiamo alla vita ed alla realtà s'è fatto voce prepotente e vocazione insopprimibile: dalla predisposizione verso un impegno integrale (politico, sociale, morale), verso una cultura militante, l'Alighieri è passato all'azione politica diretta, e della legge morale s'è fatto il centro della propria nuova cultura e del proprio pensiero. Egli è maturato come artista e poeta, perché s'è maturato ed arricchito come uomo. La tenzone e le « petrose » nascono da uno stesso impegno demiurgico, da uno stesso dinamismo tecnico e lessicale che travalica i limiti normativi, dalla stessa coscienza dei valori fonosimbolici della parola, dalla stessa persuasione degli aspetti energici e creativi dell'immagine aspra e violenta, sanguigna e concreta.

Mario Marti

(Da *Realismo dantesco e altri studi*, Milano-Napoli, Ricciardi, 1961, pagg. 24-27).

4. – Il « Convivio » fra la « Vita Nuova » e la « Commedia »

Il problema dell'uso del volgare era già stato toccato da Dante nel capitolo XXV della *Vita Nuova*. Ma solo nei riguardi della poesia, sì che il riportare la genesi della poesia volgare al desiderio di fare intendere le proprie parole a donna è una soluzione provvisoria dovuta alla mancanza di una seria meditazione da parte di Dante riguardo al problema.

Nel *Convivio* invece Dante si pone, e con ciò si dimostra, innovatore. Il volgare è ora « luce nuova, sole nuovo, lo quale surgerà là dove l'usato tramonterà, e darà lume a coloro che sono in tenebre e in oscuritade, per lo usato sole che a loro non luce ».

L'entusiastica e immaginosa espressione non ci stupisce. Dante sa benissimo che ciò che il volgare « di bontade avea in podere e occulto, *egli lo faceva* avere in atto e palese ne la sua propria operazione, che è manifestare conceputa sentenza », e ciò facendo sì che esso desse « se medesimo per comento, che mai non fu domandato da persona ». Dante, in altre parole, usava per la prima volta il volgare scrivendo un'opera originale e organica di filosofia. [...]

Svolgendo l'osservazione ultimamente approfondita dal Contini, di quell'inesausto procedere del poeta per tentativi successivi, di quella corrispondenza che la sua opera ci costringe a porre tra i suoi vari momenti spirituali e la forma stilistica della loro espressione, potremo inserire il *Convivio* nel processo artistico di Dante come opera di transizione tra gli scritti giovanili e poetici e la maturità della *Commedia*. E ci apparirà che la momentanea prevalenza di contenuto dottrinale e di mentalità ed espressione prosastica mostrano l'urgenza di quella ricerca di più complessa struttura che già ci presentano le ultime rime; e questa prosa che è per il lettore moderno una dura e faticosa lettura, se con intelletto d'amore ci si impadronisca dei suoi moduli e si rompa la nuda scorza della sua costruzione massiccia, presenterà in sé le origini della perfezione sintattica della *Commedia*, là resa agile, scorrevole, continuamente varia e luminosa; qui, quasi nella superbia della meta conquistata, ieraticamente solenne. Mi pare perciò che l'approfondimento della comprensione filosofica del mondo che ci presenta il *Convivio*, collegato insieme con questo studio stilistico di proporzioni, sia la preparazione strutturale della *Commedia*: esaurita la prima fase della sua poesia, quella della *Vita Nuova* e delle *Rime*, Dante si chiude nello studio di filosofo e di stilista, e di qui spiccherà il secondo e maggior volo; la lirica per diventare poema, l'esperienza psicologica (sia pure « spersonalizzata ») per diventare comprensione universale attendono, da questo studio privo del sorriso della poesia, il materiale da elaborare e l'architettura in cui inserirsi.

Il *Convivio* ci rappresenta dunque il momento della ragione, della calma contemplazione dell'universo: l'autore, dopo aver sostenuto « labore di studio e lite di dubitazioni, le quali dal principio de li sguardi di questa donna [*la Filosofia*] multiplicatamente surgono », è giunto al momento in cui « continuando la sua luce, caggiono, quasi come nebulette matutine a la faccia del sole; e rimane libero e pieno di certezza lo familiare intelletto, sì come l'aere da li raggi meridiani purgato e illustrato » (II, xv, 5). [...]
Dall'alto di questa contemplazione i ricordi più gelosi del poeta svaniscono in un passato di cui più non gli importa: e mentre Beatrice appare solo in espressioni compassate, quasi convenzionali [« quella Beatrice beata che vive in cielo con li angeli e in terra con la mia anima » (II, II, 1); « quella gloriosa Beatrice » (II, vi, 7); « lo primo diletto de la mia anima, della quale è fatta menzione di sopra » (II, xii, 1)]; di quella donna gentile che aveva assunto nella *Vita Nuova* aspetti così umani, risaltanti nell'aura mistica del trattato, di quella « donna giovane e bella molto, la quale da una finestra *lo* riguardava sì pietosamente, quanto a la vista, che tutta la pietà parea in lei accolta » (*Vita Nuova*, XXXV), di quella che ogni volta che lo vedeva « sì si facea d'una vista pietosa e d'un colore palido quasi come d'amore » (*ivi*, XXXVI), si nega persino l'esistenza, facendosene nientemeno che una personificazione della filosofia, anche se in un punto ci pare ancora di intravvedere il balenare del suo sorriso (« Ah mirabile riso de la mia donna di cui io parlo, che mai non si sentia se non de l'occhio! », III, viii, 11).

CESARE SEGRE

(Da *Lingua, stile e società*, Milano, Feltrinelli, 1963, pagg. 227-233).

5. - La nozione di "lingua italiana" nel « De vulgari eloquentia »

Noi oggi sappiamo, e Dante sapeva, che l'affermarsi di una lingua comune su un dominio dialettalmente differenziato, è dovuto a circostanze varie, politiche o culturali, che danno la prevalenza alla parlata di una regione, di una città o addirittura di un ceto. Così è avvenuto per la *koiné* greca, affermatasi per il prestigio politico e culturale di Atene; così è avvenuto per l'italiano, per il francese, per il tedesco. Ma Dante non si trovava, come noi ci troviamo, di fronte al fatto compiuto, e l'arco della sua mente si tende nello sforzo di anticipare l'avvenire. Se, egli dice, l'italianità linguistica ha la sua essenza e la sua misura in alcuni caratteri fondamentali, *primissima signa*, il volgare illustre, cioè la lingua comune, non può aversi se non attraverso lo scoprimento di questi caratteri e il riferimento ad essi di ogni particolare uso dialettale; accettazione, quindi, di ciò che si conforma ad essi ed eliminazione del deviato e del difforme. Qui è chiaro che Dante intende i caratteri distintivi in funzione di un valore strettamente linguistico. Per noi un fatto fonetico, morfologico o lessicale, che distingua un'area dialettale o una lingua, è guardato in se stesso, nella pura funzione distintiva. Invece per Dante, e in ciò certo si ha influenza aristotelica, i *primissima signa* sono *nobilissima*, cioè perfetti: « per questo vocabolo *nobilitade* s'intende perfezione di propria natura in ciascuna cosa » (*Convivio*, IV, XVI, 4). Era inevitabile che l'idea di « perfezione » portasse con sé quella di eleganza, raffinamento, elevamento, purificazione. Ed è appunto su questa via che Dante cerca d'individuare il volgare illustre, cioè la lingua comune nel suo primo momento formativo.

Non è qui nostro assunto di esaminare questa nozione dantesca della lingua, considerata sotto l'aspetto dell'*eloquentia,* cioè del *ben parlare*. Vogliamo, tuttavia, rilevare come nel definire il carattere di quel volgare, che potesse assurgere ad espressione dell'italianità, libero dalle scorie del particolare e del municipale, Dante abbia veduto in azione gli stessi fattori che effettivamente contribuiscono all'unificazione linguistica. L'attributo di « illustre » che egli dà a tale volgare è spiegato dal fatto che esso risplende del magistero dell'arte, illumina ed eleva gli spiriti ai quali si volge, arreca gloria all'artefice. L'altro epiteto di « cardinale » ha la sua ragione nel fatto che il volgare illustre è come il fulcro, intorno a cui si muovono le parlate municipali e la sua azione importa un regredire degli atteggiamenti linguistici più rozzi ed un progresso di quelli elevati e colti. Gli epiteti di « aulico » e di « curiale » stanno a indicare gli ambienti, dove maggiormente s'aduna la forza coesiva della comunità e nei quali, in virtù di tale funzione accentratrice, più si tende all'unificazione linguistica e, cioè, la corte come centro del potere politico, e la curia come esercizio, per dir così, periferico di tale potere.

Da tutto questo appare chiaro come Dante veda nell'unificazione linguistica un'opera di cosciente ricerca e di creazione, presente sempre a se stessa, da parte di una minoranza eletta, che, attraverso il magistero dell'arte e il prestigio di forme più raffinate di vita spirituale e con l'appoggio del potere politico accentratore delle forze più vive, dia maggiore uniformità ed ampiezza all'uso linguistico, mantenendolo, tuttavia, fedele ai suoi fondamentali contrassegni genetici. Difatti, la nozione contenuta nell'epiteto «cardinale» rimanda ancora una volta a quei *primissima signa*, a quella essenziale italianità linguistica, a cui Dante vuole che sia commisurata e adeguata ogni più eletta forma di espressione.

Ora Dante non poté certo prevedere la prevalenza integrale del toscano nella determinazione della lingua nazionale italiana, che si ebbe anche, e soprattutto, per merito suo; tuttavia, bene individuò i fattori, che contribuiscono in genere alla formazione di una lingua comune e che, in particolare, hanno contribuito alla formazione della lingua italiana.

La lingua comune ha sempre la sua culla in un ambiente di maggiore prestigio. Dante ha messo innanzi i maggiori fattori che qualificano in una comunità un prevalere linguistico, richiamandosi al magistero dell'arte, all'opera dei *doctores*, e all'azione unificatrice del potere politico e amministrativo, la corte e la curia. Ma ha soprattutto il merito di avere messo in rilievo come a questi fattori sia comune una tendenza al raffinamento e all'elevamento dell'espressione linguistica, in funzione di un ideale, per dir così, aristocratico.

Il contributo dell'arte nella formazione di una lingua comune è palese proprio nell'affermazione del toscano come lingua nazionale; quello del potere politico e del prestigio complessivo della civiltà è palese nell'affermazione del latino; fattore aulico e fattore religioso si associano a determinare la vittoria del neo-altotedesco come lingua comune della Germania, fattori culturali e fattori di ordine largamente politico si associano nella determinazione dell'attico come lingua della grecità, e del dialetto dell'Ile de France come francese comune.

Per ciò che riguarda l'italiano, Dante mostra d'intendere anche quanto doveva influire sulla sua costituzione la vitalità del latino come lingua di cultura, quando afferma il prevalere della lingua del *sì* nei confronti degli altri due rami dell'*ydioma tripharium*, in base al privilegio di essere essa la più vicina alla lingua grammaticale (I, x, 4). Già sin d'allora, il confronto si doveva porre per lui fra la pronunzia e la struttura del toscano e quelle della tradizione colta del latino, così che nel toscano, nonostante il suo ripudio dei volgarismi, egli veniva quasi inavvertitamente a riconoscere quel *primissimum signum* dell'italiano comune. L'altro privilegio, quello dell'eccellenza dei poeti che della lingua del *sì* si erano serviti, riporta esso pure al toscano, perché non vi può essere dubbio che le rime dei siciliani erano a lui note in forma ormai toscanizzata.

Ma, soprattutto, è da attribuire a merito di Dante il riconoscimento di quell'azione di scelta, di raffinamento, che presiede alla costituzione e allo sviluppo di una lingua comune, giacché questa è frutto di una coscienza linguistica più desta, la quale vuole dotarsi di mezzi espressivi sempre più perfetti, senza scostarsi da quella data « forma interiore ». Essa opera come criterio istintivo di scelta, come gusto. È innegabile che questo gusto agisce in funzione del contenuto di coscienza che si vuole esprimere e che, perciò, nella lingua comune opera un più vivo e sorvegliato sforzo stilistico. Quel gusto che a Dante fa ripudiare i vocaboli *yrsuta* (I, xiv, 4; II, vii, 2, 4), come già a Cicerone gli *abiecta atque obsoleta* (*De orat.*, iii, 150), non è di ordine diverso da quello del comune parlante, che evita le espressioni e le inflessioni dialettali, da lui sentite come volgari, per cercare un livello espressivo che lo ponga in una sfera superiore.

Antonino Pagliaro

(Da *Nuovi saggi di critica semantica*, Messina-Firenze, D'Anna, 1956, pagg. 232-237).

6. – L'ideale politico di Dante e la « Monarchia »

L'ideale dell'Impero romano era diventato, attraverso un'elaborazione secolare, un dogma che aveva il suo più solido fondamento nell'unità della costituzione ecclesiastica. Impero e Chiesa apparivano alla mente degli uomini come le due forme, diverse ma indivisibili, in cui si concepiva la totalità del mondo cristiano. Perciò l'idea imperiale sopravvisse alla caduta degli Hohenstaufen e al lungo periodo in cui non apparvero più imperatori tedeschi. Né l'accanita lotta fra Impero e Chiesa né l'impulso nazionale sempre più forte che animava i popoli avviati all'indipendenza, riuscirono a cancellare presso Latini e Germani l'ideale universale romano, che possiamo anche chiamare l'ideale classico cristiano. Dante sperava, per convinzione non tanto politica quanto filosofica, di ridare alla patria, mediante la grandezza dell'imperatore, l'unità, la pace e la gloria di epoche passate, benché quel sovrano universale, una volta eletto e incoronato, fosse per effettivo potere inferiore a ogni re e a stento riuscisse a intimorire anche un solo tiranno dell'Italia settentrionale. Il *De Monarchia* di Dante, la prima importante opera politica dopo Platone, Aristotele e Cicerone, non fu ispirata al poeta soltanto dal viaggio a Roma di Enrico di Lussemburgo; ma, in qualunque momento sia stato scritto, esprime tuttavia la dottrina ghibellina che poi salutò con entusiasmo l'arrivo di Enrico VII in Italia.

Lo scritto di Dante non si può dire il programma di un partito, poiché era accessibile solo a spiriti troppo colti. Non è nemmeno l'opera di un uomo di Stato, bensì di un pensatore e filosofo che s'immerge nelle astrazioni scolastiche, non costruisce il proprio sistema sulla base delle condizioni date ma lo presuppone dogmaticamente e lo spiega mediante concetti universali. Dante non tratta dello Stato, ma dell'ideale della repubblica universale. [...] Suo fondamento essenziale è il dogma della ininterrotta continuità dell'*imperium*. Solo approssimativamente possiamo dire che Dante ne chiedeva la restaurazione, poiché la fine dell'Impero, secondo le sua teoria, era impensabile, come lo sarebbe la fine della società umana. Che gli imperatori si chiamassero Augusto, Traiano o Costantino, oppure Carlo, Federico o Enrico, che fossero latini o germani, tutto questo non modificava né la natura né la continuità della monarchia romana, la quale, più antica della Chiesa, aveva accolto quest'ultima nel suo seno. L'unità dell'universo era il principio fondamentale anche per il mondo politico dei ghibellini. Il miglior ordinamento universale concepibile era per essi il governo dell'unico imperatore, e questa loro opinione veniva appoggiata non soltanto sull'esistenza storica dell'Impero romano, ma anche sull'idea cristiana. Se la Chiesa, Stato di Dio, era una sola, l'Impero, sua forma civile, non doveva essere anch'esso uno solo? Se non dovevano esserci che un solo pastore e un solo gregge, non doveva allora l'imperatore essere il pastore universale dei popoli per le cose del mondo, come il papa lo era per le cose della religione? Cristo stesso aveva rifiutato una giurisdizione temporale e si era sottomesso alla legge civile quando aveva detto: « Date a Cesare quel che è di Cesare »; aveva dunque presupposto l'imperatore quale capo universale e legislatore terreno. [...]

Il pericolo che gli imperatori si attribuissero anche il potere religioso, era stato scongiurato dall'energia e dal genio dei pontefici, ma il timore di un'altra servitù angosciava gli uomini: la Chiesa minacciava d'impadronirsi dell'Impero e il papa del potere temporale. Furono i ghibellini, vigili, a mettere in guardia l'Europa da quel pericolo, e il *De Monarchia* di Dante fu la campana a martello che suonò al momento del pericolo supremo. Al potere pontificio si contrappose nella sfera temporale il potere imperiale con la stessa illimitatezza e la stessa esagerazione. Dante fu effettivamente un sostenitore dei diritti dell'Impero non meno assoluto di quanto lo erano stati i giuristi giustinianei degli Hohenstaufen. Con filosofica gravità egli sosteneva che tutti i principi, popoli e paesi, terra e mare appartengono per diritto all'unico Cesare, e addirittura ogni uomo vivente è suddito dell'imperatore romano. A tanto giunse la concezione ghibellina, contrapponendosi alle tesi provocatorie di Bonifacio VIII, rivendicatore del medesimo potere assoluto a favore del papa come un diritto divino. Ma l'idea dantesca dell'Impero non era affatto un programma di despotismo. L'imperatore universale non doveva essere il tiranno del mondo, che uccide la libertà protetta dalla legge e sopprime la varietà dei ceti, dei comuni e dei popoli con le loro diverse costituzioni: doveva essere, in quanto signore universale, un augusto giudice, creatore di pace, superiore a ogni brama dispotica e a ogni passione partigiana, supremo ministro o presidente della repubblica degli uomini: in breve, l'idea del bene fatta persona. Si potrà dire che questo alto ideale del perfetto sovrano universale non era, in realtà, che la copia dell'ideale del pontefice nella sfera delle cose terrene. Troppo sublime per quel tempo, e anche per il nostro, esso presuppone, se vuol essere più che un sogno di poeta, l'età aurea di una repubblica universale in cui i popoli sono solo altrettante famiglie viventi in pace perpetua sotto l'amorevole guida di un padre liberamente eletto, con sede, secondo Dante, in Roma eterna. La filosofia ghibellina era quindi ben lontana dall'idea della monarchia assoluta quale poi si sviluppò dal rigido protestantesimo. Ma nell'ideale perfetto dell'imperatore dominatore dell'universo e pacificatore dei popoli, potevano tuttavia celarsi i germi di nuovi Neroni, Domiziani e Caracalla, che nelle condizioni del mondo reale si sarebbero sviluppati come i semi del dispotismo. I filosofi e gli statisti del mondo antico non avrebbero compreso le sublimi utopie di Dante, Costantino avrebbe contemplato con stupore la veste, circonfusa da un'aureola religiosa, assunta dall'idea dell'*imperium* nella fantasia cristiana di taluni pensatori medievali. La celebre apoteosi con la quale Dante ha divinizzato il sacro Impero nell'immagine dell'aquila stellata volteggiante in Paradiso, presuppone invero un culto dell'ideale politico nascente da una passione religiosa così intensa, quale solo i Padri della Chiesa Agostino, Gerolamo, Cipriano l'avevano sentita per l'ideale della Chiesa. In questa esaltazione per l'Impero romano sta un amore profondo per l'umanità storica, la cui vita, in tutti i suoi rapporti terreni, è concepita come epifania dello spirito divino, di valore pari a quello dell'ordinamento ecclesiastico.

FERDINAND GREGOROVIUS

(Da *Storia della città di Roma nel Medioevo*, trad. di A. Casalengo, Torino, Einaudi, 1973, pagg. 1481-1483).

7. - Le tre Epistole " politiche "

Sentiamo anzitutto l'attacco della Epistola V, ai Principi, ai Signori, ai popoli tutti d'Italia:

« Ecce nunc tempus acceptabile », quo signa surgunt consolationis et pacis. Nam dies nova splendescit ab ortu auroram demonstrans, que iam tenebras diuturne calamitatis attenuat; iamque aure orientales crebrescunt; rutilat celum in labiis suis, et auspitia gentium blanda serenitate confortat. Et nos gaudium expectatum videbimus, qui diu pernoctativimus in deserto, quoniam Titan exorietur pacificus, et iustitia, sine sole quasi eliotropium hebetata, cum primum iubar ille vibraverit, revirescet. Saturabuntur omnes qui esuriunt et sitiunt [iustitiam] in lumine radiorum eius, et confundentur qui diligunt iniquitatem a facie coruscantis.

Notiamo anzitutto la forma sostanzialmente imaginosa, cioè poetica e non semplicemente logica, dell'espressione; Dante pensa e si esprime, adesso, in termini di concreta visualizzazione, trasferendo il dato storico e politico in un panorama dell'anima, che rivive e obiettiva il suo pensiero in via di metafore, « in fictione » (per usare il vocabolario tecnico del *De vulgari eloquentia*), e disegna e colorisce un paesaggio. E se guardiamo più da vicino la portata, il campo inventivo e semantico di queste imagini, ne noteremo la piena coincidenza (e non stupirà) con alcuni felici momenti di poesia e con alcuni paesaggi (altri paesaggi dell'anima, a segnare una condizione ontologica ed esistenziale) del primo canto dell'*Inferno*: « Nam dies nova spendescit ab ortu auroram demonstrans... iamque aure orientales crebrescunt; rutilat celum in labiis suis... Et nos gaudium expectatum videbimus...»; «Temp'era dal principio del mattino E il sol montava in su... Sì ch'a bene sperar m'era cagione... L'ora del tempo e la dolce stagione...». E per la frase «qui diu pernoctitavimus in deserto», ripensiamo alla «piaggia deserta» sempre del canto I: imagini tutte che non sono un mero cavallo di ritorno (l'avvertì già da maestro il Parodi), cioè a dire mera ripresa, fruizione di un testo poetico, in quanto le terzine dell'*Inferno*, nella loro forzata indeterminatezza sul piano storico, vengono ad assumere il valore di una prefigurazione, di cui gioiosamente ora il poeta vede o spera di vedere il compimento.

E vediamo ancora: «Di quell'umile Italia fia salute...»: «Letare iam nunc miseranda Ytalia etiam' Saracenis, que statim invidiosa per orbem videberis, quia sponsus tuus, mundi solatium et gloria plebis tue, clementissimus Henricus,... ad nuptias properat». E anche questa volta, di contro all'Imperatore (come già contro al Veltro) ecco la cupidigia, cioè la Lupa: «Nec seducat alludens cupiditas, more Sirenum nescio qua dulcedine vigiliam rationis mortificans...».

Ma la cupidigia, invece, trionfò: poiché l'Italia, e Firenze in particolare, non erano ancora disposte all'avvento di Arrigo, ad accoglierlo quale apportatore di pace e di giustizia; Firenze gli chiude infatti sdegnosamente in faccia le sue porte, e si appoggia a Re Roberto, sfruttando nel contempo la duplice politica del Pontefice. Così, il 31 marzo 1311, Dante indirizza pubblicamente una lettera agli scellerati fiorentini di dentro: «Scelestissimis florentinis intrinsecis», ove ritorna assillante il motivo della necessità dell'Impero perché la «humana civilitas», l'umano consorzio, possa ritrovare tranquillità e pace, quella tranquillità e pace (Dante usa il termine «serenità») cui la Provvidenza medesima l'ha ordinata:

Eterni pia providentia Regis, que dum celestia sua bonitate perpetuat, infera nostra despiciendo non deserit, sacrosancto Romanorum Imperio res humanas disposuit gubernandas, ut sub tanti serenitate presidii genus mortale quiesceret, et ubique, natura poscente, civiliter degeretur.

È ormai acquisito, per Dante, sul piano teorico e pratico, il concetto (che verrà ampiamente svolto nella *Monarchia* e nella *Commedia*) della «naturalità» dell'Impero, una naturalità provvidenzialmente voluta da Dio, e che la ragione umana (purché non accecata dalla passione) dovrebbe riconoscere nell'ordine stesso delle cose;

ma i Fiorentini, «*amentes* et discoli», all'Impero si oppongono, e non vedono quale e quanto sia il profondo disordine che ha ormai sconvolto il mondo, allontanandolo dal suo retto cammino:

... Solio augustali vacante, totus orbis exorbitat..., nauclerus et remiges in navicula Petri dormitant, et... Ytalia misera, sola, privatis arbitriis derelicta omnique publico moderamine destituta, quanta ventorum fluentorumve concussione feratur verba non caperent, sed et vix Ytali infelices lacrimis metiuntur.

Sono gli accenti che, dopo il I canto dell'*Inferno*, ricompaiono, e quante volte, lungo tutto il *Purgatorio*, più o meno parallelo, cronologicamente, a queste pagine (si ricordi almeno, a *Purg.*, XXXII, 116-117, il carro della Chiesa che per le antiche persecuzioni «piegò come nave in fortuna, Vinta dall'onda, or da pioggia, or da orza»). Ma invece di meditare su queste tragiche verità, i fiorentini, non per nulla pazzi e scellerati, preferiscono continuare a trasgredire le leggi umane e divine, pronti come sono ad ogni iniquità perché in tutto dominati dalla Lupa, dalla libidine dei beni materiali che mai non si sazia, che dopo il pasto ha più fame che pria, e che li rende pronti ad ogni sacrilegio: «quos dira cupiditatis ingluvies paratos in omne nefas illexit». Essi ormai altri non vedono che il loro stato particolare, e osano quindi contrapporsi sul piano politico alla politica imperiale, vale a dire alla stessa Roma, fonte sacra del diritto: «Quid... tanquam alteri Babilonii, pium deserentes imperium, nova regna temptatis, ut alia sit Florentina civilitas, alia sit Romana?».

Ma non mancherà il castigo divino; un castigo che Dante affretta ormai col desiderio e con le opere. Egli si fa così consigliere veemente dello stesso Imperatore (con l'Epistola VII, del 17 aprile 1311), perché si decida a tagliare la testa all'idra pestifera, alla vipera che si rivolta contro la madre, mentre arde in se stessa, novella Mirra, del desiderio incestuoso di amplessi paterni: cercando di alienare all'imperatore il favore del Pontefice, padre comune; di quel Pontefice (Clemente V) il quale, per ragioni di equilibrio nei confronti della Casa di Francia, aveva all'inizio accolto la discesa di Arrigo in Italia con una lettera enciclica benedicente, ma che ora viene mutando il suo iniziale atteggiamento.

Di contro all'attardarsi di Arrigo nell'Italia settentrionale (ad assediare Cremona, Brescia, Pavia), Dante ben vede, con una saggezza d'uomo politico che non possiamo disconoscergli, che solo Firenze è il ganglio strategico della resistenza, il caposaldo da battere e annientare: Firenze, alleata di Re Roberto, dominatrice dell'Italia centrale, chiave della porta di Roma, ricca pei suoi commerci, per la forza prorompente dalla « gente nova » e dai « subiti guadagni », potente per le sue armi come pel suo danaro. E viene spontaneo alla bocca del poeta, di fronte a quell'attardarsi d'Arrigo, il grido di un animo dubitoso che chiede certezza, che chiede ansiosamente, con accenti biblicamente profetici, che la profezia si avveri:

> Verum quia sol noster, sive desiderii fervor hoc submoneat sive facies veritatis, aut morari iam creditur aut retrocedere supputatur, quasi Iosue denuo vel Amos filius imperaret, incertitudine dubitare compellimur et in vocem Precursoris irrumpere sic: « Tu es qui venturus es, an alium expectamus? ».

Dante, che s'era fatto, per bocca del suo Virgilio, lui stesso precursore del Veltro venturo, e che questo Veltro aveva riconosciuto (sin dall'annuncio della elezione imperiale) come avverato storicamente nella persona di Arrigo, riprende dunque l'accento di Giovanni prima del suo incontro col Cristo: « Sei proprio tu che dovevi venire, o dobbiamo aspettarne un altro? ». E non c'è bisogno di richiamare, per l'apostrofe « Tu es qui venturus es », il verso del canto I dell'*Inferno*, « 'n fin che 'l Veltro verrà ». Ed erompe, infine, un altro grido, di impazienza e insieme di certezza nelle disposizioni provvidenziali:

> Eia itaque, rumpe moras, proles altera Isai, sume tibi fiduciam de oculis Domini Dei Sabaoth coram quo agis, et Goliam hunc in funda sapientie tue atque in lapide virium tuarum prosterne; quoniam in eius occasu nox et umbra timoris castra Philistinorum operiet: fugient Philistei et liberabitur Israel. Tunc hereditas nostra, quam sine intermissione deflemus ablatam, nobis erit in integrum restituta...

Parole gravi, parole taglienti, cui la ripresa di toni sacralmente biblici assicura una austera solennità, e ci dice di quanta forza interiore, di quanta persuasione di attingere ed enunciare altissime verità vòlte alla comune salvezza si nutra ormai il pensiero e l'animo del poeta: pure, quando Enrico si presenterà davvero sotto le mura di Firenze, ponendovi l'assedio e il campo là dove ancor oggi, nella piana di vicino a San Salvi, vige il tradizionale toponimo del « campo d'Arrigo », quando i fuorusciti si arruoleranno sotto le sue bandiere e parteciperanno alle scorrerie e alle scaramucce, Dante, anche questa volta, e non certo per codardia (lui che nei suoi giovani anni aveva pugnato tra i feditori a cavallo nella piana di Campaldino), non vorrà portare direttamente le sue armi contro la patria, sconoscente ed ingrata, ma pur sempre madre.

FRANCESCO MAZZONI

(Da *Le Egloghe e le Epistole*, in «Città di vita», XX, 3, 1965 [*Dante minore*], pagg. 418-423).

8. – Aspetti del pensiero filosofico di Dante

Dicono che sia non poco esagerato nel giudicare dell'importanza del pensiero filosofico di Dante e nell'attribuirgli una qualche originalità. Io oserei affermare piuttosto che si sia caduti nel difetto opposto, sostenendo, come s'è fatto da molti in questi ultimi tempi, che la filosofia dell'Alighieri è in sostanza quella del « buono frate Tommaso d'Aquino ». E quella del tomismo di Dante è finita per diventare ormai una leggenda divulgata in molti commenti e accolta, come cosa risaputa, nella maggior parte dei manuali di letteratura. [...]

Ma così, pur riconoscendo che lo schema generale della sua metafisica è quello della scolastica cristiana, è certo che egli vi ha inserito taluni particolari caratteristici, come la dottrina esposta a proposito delle macchie lunari, per spiegare la derivazione del molteplice dall'uno; come quella della produzione mediata del mondo inferiore; come quella altresì dell'empireo, luogo intellettuale del mondo sensibile, e quella intorno all'origine dell'anima umana risultante dal concorso dell'atto creatore coll'opera della natura, dottrina questa ultima rimessa in onore dal Rosmini.

Così nelle sue riflessioni sulla natura del linguaggio, Dante muove dal concetto aristotelico della naturale mutabilità delle lingue, per rivendicare il buon diritto del volgare sulla « grammatica », ed arriva fino a trionfare del pregiudizio teologico circa l'incorruttibilità della lingua d'Adamo.

Così nelle discussioni intorno alla natura dell'amore che s'accesero fra i rimatori italiani del secolo XIII, sembra essersi rinnovato in tutti i suoi momenti dialettici lo svolgimento del *Fedro* platonico; sì che dalle esercitazioni retoriche che ci ricordano il discorso di Lisia giungiamo con Dante alla riscoperta dell'origine divina di Eros, e nella poetica rappresentazione dell'ascesa dell'anima all'iperuranio, celebrata nel secondo discorso di Socrate, come nella visione di Er alla fine della *Repubblica*, assai meglio che nelle povere visioni medioevali, accade di trovare davvero il germe fecondo della filosofia e della poesia della *Commedia*. A chi osservasse che il poeta fiorentino non ebbe alcuna conoscenza delle due opere del filosofo ateniese, è agevole rispondere che il pensiero platonico, propagatosi per mille rivoli, informava ormai di sé una vasta letteratura che almeno in parte era ben conosciuta da Dante. Ma, anche senza di questo, i grandi ingegni non hanno bisogno, per intendersi, dei mezzi consueti che si richiedono alle anime superficiali. Lo spirito si diffonde per vie occulte, sotterranee. E le menti avvezze a concentrarsi nella meditazione, tanto più facilmente comunican fra loro, pur attraverso distanze di luogo e di tempo, quanto più s'immergono nella profondità della coscienza, là dove s'accende la luce del vero. Intanto giova notare che anche l'ultima tesi del *Fedro*, esser la vera eloquenza espressione sincera dei sentimenti dell'animo, trova perfetta risonanza nei versi del poeta:

> I' mi son un, che quando
> Amor mi spira, noto, ed a quel modo
> ch'e' ditta dentro vo significando;

poiché la materia dell'amore, come diceva Riccardo da San Vittore, « aut tota intus est aut nusquam est », di guisa che « solus de ea digne loquitur qui, secundum quod cor dictat, verba componit » (*De grad. charit.*, cap. I).

Ma il problema più grave dell'anima dantesca è quello concernente la « cagion che il mondo ha fatto reo ». Dapprima egli avea creduto di trovare questa cagione nell'egoismo delle città e dei principati particolari, per non essere la cupidigia frenata dal cavalcatore dell'umana volontà; ed aveva scritto la *Monarchia*. In quest'opera è notevole la vigorosa affermazione dell'unità del genere umano, dedotta dal principio averroistico che tutti gli uomini tendono ad un unico fine, cioè a che, per mezzo dello sforzo comune, la potenza dell'intelletto possibile sia in ogni momento, tutta quanta, spiegata. Dall'unità del genere umano aveva poi dedotta la necessità della monarchia universale, e di questa aveva difesa l'indipendenza dall'invadente potere ecclesiastico, assumendo a fondamento di questa indipendenza l'autonomia della ragione di fronte alla fede. Più tardi scopriva che la causa dei mali che affliggevano la cristianità era più profonda: non solo era venuta meno l'autorità moderatrice dell'Impero, ma la stessa Chiesa, per essersi invischiata nelle faccende di questo mondo, aveva tradita la sua missione evangelica e dava esempio di mala condotta ai cristiani. Sì che al ristabilimento dell'ordine sulla terra era necessaria, insieme alla restaurazione imperiale, una riforma religiosa che riconducesse la Chiesa sulla retta via. Chi giudica questa utopia dantesca dal punto di vista della storia politica o della storia delle dottrine politiche, la trova e non può non trovarla, troppo irreale perché potesse contribuire a modificare il corso degli avvenimenti. Ma l'errore consiste precisamente nel giudicarla dal punto di vista politico, piuttosto che da quello morale. Politico era invece l'intento perseguito dalla tradizione giuridica bolognese, anche quando questa traeva profitto dall'ideale di riforma religiosa per rafforzare la tesi che nelle cose temporali nessuno comanda all'imperatore. Dante va oltre la tesi imperialista, e l'ideale monastico di riforma corregge colla visione di una *beatitudo huius vitae*, da realizzarsi sulla terra, mercé la piena attuazione della ragione *quae per phylosophos tota nobis innotuit*.

BRUNO NARDI

(Da *La filosofia di Dante*, in *Grande Antologia Filosofica*, Milano, Marzorati, 1958, pagg. 1156-1157).

9. - La « Commedia » " itinerarium mentis ad Deum "

Dobbiamo considerare per un momento che diverso poema sarebbe la *Divina Commedia* se non fosse di tutto una narrazione, il resoconto di un viaggio. Se ne elimini solo questa parte, e l'intera sua struttura dovrà crollare. Sotto il disegno di un viaggio tutto è intessuto; anche quell'altra dimensione, il simbolismo delle cose vedute. Perché appartiene alla vera natura del simbolismo il fatto che le cose debbano far allusione ad altro che è al di là di loro stesse, essere segni allo stesso tempo che cose. Ma se le cose fossero vedute *far allusione all'aldilà* lungo i cento canti di questo poema, e ciò nonostante si mancasse di andare al di là di esse per obbedire ai loro segni e renderli operanti, il loro alludere rimarrebbe allora un monco gesto, senza visibile effetto. Sarebbero segni che non condurrebbero a nessuno scopo raggiunto. Nessun inquieto cuore proteso verso la meta agognata che essi con tanta insistenza ed eloquenza annunciano vi sarebbe colà per corrispondere ad essi. Il viaggio del poema è il viaggio dell'inquieto cuore cristiano, e la sua presenza nella struttura costituisce il vero pulsare dell'opera tutta.

I segni visibili nelle cose sono là per coloro che ancora sono sulla strada di questa vita, e che vanno verso la vera meta del mondo, meta sempre ultraterrena. Questi sono segnali viarii per i viventi. E l'assai eccezionale viaggio ultraterreno di Dante, per i regni dell'oltretomba, è pur sempre il viaggio di un uomo che è ancora sul « cammino di nostra vita » qui. Soltanto in tal modo questo può essere il duplice viaggio che appunto è: un viaggio *colà*, attraverso l'Inferno e il Purgatorio e il Paradiso, ed un viaggio *qui*, un avvenimento di questa « nostra vita ». [...]

L'avvenimento, l'evento letterale di un viaggio di Dante al di là di questa vita richiama alla mente l'evento di una specie di viaggio terreno. Così, allo stesso modo come le cose, anche il viaggio letterale allude ad altro al di là di sé stesso. Ma c'è una differenza. Le cose vedute nel viaggio oltremondano additano in alto con i loro segni, verso l'Unico che giudica, che punisce o premia; mentre l'andare di Dante, il viaggio in quanto tale, si volge ad alludere giù verso questa nostra vita e questo nostro viaggio.

La direzione di questo doppio viaggio, una volta iniziato, è quella verso cui tutti i segni dànno indicazione. È un duplice *itinerarium* verso Dio. È evidente che il viaggio letterale raggiunge tale meta. Così è anche per il viaggio riflesso che segue quello letterale come sua vera e propria ombra e rispecchiata immagine. E fra i due c'è sempre la inconfondibile distinzione riguardo al tempo e al luogo. Ma è il tempo e il luogo del viaggio allegorico che invitano ad un particolare esame. Poiché diciamo che questo è un viaggio qui, in questa vita. Il cammino suo è qui, eppure dov'è esso? E diciamo che ha luogo ora, ma come ora? Queste sono domande che non si pongono nei confronti del viaggio letterale. Mai poema definì esattamente o rappresentò con maggior concretezza la vasta scena dell'azione che vi si svolge, né poema fu mai più accurato nell'indicare il tempo della propria azione. Questo, alla lettera, è l'anno 1300 dopo Cristo: questa è la settimana di Pasqua; né ci viene tenuta celata l'ora esatta del giorno o della notte mentre procediamo lungo il cammino.

Quanto al tempo e al luogo del viaggio riflesso, giungiamo a vedere che non è possibile una determinazione precisa. Il nome che comunemente veniva dato ad esso al tempo di Dante era *itinerarium mentis ad Deum*. Ma se questo viaggio è «della mente», di chi sarà, secondo noi, questa mente? C'è una sola possibile risposta: «di chiunque». Di nuovo prendiamo nota della duplice condizione. Nel viaggio letterale il protagonista è definito, possiamo dire chi sia. È Dante, fiorentino per nascita se non per costumi. Ma la corrispondente immagine, la figura d'ombra che è in allegoria, non ha identità precisa. È semplicemente un «chiunque»: chiunque, cioè, per grazia divina scelga di compiere, o sia scelto a compiere, quel viaggio della mente che conduce a Lui in questa vita. Il viandante, in allegoria, è un cristiano, qualunque cristiano. È un *homo viator*; ma, a rigore, non è Ognuno. È piuttosto «qualsivoglia uomo», chiunque, cioè, sia scelto per questo viaggio verso Dio mentre è ancora in questa vita dove, volenti o nolenti, siamo tutti viandanti.

Tale andare terreno sarà un viaggio della mente e del cuore, poiché solo in tal modo possiamo dirigerci verso Dio mentre continuiamo a dimorare fra i viventi. Che un simile viaggio *hic et nunc* sia una possibilità aperta a tutti, rimane il postulato fondamentale e, per Dante, la base dottrinale su cui egli può costruire l'allegoria della *Divina Commedia*.

Se il protagonista del viaggio riflesso è un «chiunque» allora il tempo del suo viaggio sarà un corrispondente «qualsivoglia tempo». Molti si sono immessi in questo *itinerarium mentis* nel passato, molti ancora vi si immetteranno fino alla fine del tempo. Dobbiamo considerare che esso ha luogo anche ora, in molti cuori cristiani. Il tempo del viaggio allegorico è, così, un passato, un presente o un futuro, senza che ciò comporti differenza; il che vuol dire che il suo tempo è «qualsivoglia tempo». E se pensiamo di nuovo al viaggio letterale per questo riguardo, di nuovo notiamo la fondamentale differenza fra il letterale e l'allegorico. Protagonista e luogo d'azione non potrebbero essere determinati con più esattezza nell'uno, o con minor precisione nell'altro; e quanto al tempo, non penseremo che il viaggio letterale abbia avuto luogo più di una volta, o che mai potrebbe aver luogo di nuovo, mentre l'*itinerarium mentis* è un evento che si ripete nel cuore cristiano, nello svolgersi del tempo, più e più volte.

CHARLES SOUTHWARD SINGLETON

(Da *Studi su Dante*, I: *Introduzione alla «Divina Commedia»*, trad. di G. Vallese, Napoli, Scalabrini, 1961, pagg. 11-13).

10. – Cielo e terra nel poema dantesco

Dante, entrando nel regno dei morti, vi porta seco tutte le passioni de' vivi, si trae appresso tutta la terra. Dimentica di essere un simbolo o una figura allegorica; ed è Dante, la più potente individualità di quel tempo, nella quale è compendiata tutta l'esistenza, com'era allora, con le sue astrattezze, con le sue èstasi, con le sue passioni impetuose, con la sua civiltà e la sua barbarie. Alla vista e alle parole di un uomo vivo, le anime rinascono per un istante, risentono l'antica vita, ritornano uomini; nell'eterno ricomparisce il tempo; in seno dell'avvenire vive e si muove l'Italia, anzi l'Europa di quel secolo. Così la poesia abbraccia tutta la vita, cielo e terra, tempo ed eternità, umano e divino; ed il poema soprannaturale diviene umano e terreno, con la propria impronta dell'uomo e del tempo. Riapparisce la natura terrestre come opposizione o paragone o rimembranza. Riapparisce l'accidente e il tempo, la storia e la società nella sua vita esterna ed interiore; spunta la tradizione virgiliana, con Roma capitale del mondo e la monarchia prestabilita, ed entro a questa magnifica cornice hai come quadro la storia del tempo: Bonifacio VIII, Roberto, Filippo il bello, Carlo di Valois, i Cerchi e i Donati, la nuova e l'antica Firenze, la storia d'Italia e la sua storia, le sue ire, i suoi odii, le sue vendette, i suoi amori, le sue predilezioni.

Così la vita s'integra, l'altro mondo esce dalla sua astrazione dottrinale e mistica, cielo e terra si mescolano; sintesi vivente di questa immensa comprensione Dante, spettatore, attore e giudice. La vita, guardata dall'altro mondo, acquista nuove attitudini, sensazioni e impressioni. L'altro mondo, guardato dalla terra, veste le sue passioni e i suoi interessi. E n'è uscita una concezione originalissima, una natura nuova e un uomo nuovo. Sono due mondi onnipresenti, in reciprocanza d'azione, che si succedono, si avvicendano, s'incrociano, si compenetrano, si spiegano e s'illuminano a vicenda, in perpetuo ritorno l'uno nell'altro. La loro unità non è in un protagonista né in un'azione né in un fine astratto ed estraneo alla materia; ma è nella stessa materia; unità interiore e impersonale, vivente indivisibile unità organica, i cui momenti si succedono nello spirito del poeta, non come meccanico aggregato di parti separabili, ma penetranti gli uni negli altri e immedesimantisi, com'è la vita. Questa energica e armoniosa unità è nella natura stessa de' due mondi, materialmente distinti, ma una cosa nella unità della coscienza. Cielo e terra sono termini correlativi: l'uno non è senza l'altro. Il puro reale ed il puro ideale sono due astrazioni: ogni reale porta seco il suo ideale, ogni uomo porta seco il suo inferno e il suo paradiso, ogni uomo chiude nel suo petto tutti gli dèi d'Olimpo: lo scettico può abolire l'inferno, non può abolire la coscienza. Appunto perché i due mondi sono la vita stessa nelle sue due facce, in seno a questa unità si sviluppa il più vivace dualismo, anzi antagonismo: l'altro mondo rende i corpi ombre, ombre gli affetti e le grandezze e le pompe; ma in quelle ombre freme ancora la carne, trema il desiderio, suonano d'imprecazioni terrene fino le tranquille vòlte del cielo. Gli uomini, con essi le loro passioni e vizi e virtù, rimangono eterni, come statue, in quell'attitudine, in quella espressione d'odio, di sdegno, di amore, che sono stati còlti dall'artista: ma mentre l'altro mondo eterna la terra trasportandola nel suo seno e ponendole dirimpetto l'immagine dell'infinito, ne scopre il vano e il nulla: gli uomini sono gli stessi in un diverso teatro, che è la loro ironia. Questa unità e dualità uscente dall'imo stesso della situazione, balena al di fuori nelle più varie forme, ora in un'apostrofe, ora in un discorso, ora in un gesto, ora in un'azione, ora nella natura, ora nell'uomo: in questa unità penetra la più grande varietà, né è facile trovare un lavoro artistico, in cui il limite sia così preciso e così largo. Niente è nell'argomento che costringa il poeta a preferire il tal personaggio, il tal tempo, la tale azione: tutta la storia, tutti gli aspetti sotto a' quali si è mostrata l'umanità sono a sua scelta; e può abbandonarsi a suo talento alle ire e alle sue opinioni, e può intramettere nello scopo generale fini particolari senza che ne scapiti l'unità. Il che dà al suo universo compiuta realtà poetica, veggendosi nella permanente unità tutto ciò che sorge e dalla libertà dell'umana persona e dall'accidente, e moversi con vario gioco tutt'i contrasti, e il necessario congiunto col libero arbitrio, e il fato col caso.

 Adunque, che poesia è codesta? Ci è materia epica, e non è epopea; ci è una situazione lirica, e non è lirica; ci è un ordito drammatico, e non è dramma. È una di quelle costruzioni gigantesche e primitive, vere enciclopedie, bibbie nazionali; non questo o quel genere, ma il tutto, che contiene nel suo grembo ancora involute tutta la materia e tutte le forme poetiche, il germe di ogni sviluppo ulteriore. Perciò nessun genere di poesia vi è distinto ed esplicato: l'uno entra nell'altro, l'uno si compie nell'altro. Come i due mondi sono in modo immedesimati che non puoi dire: – Qui è l'uno e qui è l'altro; – così i diversi generi sono fusi di maniera che nessuno può segnare i confini che li dividono, né dire: – Questo è assolutamente epico, e questo è drammatico.

È il contenuto universale, di cui tutte le poesie non sono che frammenti, il « poema sacro », l'eterna geometria e l'eterna logica della creazione incarnata ne' tre mondi cristiani; la città di Dio, dove si riflette la città dell'uomo in tutta la sua realtà del tal luogo e del tal tempo; la sfera immobile del mondo teologico, entro di cui si muovono tempestosamente tutte le passioni umane.

Francesco De Sanctis

(Da Storia della letteratura italiana, vol. I,
Bari, Laterza, 1958, pagg. 169-173).

11. – L'allegoria nella « Commedia »

Quale sia il vero *senso allegorico* nascosto sotto la lettera Dante stesso ce lo insegna nell'ultimo capitolo della *Monarchia*. Il poeta ha inteso ritrarre lo stato di smarrimento e di traviamento della società cristiana del suo tempo (selva) e mostrarne la causa nella mancanza delle guide che la Provvidenza assegnò al genere umano quando lo volle redento in Cristo. Ha inteso proclamare la necessità del ritorno delle sue guide al proprio distinto ufficio e che la società, sotto di esse e per opera loro distinta e concorde, riprenda il retto cammino che conduce alla felicità terrena e alla beatitudine celeste (raffigurate nel Paradiso terrestre e nel Paradiso celeste), secondo i due fini posti da Dio alla vita umana. Ha inteso annunziare che il ripristino delle due distinte guide nella pienezza, ciascuna, dei propri e distinti uffici è prossimo: per opera d'un uomo a ciò straordinariamente destinato dalla Provvidenza (raffigurato nel Veltro e nel Dux), il quale caccerà via dal mondo la cupidigia (la lupa), corruttrice della vita familiare e civile e politica d'ogni ceto sociale, e corruttrice della stessa Chiesa di Cristo, e anzi soprattutto di essa, ne' suoi organi e ne' suoi capi.

Questa idea, e dei mali del mondo e della loro causa, fattasi sentimento di dolore e amore, e speranza e fede nella divina bontà, permea senza sforzo la potente fantasia: e ben lungi dal rallentarne l'impeto creativo o da intorbidarne l'espressione, ne rafforza anzi la virtù poetica e ne illumina di luce più viva le immagini, e trasporta tutto su di un piano più elevato e più efficace all'alto fine; e muove il poeta-vate, presso al termine della grande opera, a dire, con sicura coscienza del proprio merito senza iattanza,

> Con altra voce omai, con altro vello
> ritornerò poeta; ed in sul fonte
> del mio battesmo prenderò 'l cappello.

Definita e considerata così, l'allegoria fa corpo con la poesia; e viene a costituire, per così dire, l'anima e il succo del poema. Con che non si dice, e non si vuole intendere che Dante, nel corso del suo lavoro, fosse ossessionato dal pensiero di porla presente ed operante in ogni singolo episodio o discorso né che, conseguentemente, al lettore incomba l'obbligo di andarla appostando e scovando per ogni dove. E anche se qualche complessa figurazione simbolica c'invita a ricercare e a penetrare oltre la lettera, non dobbiamo, neppure in questi casi, abbandonarci alle nostre più o meno sottili esercitazioni d'ingegno dimenticando quel ch'è sempre l'essenziale, *la poesia*; e gioverà anzi contentarsi di arrivare a scoprire, se e in quanto esistano, i legami che congiungono siffatte figurazioni a quella che sola può dirsi l'allegoria fondamentale. D'altronde, neppure bisogna credere che, in un'opera così vasta, non possano esserci parti opache o perché troppo strettamente legate a dottrine e pregiudizi ormai superati o perché la fantasia non è riuscita a far entrare nell'onda dell'ispirazione certi elementi culturali o morali.

Quello che fu l'intendimento più alto del poeta, ripeto, si fonde senza sforzo e senza lasciar residui nel vivo fuoco della poesia: e insieme con esso, e in indiscutibile unità con esso, nelle linee della costruzione poetica entrano e si fondono gli altri elementi ch'egli vi fa confluire dagli eventi della propria vita e del suo tempo, e dalla storia prossima e remota di Firenze e d'altrove, e da tutto ciò che fu oggetto del suo interesse o amore o odio. Al fondo della costruzione egli ha addirittura posto la storia del proprio personale smarrimento e dei vani tentativi da lui con le sole sue forze fatti per ritornare su la via retta, e degli impedimenti che si sono opposti, e della Grazia intervenuta a trarlo in salvo e farlo « puro e disposto a salire a le stelle » e degno, infine, della visione di Dio e della Incarnazione redentrice. Anche se rappresentata per via di figure (la *selva*, le tre *fiere*, *Virgilio*, *Beatrice*, *Paradiso terrestre*, *Paradiso celeste*) questa storia fa parte, ripeto, del *senso letterale* del poema, ed è errore considerarla come *allegorie* e, peggio, come l'allegoria fondamentale. Nell'ambito dell'allegoria – e diciamola pure allegoria *iniziale* perché ci è data dai primi due canti presso che tutta o almeno nelle sue linee essenziali – si entra solo in quanto il poeta ha voluto adombrare in se stesso la società cristiana del suo tempo, e Virgilio e Beatrice assumono il significato dell'autorità imperiale e dell'autorità pontificia le quali, l'una con gli argomenti della scienza umana e l'altra con gli insegnamenti della verità rivelata, debbono guidare gli uomini per la strada « del mondo » e « di Dio » rispettivamente alla felicità temporale ed all'eterna.

MICHELE BARBI

(Da *Problemi fondamentali per un nuovo commento della « Divina Commedia »*, Firenze, Le Monnier, 1956, pagg. 117-122).

12. – Struttura e poesia nella « Commedia »

In cerchi, cornici e cieli Dante distribuì per categorie dannati, purganti e beati: nell'Inferno, gl'infingardi nel vestibolo, i non redenti del peccato originale nel Limbo, e i propriamente dannati negli altri cerchi e nelle bolge secondo le tre disposizioni peccaminose, incontinenza, violenza e frode, ciascuna di queste suddivisa in modo che dai lussuriosi, golosi, avari si scende più giù fino ai traditori; nel Purgatorio, assegnati alla base o antepurgatorio i contumaci e negligenti, tutti gli altri nelle cornici, secondo la divisione dei sette peccati o dei sette vizî capitali; e nel Paradiso, i beati, secondo i meriti e la correlativa beatitudine, secondo i gradi della carità o le virtù cardinali e teologali. E descrisse questo triplice regno fingendo sé viaggiatore e osservatore, dapprima sotto la guida di Virgilio, poi, per un breve tratto, di Virgilio e di Stazio insieme, poi, dal paradiso terrestre all'empireo, di Beatrice, e, nell'empireo, di San Bernardo. Che cosa fece egli in siffatta rappresentazione, che certamente si trova nel libro della *Commedia*, e anzi sembra sorreggere tutto il resto?

Poesia propriamente no, ma nemmeno, come si suol dire, scienza, perché la scienza, in tutte le forme in cui si prenda, o che elabori concetti o affermi fatti o classifichi o costruisca astrazioni, è sempre critica, e non ammette, e anzi discaccia e dissolve, le combinazioni dell'immaginazione. Qui invece l'immaginazione interviene come demiurgo e compie un'opera affatto pratica, qual è quella di foggiare un oggetto che adombri a uso dell'immaginazione l'idea dell'altro mondo, dell'eterno. Si potrebbe forse acconciamente chiamare, questo lavoro compiuto da Dante, un « romanzo teologico » o « etico-politico-teologico », in analogia dei romanzi « scientifici » o « socialistici », che si sono scritti in tempi a noi vicini e si scrivono ancora, il fine dei quali è divulgare e rendere altrui accetto e desiderabile qualcosa che si crede o si desidera, presentandolo con l'aiuto dell'immaginazione, come sarebbero gli effetti che produrranno certe aspettate o invocate scoperte scientifiche, o le nuove condizioni di vita che nasceranno dall'attuazione di certi nuovi istituti sociali. Mutati i tempi e gl'interessi degli uomini, diventate le scienze naturali e le disquisizioni sociologiche ciò che un tempo furono la teologia e i problemi della salvazione dell'anima, romanzi teologici ora non se ne compongono più; ma parecchi se ne composero nel corso del Medioevo (tra i quali sono in parte da annoverare le cosiddette « visioni »), e questo di Dante fu di gran lunga il più ricco di tutti, il più grandioso e meglio architettato, sebbene non l'ultimo. Romanzo teologico che, per la natura della religione, al cui dominio nulla si sottrae, e per effetto degl'interessi etici e politici di Dante, si complicava, come si è accennato, di un'utopia politica ed etica. [...]

Sulla struttura della *Commedia*, cioè sul romanzo teologico che le è messo a fondamento, è sorta una delle più cospicue sezioni della « letteratura dantesca », gareggiante per mole con quella accumulata sulle allegorie, e si chiama della « topografia fisica » e della « topografia morale » dei tre regni. E poiché quella struttura Dante la volle ed eseguì, ed esiste nel suo libro, è naturale che gl'interpreti curino di chiarirla, ed è utile che, per far sì che l'abbiano chiara in mente i lettori (i quali per solito ne accolgono un'idea sommaria e confusa, perché vi s'interessano poco), si disegnino, come si sono disegnati, atlanti, e si diano geografie dell'altro mondo dantesco, ed orarî od orologi del viaggio in esso, e commenti al codice penale che vi regna, e alla graduatoria dei meriti e delle ricompense. Solo che sarebbe da ripetere, rinforzandola, la raccomandazione che già s'è fatta, di guardarsi dal troppo, e di non dimenticare che queste di Dante sono mere costruzioni immaginative, di scarsissima importanza, soprattutto per noi che abbiamo altre immaginazioni pel capo, e che, a ogni modo, delle immaginazioni e dei sogni non conviene a lungo intrattenere la gente. [...]

C'è, quel che è peggio, un preconcetto in quest'ardore di ricerche sulla topografia fisica e morale dei tre regni, che cioè tali notizie concorrano a determinare, e far comprendere e gustare, l'arte di Dante, il carattere di ciascuna delle tre cantiche e le ragioni del passaggio da una parte all'altra di ciascuna, da un episodio all'altro: onde la « storia » dell'altro mondo concepita come « storia estetica », e i legami e gli espedienti, come finezze d'arte. Ma poiché la struttura che abbiamo sommariamente delineata non nasce da motivo poetico, sibbene da un intento didascalico e pratico, essa non vale né a segnare il particolare carattere poetico, posto che vi sia, di ciascuna cantica, né i passaggi da una situazione poetica all'altra, e può dare solamente ciò che è nella sua natura, connessioni estrinseche alla poesia e determinate da ragioni strutturali. Ogni sforzo che si faccia per convertire queste ragioni in ragioni estetiche è sterile spreco di acume. La poesia delle tre cantiche non si deduce dal concetto del viaggio nei tre regni, mercé del quale l'umanità, e Dante che la rappresenta, passerebbe dall'angoscia e rimorso per il peccato al pentimento e alla purgazione, e di là alla beatitudine o perfezione morale: questo è uno degli aspetti del romanzo teologico, ma non è il principio informatore della poesia che a esso aderisce. La bellissima rappresentazione dell'arsenale dei Veneziani non ritrova il suo ufficio e la sua giustificazione poetica nell'asserita intenzione che, com'è stato sottilizzato, Dante avrebbe avuta di contrapporre uno spettacolo di fervida operosità economica al malvagio affaccendarsi dei barattieri, materia a quel canto; né l'escurso di Virgilio sull'origine di Mantova, nell'idea di dar saggio di storia veritiera tra le fandonie delle streghe e dei maghi; né Ulisse, che narra il suo ultimo eroico viaggio da esploratore, ha nulla che vedere coi fraudolenti, tra i quali è condannato. Ciascuno di quegli episodi sta per sé ed è una lirica a sé. E nemmeno si può considerare la struttura che sorregge la poesia come la « parte tecnica » del poema, giacché la tecnica (come ormai dovrebbe essere ammesso) o non esiste in arte o coincide con l'arte stessa, laddove la struttura della *Commedia*, avendo altra origine psicologica, non coincide interamente con la sua poesia. Con maggiore verità codesta struttura è stata assomigliata a una cornice che contorni e chiuda uno o più quadri, quantunque tale immagine rechi anch'essa il pericolo di ridarle una virtù propriamente estetica, perché le cornici sogliono essere ideate insieme coi quadri o artisticamente lavorate in modo da formare un'armonia, quasi compimento delle pitture, il che veramente non è in questo caso. Paragone per paragone, si potrebbe piuttosto raffigurarla come una fabbrica robusta e massiccia, sulla quale una rigogliosa vegetazione si arrampichi e stenda e s'orni di penduli rami e di festoni e di fiori, rivestendola in modo che solo qua e là qualche pezzo della muratura mostri il suo grezzo o qualche spigolo la sua dura linea. Ma, uscendo di metafora, il rapporto con la poesia è semplicemente quello che passa tra un romanzo teologico, ossia una didascalica, e la lirica che lo varia e interrompe di continuo.

BENEDETTO CROCE

(Da *La poesia di Dante*, Bari, Laterza, 1948[6], pp. 53-59, *passim*).

13. – L'unità poetica della « Commedia »

Il poetare non presuppone nulla: e il pensato, il mondo intenzionale, la struttura, presuppongono assolutamente il poetare. Quindi non mai dalla struttura e sulla struttura e per la struttura si genera la poesia, ma è sempre la poesia a generare la sua struttura; e questa proposizione non vale soltanto per Shakespeare, ma per Dante e per tutti i poeti, quando facciano veramente poesia. Poiché le parti meramente strutturali, che potessero valere per sé, prima della poesia per noi non saranno nemmeno felici come parti strutturali; ma saranno escogitazioni fredde della fantasia debilitata e costruiranno le parti prosaiche dell'opera d'arte. E, nel caso di Dante in particolare, la sua fantasia non presuppone storia, mitologia, astronomia, geometria, teologia da avvivare con sue arti e freschezza di immagini; ma quel suo romanzo politico-teologico è nient'altro che il concetto stesso della poesia, quella che si dice la sua logica, la quale, una volta assunta dallo scrittore, diventa necessaria alla poesia stessa, alla sua vita e al suo svolgimento. Cotesta struttura, che nella *Commedia* ci crea qualche imbarazzo critico, è nient'altro che la poetica, la filosofia, la religione, la si chiami come si vuole, che c'è nella poesia di tutti gli artisti, anche del poeta più lirico e più aereo; quella struttura è il mondo storico dell'artista in cui la poesia si spiega e senza di essa la poesia non potrebbe affermarsi attualmente. E io non posso fare la storia della poesia dantesca senza fare al tempo stesso la storia della filosofia di Dante, non posso fare la storia del suo mondo letterale e apparente senza quella del mondo così detto recondito e intenzionale. Perché, a voler sublimare la poesia dalla poetica dell'artista, o, ciò che è lo stesso, dalle parti strutturali dell'opera d'arte, noi inseguiremmo un'astratta possibilità; inseguiremmo l'ombra di un corpo, e perché il corpo ci sfugge, ci sfugge anche l'ombra.

E sempre la critica letteraria, nei suoi esemplari più felici, si configura come storia della poesia e storia di una logica eternamente generata in quella poesia. [...]

E se il Croce, giunti a questo punto, ci chiedesse se anche noi dunque crediamo all'unità poetica della *Commedia*, noi naturalmente diremmo di sì, perché la struttura per noi è nient'altro che lo stesso mondo storico dell'artista in cui la sua poesia si riconosce e si attua; perché quando noi parliamo di unità poetica, non vogliamo mai dire che tutto nella *Commedia* sia poesia ma soltanto che anche le parti strutturali sono generate da un *animus* fondamentalmente poetico. In altri termini noi accettiamo la distinzione tra poesia e struttura, ma per l'appunto, distinzione di poesia e struttura, non di struttura e poesia. Non si tratta del semplice capovolgimento grammaticale dei due termini, ché tale capovolgimento potenzia un rapporto dialettico, veramente dinamico, fra i due momenti, mentre la concepita preesistenza della struttura lascia sospettare che la costruzione strutturale giaccia lì in sua lenta mole e la poesia vi svolazzi attorno e quando può vi incastoni qualche sua perla. In tal modo, la distinzione tra struttura e poesia riesce statica, e tale da favorire la pigrizia dei critici e certe squisitezze delibatorie dei puri lettori di poesia.

Luigi Russo

(Da *La cultura letteraria contemporanea*, II, Bari, Laterza, 1956, pagg. 33-36 *passim*).

14. – Tempi e motivi della poesia della « Commedia »

L'imponente sistema strutturale, che dal nucleo embrionale della visione oltremondana si svolge e prende forma a poco a poco nel corso della rappresentazione, spiega il graduale modificarsi del tono, del sentimento, della prospettiva poetica. Alle origini è un movimento di accesa polemica, la collera sdegnosa dell'*exsul inmeritus*, l'insorgere violento di una coscienza offesa: questo impulso primario non si spegne mai del tutto e costituisce fino all'ultimo, fino alla tremenda invettiva di Pietro contro i pontefici degeneri, il lievito potente, il fermento attivo della poesia di Dante; e tuttavia esso si viene spostando e attenuando, dall'una all'altra cantica, si svolge secondo una linea di crescente distacco dalla cronaca contingente e dall'asprezza dei moduli irosi e sarcastici, fino al limite di un giudizio metafisico e all'imperiosa solennità delle condanne celesti. La polemica lega, nell'*Inferno*, in un nodo inesplicabile, l'esperienza terrestre all'oltremondo; nelle cantiche successive i due piani della realtà tendono via via a dissociarsi, ad accentuare il loro contrasto, finché alla fine l'oltremondo prevale, e distanzia in un atteggiamento di commiserazione e di fastidio il tumulto meschino delle lotte mondane: l' « aiuola che ci fa tanto feroci », e i « difettivi sillogismi » dietro cui si svia lo stolto affaccendarsi dei mortali. Un grafico ideale della materia che il poeta della *Commedia* viene elaborando ci mostra una linea decrescente per quanto riguarda l'impegno, l'immediatezza e l'attualità degli interventi dello scrittore sul piano di una battaglia politica e ideologica contingente, e per converso una linea crescente per quanto si riferisce all'intensità con cui egli rileva e sottolinea l'antitesi fra la terra e l'aldilà, l' « umano » e il « divino », il « tempo » e l' « etterno », l' « essemplo » e l' « esemplare ». Tale doppia e contrastante linea di tensione è imposta, oggettivamente, dalla natura del tema che comporta una progressiva spiritualizzazione e quindi la rarefazione delle componenti realistiche della fantasia dantesca e dei moduli stessi sentimentali ed espressivi, per cui l'iniziale violenza drammatica sfuma a poco a poco nell'elegia e alfine nella pura lirica; e, sul piano biografico, riflette e asseconda la crescente solitudine del poeta, l'allentarsi e il venir meno delle sue speranze, o meglio il loro sposarsi del presente ad un avvenire sempre più remoto e indefinito nei confronti spaziali e temporali, se pur nella sua mente certissimo e immancabile. Ma ad assicurare la continuità e l'unità dell'organismo poetico sta, fin dall'inizio, appunto l'invenzione strumentale, la prospettiva oltremondana che Dante accoglie, e il particolare spirito con cui l'accoglie, come criterio di interpretazione « figurale » (secondo la penetrante formula dell'Auerbach) e di giudizio della realtà terrestre e storica, chiamata al paragone di un modello metastorico e ideale. Un atteggiamento, dunque, dello scrittore di fronte alla sua materia di esperienze vissute nel sentimento o nell'intelligenza, che è insieme di risoluta antitesi o di tormentata dolorosa o scontrosa partecipazione; dove la disposizione autentica, pur accentuando e assecondando via via in un rilievo crescente le reazioni di una solitudine tanto più orgogliosa e chiusa quanto più stanca e sfiduciata, è comunque un dato primario e un assunto costante, che presuppone la frattura fondamentale operata, in sede biografica, dall'esperienza non dimenticabile della condanna e dell'esilio; e per converso la partecipazione, pur attenuandosi e disperdendo a poco a poco la sua primitiva carica di irosa violenza, si mantiene viva fino all'ultimo e fa risuonare anche nell'atmosfera remota e rarefatta del *Paradiso* le voci della polemica e dell'angoscia terrestre.

All'intima drammaticità e dinamicità dell'ispirazione dantesca, che si sviluppa nel quadro di una vasta e relativamente rigida struttura concettuale, corrispondono, sul piano dell'arte, i modi di un concepire e ritrarre per via di rapide illuminazioni e di potenti sintesi, che riassumono e incidono la forza emotiva di un fatto o di una figura in una positura, in un gesto, in una battuta di dialogo e al tempo stesso la subordinano rigorosamente alla continuità e al fluire veloce del ritmo narrativo, il quale a sua volta coincide con la prepotente onnipresenza della ragione morale. E questa intensità ed espressività rappresentativa si allarga anche oltre i confini delle parti più propriamente di racconto e di visione, e invade e pervade ogni particolare, anche minimo, attribuendo concretezza e plasticità agli elementi, solo in apparenza marginali, di natura esplicativa, informativa, didattica o simbolica. Mentre, col modificarsi degli atteggiamenti sentimentali e l'attenuarsi delle ragioni polemiche dello scrittore nel tempo e in rapporto con lo spostamento delle situazioni strutturali, muta e progredisce la qualità dell'arte, che si fa via via più ardua e raffinata, interiorizzando con procedimenti ognor più sottili e in virtù di una sapienza che sembra maturare di pari passo con la difficoltà e l'astrusità di una materia, che sfiora i limiti dell'inesprimibile, le sue risorse drammatiche e inventive, dai modi potenti, ma anche più esterni e vistosi e relativamente facili, della prima cantica, fino alla tensione tutta intima, al movimento vorticoso e ascendente, al metaforeggiare analogico e illusivo del *Paradiso*. [...]

L'estrema inventività ed eterogeneità del linguaggio dantesco (che tocca da un lato la brutalità realistica della bolgia dei seminatori di scandali, e il comico plebeo di gusto schiettamente romanico di quella dei barattieri, e il virtuosismo nell'ambito del grottesco dei ritratti e dell'alterco di maestro Adamo e di Sinone, e dall'altro lato può innalzarsi fino al sublime, alla solenne astrazione dei discorsi metafisici sull'ordine universale, sulla predestinazione, sulle gerarchie angeliche, sugli arcani divini nel *Paradiso*; che include nel suo ambito il vocabolo più triviale e denso e il più rarefatto, il termine tecnico e scientifico accanto a quello poetico e suggestivo; che alterna la violenza espressionistica con la soavità idillica ed elegiaca, il sarcasmo e la collera con i momenti di mistico abbandono e di estasi tutta intellettuale; che suscita di continuo contrasti e stridori e dissonanze, improvvisi trapassi dal solenne al plebeo, anche nel mondo dei beati, fino al «lascia pur grattar dov'è la rogna» sulla bocca di Cacciaguida, fino al «porco Sant'Antonio» nell'invettiva di Beatrice contro i predicatori da strapazzo, e al violento ritratto in chiave sarcastica dei cardinali con cui si conclude inaspettatamente il discorso di Pier Damiano): questa straordinaria ricchezza di risorse verbali e stilistiche, che rasenta la sfrenatezza e l'arbitrio e riflette un'analoga molteplicità ed eterogeneità della materia poetica, la natura composita ed enciclopedica dell'opera, si giustifica solo e si rende tollerabile per la presenza in ogni punto dell'inalterabile «serietà» dello scrittore, per la continuità dell'impegno morale e polemico che investe tutte le tonalità del sentimento e vede in un punto tutti i piani e le intime corrispondenze, le opposizioni e i rapporti di un soggetto esteso fino a comprendere tutta la realtà fisica e metafisica, l'uno e il molteplice, l'individuo e Dio. Qui è il segno del genio di Dante, ma qui anche è l'impronta schiettamente medievale del suo libro, e la ragione della sua altera solitudine nel quadro della nuova cultura che si veniva elaborando da noi ai primordi del Trecento, e che, sulla scia della grande personalità petrarchesca, imprimerà il suo volto per secoli a tutta la civiltà italiana ed europea: una cultura che rifiuta l'enciclopedismo e l'universalismo dell'Alighieri, disdegna le sintesi ambiziose, restringe i confini dell'oggetto poetico, esclude ogni oltranza linguistica e stilistica sia nella direzione del plebeo come in quella del sublime, per concentrarsi tutta nell'esplorazione paziente e raffinata di un patrimonio lessicale, formale e sentimentale, limitato ma omogeneo. Già nell'età del Petrarca, Dante diventa per alcuni un esemplare arcaico, per altri il pretesto di un'ammirazione tutta esterna e convenzionale; da nessuno inteso nella vastità e pienezza del suo assunto e del suo rigore poetico. Solo dopo cinque secoli di un'ammirazione contrastata e senza simpatie, le esperienze romantiche e postromantiche apriranno a poco a poco la strada ad una comprensione più congeniale e via via più larga ed intensa della sua classicità senza classicismo.

NATALINO SAPEGNO

(Da *Storia letteraria del Trecento*, Milano-Napoli, Ricciardi, 1963, pagg. 154-157).

15. – Dante e il mondo classico

Non tanto la letteratura medioevale delle visioni, come la *Visio Pauli* e la *Visione di Tundalo*, e solo per alcuni particolari la cultura araba col *Libro della Scala* hanno avuto peso determinante sulla concezione del poema dantesco; l'opera che principalmente lo mosse, apparendogli anch'essa profetica visione, messaggio, sia pure inconscio, di un atto fondamentale della Provvidenza, e incoraggiandolo a formulare anche lui l'urgente nuovo messaggio di cui si sentiva investito dalla Provvidenza per il raddrizzamento dell'umanità traviata, fu l'*Eneide*, ov'era chiaramente profilato il volere provvidenziale stabilente la nascita di Roma, e in essa particolarmente il libro VI, ov'è descritto il viaggio oltremondano del protagonista, di cui già in *Convivio* IV, XXVI, 8-15 era stato chiarito il valore di simbolo dell'umanità: sì che da quel libro e in genere dal poema virgiliano derivano innumerevoli particolari della visione dantesca dell'Inferno, dai mostri della mitologia (Caronte, Cerbero, il Minotauro, i Centauri, le Arpie, Caco), agli *amoena virecta* dell'Eliso su cui è esemplato il « prato di fresca verdura » del Limbo, dalla menzione di Camilla, Eurialo, Turno e Niso come martiri dell'opera provvidenziale da cui ebbe origine Roma alla presenza di Elettra, Ettore, Enea, Camilla, Latino e Lavinia nel Limbo e di Elena e Didone nel cerchio dei lussuriosi, dalla descrizione dell'Acheronte con la barca di Caronte a quella dei giudici (fra cui Minosse) all'ingresso dell'Averno, alla città di Dite con le mura incrollabili e l'Idra e le Furie sulle soglie e il Flegetonte infocato che la circonda, e Flegiàs, e i Giganti confitti al fondo del Tartaro, e molte delle categorie di peccatori (i fraudolenti, i violenti contro Dio, gli avari, i traditori della patria e dei congiunti) che costituiranno l'ordinamento dantesco delle pene. E l'incontro di Dante con Cacciaguida sarà paragonato nel canto XV del *Paradiso* a quello di Anchise ed Enea agl'Inferi; e l'episodio di Polidoro nel canto III dell'*Eneide* suggerirà a Dante la pena dei suicidi e il modo con cui il poeta la discopre; e soprattutto nel canto XX del *Paradiso* assisteremo alla sorprendente assunzione fra i beati, in un posto di rilievo come l'occhio dell'aquila, di un personaggio dell'*Eneide*, il troiano Rifeo, solo in fede della definizione datane da Virgilio di « iustissimus unus / qui fuit in Teucris et servantissimus aequi » [...].

Non solo Virgilio, ma anche gli altri grandi poeti epici sorti dopo di lui e noti a Dante sono stati da questo considerati – proprio perché esprimenti la medesima tradizione di civiltà – come creatori di figure e situazioni altamente significative per la storia provvidenziale dell'umanità. Nel Limbo Dante pone e nomina (oltre a celebri personaggi della storia romana, come Bruto il vecchio, Lucrezia, Marzia, Giulia e Cornelia mogli di Pompeo, Cesare), anche Cicerone e Seneca – ma nel gruppo dei filosofi che fan corona ad Aristotele, e quindi non come modelli di stile (tant'è vero che tace di essi nel già citato passo del *De vulgari eloquentia* in cui parla di coloro che « usi sunt altissimas prosas »), bensì come maestri di sapienza –; e poi in quello che sotto questo aspetto potremmo considerare un'appendice del canto IV dell'*Inferno*, cioè nel dialogo fra Virgilio e Stazio nel canto XXII del *Purgatorio*, trova modo di ricordare come abitatori del Limbo anche poeti, quelli di cui il Medioevo conosceva le opere o il nome: Plauto, Cecilio, Stazio, Terenzio, Vario, Persio, Giovenale. [...]

Ma l'aver isolato in un posto di preminenza Ovidio e Lucano (insieme con Omero, ormai pacifico termine di confronto per l'alta poesia – « quelli è Omero poeta sovrano » –, e Orazio, assiduamente studiato anche da Dante per i *Sermones* e l'*Ars poetica*), facendo ch'essi accolgano Virgilio e lo stesso Dante alle soglie del nobile castello, e l'aver poi dedicato a Stazio un intero episodio del *Purgatorio* dimostrano come nella sua cultura di lettere latine Dante riserbasse a quei tre poeti un posto di prim'ordine subito dopo Virgilio. E questo perché una volta considerata l'*Eneide* come una profezia voluta da Dio per illuminare l'umanità sulle tappe e gli scopi del suo cammino, la poesia epica sorta nel suo solco doveva essere considerata da Dante come investita, sia pure in forma più modesta, del medesimo compito. Infatti – questa è la fondamentale conclusione che ci sentiamo ormai autorizzati a formulare – le reazioni dello spirito di Dante all'eredità classica sono pur sempre quelle di un uomo del Medioevo; il suo spirito di fervente cristiano condiziona e foggia tutti gli apporti che egli accetta o individua dalla civiltà greco-romana; tutto il gran dono che l'antichità classica, e specie romana, ha fatto all'umanità è visto da Dante come effetto della volontà divina per assicurare l'epifania, la comprensione, la conservazione e il trionfo del Verbo di Cristo. Ecco perché la grande sapienza greca si configura per lui come preparazione teorica a quel senso dei valori morali di cui la storia e la cultura di Roma rappresentarono successivamente la ben più importante realizzazione pratica, nel diretto contatto con le ansie e i palpiti della condizione umana nella vita associata. Automaticamente perciò la storia e la poesia romana balzavano nel suo spirito a un livello nettamente superiore, perché contribuenti da presso a quella epifania della grazia e della volontà divina di cui il moralismo dei filosofi greci era stato solo una lontana separazione.

Ettore Paratore

(Da *Traduzione e struttura in Dante*, Firenze, Sansoni, 1968, pagg. 33-39).

16. – Il paesaggio nella « Commedia »

La *Divina Commedia* è, oltre tutto, la descrizione di un viaggio ricco di vedute e di peripezie. Il poema ha il suo interesse anche considerato nel suo aspetto esterno: l'interesse di uno stupendo viaggio fiabesco. Ma questo stesso viaggio ha un interesse assai più significativo se, pur senza badare agli incontri ai colloqui alle meditazioni di Dante, consideriamo il paesaggio di quel lungo cammino, la sua varietà e – sopra tutto – la sua espressività. Ripetere per la *Commedia* che il paesaggio è uno stato d'animo, può sembrare un anacronismo solo se quella frase celebre non faccia pensare che ad un paesaggio povero e romantico. La voragine desolata dell'Inferno; il monte del Purgatorio che tende, con le sue rupi ardue, verso la luce e gli sfondi celesti; i cieli del Paradiso sono tutta una rappresentazione di stati d'animo, tanto più viva perché aliena dalle scoperte corrispondenze affettive fra l'uomo e il paesaggio che sono caratteristiche del romanticismo.

Si è parlato sempre dell'evidenza con cui sono resi gli aspetti dei luoghi nel poema: bisogna chiarire anche come tutti questi aspetti sono concatenati a formare un unico motivo, mostrare che sono una varia e drammatica pittura di uno stato d'animo che si muta, il perpetuo commento paesistico del tema psicologico della *Commedia*.

Al canto introduttivo potete fare le solite censure – che è frammentario, che è guasto dall'allegoria –; ma esso vi trascina e ritrova l'unità che gli negate, proprio in quel motivo paesistico – la selva scura e senza sentiero – in cui si riflette con i suoi colori e i suoi labirinti la coscienza smarrita di Dante. L'oscurità di quella selva rende più drammatico e più indefinito il traviamento di Dante. Le interruzioni e i passi falsi non bastano a distruggere quel senso di sgomento chè, in virtù di alcuni grandi versi tetri, in virtù della selva, riga di un nero profondo tutta la narrazione. « Mi ritrovai per una selva oscura »; « Tanto è amara che poco è più morte »; « I' non so ben ridir com'io v'entrai, / Tant'era pien di sonno in su quel punto... »; « La notte ch'i' passai con tanta pièta »; « Si volge all'acqua perigliosa e guata »; « Così l'animo mio ch'ancor fuggiva »; « 'Miserere di me!' gridai a lui, 'Qual che tu sia, od ombra od uomo certo' »: versi che si richiamano a vicenda, che si riuniscono e si fondono naturalmente nella vostra fantasia contro tutte le vostre resistenze teoriche. Qui significato allegorico e significato letterale sono una cosa sola. Dante dice: « Tanto è amara che poco è più morte », e fa sentire quel rincrescimento di sé, quello sbigottimento intimo da cui nasce il bisogno di redenzione, con poche parole che risuonano largamente appunto perché sono così isolate in mezzo ad una rappresentazione di apparenza esteriore. [...]

Sin dal principio della *Commedia*, dunque, il paesaggio descritto da Dante è l'orizzonte della sua anima. Il primo canto è un preludio gagliardamente espressivo della *Divina Commedia* solo in virtù di quella nota paesistica così potente: la figurazione silvestre e insidiosa dell'anima di Dante. [...]

La maggiore intimità del *Purgatorio* in confronto con l'*Inferno* incomincia proprio con quella scena di isola che emerge silenziosa dal mare e dal cielo, con la pittura appena sfumata di questa contrada remota, dove l'aspetto del suolo – uniforme, senza lussuria di vegetazione e senza accidenti che distraggano e allettino – e i confini sterminati ed uguali dell'acqua e del cielo invitano al raccoglimento e sembrano già la prefigurazione d'un mondo immateriale. Sempre possiamo dire che il paesaggio dei tre regni è il paesaggio stesso dell'anima di Dante: ma nelle tenebre dell'Inferno c'è, sostanzialmente, meno novità e meno intimità; e la luce del Paradiso è, sì, uno spettacolo di infinita letizia, ma è anch'essa meno intima del monte del Purgatorio, dove tutto ci richiama senza posa all'anima che si scruta e si riconosce. Il viaggio su per il Purgatorio è continuamente infuso di una malinconia fiduciosa che nasce dal tema stesso di questa cantica: e i particolari di quel cammino lungo strade deserte e su per salite faticose, in cospetto sempre del cielo, hanno una poesia spirituale superiore ai paesaggi, più pittoreschi e meno intimi, dell'Inferno e del Paradiso. Conseguenza anche questa della materia stessa. Gli spettacoli tenebrosi dell'Inferno sono la naturale continuazione della selva scura in cui Dante s'accorge di essersi smarrito; ma quello che di intimo e di personale c'era nella selva, non poteva più esserci nella stessa misura dentro l'Inferno. Nello stesso modo, il Paradiso assume in confronto con il Purgatorio un aspetto più pittoresco, più esteriore: come se la gradazione del Paradiso fosse più di luce che di beatitudine.

L'orizzonte del primo canto del *Purgatorio* ha una vastità nuova in confronto con l'angustia dell'Inferno: e anche questa vastità, come il riposo che spira dal mare e dal cielo, induce il lettore in uno stato d'animo insolito. È come se si allargasse insieme l'orizzonte dello spirito, e il pensiero vi spaziasse più liberamente. Sotto questo cielo, Virgilio può dire di Dante: « Libertà va cercando »; e designare Dante vivo con il verso « Questi non vide mai l'ultima sera », che nella selva selvaggia sarebbe troppo pieno di luce e di speranza. In questo regno che sorge in mezzo ad un indisturbato silenzio, anche le incertezze e gli smarrimenti hanno un significato diverso.

Per un certo rispetto, nel *Paradiso* la direzione dell'arte di Dante si sposta. Il dramma cessa quasi del tutto e cede il luogo alla lirica; le sorprese degli incontri, dei contrasti e degli scambi spirituali fra Dante e le anime dileguano in una unanimità in cui la varietà non può nascere che dalla minore o maggiore intensità dei toni; gli intimi moti spirituali del *Paradiso* sono più di Dante, il quale si sente continuamente sormontare sopra se stesso, che delle anime, le quali sono poste dal poeta in una condizione statica ed uguale per tutti − di spiriti beati in eterno. Quindi anche nel *Paradiso* la poesia insiste nel paesaggio, su questo motivo che in tutto il poema rifrange in se stesso lo stato d'animo fondamentale dei singoli regni.

L'anelito religioso sempre più potente che spinge Dante di cielo in cielo, non ha altro punto d'appoggio che la descrizione di quel paesaggio oltreterreno che dilaga d'ogni intorno. Forse era questo del paesaggio l'unico mezzo di espressione della beatitudine che permettesse a Dante di evitare i vaneggiamenti mistici ed impoetici di Jacopone e di contrastare le continue tentazioni della teologia rimata.

Man mano che Dante sale, l'orizzonte esterno e l'orizzonte interno si allargano: ma senza il primo, il secondo svanirebbe; voglio dire: senza il paesaggio, la poesia del *Paradiso* si disperderebbe. Il *Paradiso* dal canto XXII alla fine è pieno di poesia cosmica e di poesia spirituale; e l'una si riversa nell'altra e le fa da commento musicale e da sfondo. Ad ogni salita aumenta la luce; ogni aumento di luce dice che la beatitudine aumenta. Anche qui la scena esteriore dice la storia intima, la conquista graduale della verità; dice, o sembra dirla: in realtà ne dice solo il sentimento, perché l'oggetto di quella virtù sfugge alla mente dell'uomo.

In quest'ascesa mistica c'è una gradazione, qua più evidente, là meno. Essa comincia da quell'alba di beatitudine che è il cielo della luna, ed è sempre intrecciata – più che fusa – con un'ascensione intellettuale, che è un po' il peso morto della terza cantica. La poesia del *Paradiso* sono, veramente, quel respiro sempre più largo dell'anima di Dante, quello spaziare sempre più largo, e – a quando a quando – quelle fulgurazioni di più alta luce, che lo lasciano per un momento oppresso, e subito dopo lo fanno capace di più luminose visioni.

Per noi il Paradiso è ciò che vediamo al di sopra di noi ogni giorno e, più, ogni notte, e non lo possiamo attingere: il cielo con i suoi astri. Il Paradiso di Dante è la poesia del cielo, descritta con un crescente respiro di gaudio. Questo respiro, con il suo ritmo che sale, dà a quegli spettacoli noti un ritmo ignoto, sovrumano. È il sentimento di Dante che rende sovrumani questi spettacoli che tutti gli uomini godono ogni giorno dalla terra.

Attilio Momigliano

(Da *Dante, Manzoni, Verga*, Messina-Firenze, D'Anna, 1965², pagg. 6-27, *passim*).

17. – La terzina dantesca

Alla creazione della terzina non ha contribuito l'omaggio mistico al numero della Trinità, ma senza dubbio ha influito la consuetudine del ragionamento scolastico, del sillogismo ternario, nel quale il pensiero si snoda attraverso tre affermazioni. Ricordiamo anche l'importanza delle sentenze di Dante, come esse rispondessero al gusto proprio del Medioevo, quando le arti poetiche insegnavano che le sentenze servono per adornare un componimento, ed esistevano veri e propri repertori di aforismi, sentenze, proverbi ad uso degli scrittori e predicatori; Dante in ciò non faceva che seguire il suo tempo, ma quello che per gli altri era un semplice ornato retorico, egli assimilò e fece suo proprio nella *Divina Commedia* che si snoda attraverso un gioco di sentenze, poste al principio (e seguite da un *però*) o alla chiusa della terzina (*ché*). Questo continuo trapasso dal particolare all'universale e viceversa, che rispondeva all'abito del ragionamento sillogistico, alla mentalità, alla personalità di Dante, ha avuto un'importanza fondamentale nella formazione della terzina; ne derivano certi elementi della sua sintassi, i *però*, i *ché*,

> (ditene dove la montagna giace
>   sì che possibil sia l'andare in suso;
>   ché perder tempo a chi più sa più spiace)
>
> (*Purg.*, III, 76 sgg.)

e l'incastrarsi di sentenze e definizioni nel periodo principale, per mezzo di proposizioni relative. Tutto ciò si riconnette alla concezione stessa della *Divina Commedia*, che è la rappresentazione del mondo terreno alla luce di una verità universale, che scende dal cielo e parla per bocca delle guide di Dante. Ma anche nel racconto stesso sentiamo questa tendenza di Dante a riportare ogni fatto particolare a una norma universale, e inserendo ogni fatto nel giro di un sillogismo Dante tende a portare nel suo racconto il ritmo ternario della terzina. Anche il tragico racconto di Francesca appare inquadrato in un parallelismo di *sentenze*, che rafforza il parallelismo retorico con cui è esposto:

> Amor, ch'al cor gentil ratto s'apprende,
>   prese costui della bella persona
>   che mi fu tolta; e 'l modo ancor m'offende.
> Amor, ch'a nullo amato amar perdona,
>   mi prese del costui piacer sì forte,
>   che, come vedi, ancor non m'abbandona.
> Amor condusse noi ad una morte:
>   Caina attende chi a vita ci spense ».
> Queste parole da lor ci fur porte.
>
> (*Inf.*, V, 100 sgg.)

In questo caso è evidente (non siamo forse ancora di fronte all'arte più raffinata di Dante e quindi riusciamo meglio a cogliere il suo substrato culturale, perché è più scoperto) che il racconto è condotto secondo il modo del sillogismo: *Amor, che al cor gentil ratto s'apprende* è una sentenza di carattere generale; « prese costui della bella persona »: il sillogismo è sottinteso (« costui gentile, come poteva non esser preso? »); segue una seconda sentenza: *Amor, ch'a nullo amato amar perdona*, con un parallelismo «mi prese del costui piacer», e una proposizione consecutiva aggiunta a maggiormente serrare il periodo «sì forte, / che, come vedi, ancor non m'abbandona». Qui è la confessione di una donna travolta dalla passione, eppure è possibile pensare un simile discorso fuori dal ritmo della terzina? Sembrerebbe un'offesa a Francesca ricordare che qui è sottinteso un sillogismo, ma così è. Inoltre, notiamo questa forte testura di tre terzine, in cui spicca con tanto vigore il verso iniziale. O nel verso iniziale o in quello di chiusa si afferma la forza del poeta; in questa tessitura Dante è riuscito a costringere un mondo tanto vario e diverso.

Il racconto di Francesca, rispetto ad altri, ha ancora qualcosa di elementare; le tre terzine sono sintatticamente staccate, congiunte solo dalla rima, si rivela ancora una forma d'arte primitiva e rigida. Ma questi sono solo i primi tentativi della terzina dantesca: in essi meglio si scopre il passaggio dal sirventese, fatto per enumerare, narrare, descrivere, ad una struttura più complessa, e in questo passaggio ha avuto una parte fondamentale l'esperienza della cultura scolastica e della forma sillogistica. Proprio per questa esperienza viene così naturale a Dante di ragionare per terzine; proprio per questo le sentenze vengono ad avere un valore ritmico e sintattico dominante: molte terzine si aprono così, come questa di Francesca, con una sentenza, altre invece da una sentenza sono chiuse solennemente:

> ditene dove la montagna giace
> sì che possibil sia l'andare in suso;
> ché perder tempo a chi più sa più spiace.

Dante pensa per terzine, discendendo dalle sentenze ai particolari, o risalendo dai particolari alle sentenze, e nelle terzine sentiamo la robusta architettura intellettuale del suo poema; valga questo esempio caratteristico:

> Voi vigilate nell'etterno dìe,
> sì che notte né sonno a voi non fura
> passo che faccia il secol per sue vie;
> onde la mia risposta è con più cura
> che m'intenda colui che di là piagne,
> perché sia colpa e duol d'una misura.

(*Purg.*, XXX, 103 sgg.)

Qui, dove parla Beatrice, il procedimento scolastico è scoperto: prima una sentenza generale («Voi vigilate nell'etterno dìe») e poi una proposizione consecutiva (*sì che...*), che formano il terzetto solenne di apertura; da questa affermazione ne rampolla un'altra («onde la mia risposta...»), finché, a chiudere il periodo di due terzine, giunge una sentenza solenne («perché sia colpa e duol d'una misura»). *Sì che... perché...*: si noti la forza di queste congiunzioni iniziali che dànno così forte spicco al singolo verso e alla singola terzina. Il pensiero di Dante è qui veramente una cosa sola con la terzina e si snoda secondo le linee del ragionamento scolastico, un ragionamento entro cui è pure una potente passione.

Mario Fubini

(Da *Metrica e poesia*, Milano, Feltrinelli, 1962, pagg. 198-200).

18. – " Nel mezzo del cammin... "

Siamo agli inizi di un poema che è sì politico e filosofico, ma è soprattutto religioso e morale, e la fonte non può che essere la *Bibbia*. Questo canto quasi sembra fondarsi sopra due libri ai quali il poeta si è ispirato direttamente, la *Bibbia* nella prima parte del canto e l'*Eneide* nella seconda, due libri che peraltro sono sempre rimasti sul tavolo di lavoro del poeta. E dunque questo primo verso e questa prima immagine vanno rintracciati e non possono essere rintracciati altro che nella *Bibbia*. La fonte principale, è noto, è Isaia: «Ego dixi: in dimidio dierum meorum vadam ad portas Inferi». Nella profezia di Isaia il personaggio Ezechia contempla sgomento il valico della metà dei suoi anni all'inizio dell'abisso che lo può far precipitare verso lo Sheol, ma la speranza in Dio gli detta le parole della liberazione: «Tu hai preservato la mia vita dalla fossa della distruzione». Accanto all'immagine cronologica, la metà dei miei anni, l'immagine della fossa come figurazione della valle, che ricorre più volte nella *Bibbia* e che trova sempre consenziente il poeta in una serie di raffigurazioni persino paesaggistiche: «de lacu novissimo» della *Bibbia*, dalla profondità dell'abisso. L'impiastro di fichi di cui parla Isaia, per il poeta cristiano è invece salvezza offerta dall'intervento eccezionale della Grazia. Se non vogliamo guardare ai numerosissimi elementi offerti dalla lettura scritturale di Dante negli altri canti del poema e attenerci al solo contenuto del canto

I, o se volgiamo l'attenzione al senso logico della prima terzina, i riferimenti allegorici e le premesse profetiche non consentono di vedere in questa limitazione cronologica altro che un significato morale, che non vuole mai essere spogliato del significato temporale e cronologico, il limitare dei trentacinque anni. Questo *grundatorium* temporale altro non è che il momento della suprema prova dell'anima, giunta nel più profondo precipizio e anelante a risalirlo. Si inizia l'ascesa nello stesso momento in cui si è toccato il fondo [...]; e a corollario della fonte biblica soccorrono una serie di precise citazioni scritturali, vetero-testamentarie soprattutto, ma anche dei Padri della Chiesa, dei mistici, e di autori profani, e la serie sancisce e consolida il valore primario che ha per Dante, all'inizio del poema, il ricordo della profezia biblica. Citeremo San Bernardo, *Inferni metu, incipit de bonis quaerere consolationem* e citeremo Stazio, *medio de limite vitae*, e Sant'Agostino nel *De vera religione*, e altri passi scritturali e patristici, di cui qui vi si risparmia l'elenco, ma che sono tutti legati all'immagine di un'esperienza morale che tocca l'uomo alla metà della vita, in modo da poterla dividere; vita che sembra apparentemente ascendente quando si arriva ai trentacinque anni, e discendente quando ci si incammina verso la morte, ma che moralmente è un precipitare verso le sovrabbondanti esperienze umane per poi risalire, con lento faticoso ma inarrestabile passo, verso la purificazione che offre la morte cristiana. Ma dobbiamo richiamarci anche al valore numerico perché è Dante stesso che attira la nostra attenzione su questo punto. Settanta è la mèta della perfezione, trentacinque è la metà di questo traguardo; inserire la *visio mistica* in un preciso contesto simbolico-numerale [...] coinvolge significati profondi, sempreché non gli si tolga la sua necessaria delimitazione cronologica nel regolare il ciclo dell'esistenza umana e le sue varie fasi progressive sul ritmo dei settanta anni, equivalenti a porre la dimensione dell'esistenza umana sopra lo schema di esemplari che non sono soltanto terreni ma celesti. Infatti la necessità di una precisazione cronologica, sia pure in un ambito letterario, è tipica di un esordio profetico in stile allusivo, quale è l'accento col quale il poema ha il suo inizio, arcano, misterioso. Ma il timbro dell'allusione non è privo di un'identificazione, che sin dall'inizio è legata ad una serie di elementi di fatto, retorici e religiosi, caratterizzati da una certo non meccanica applicazione al tempo cronologico. La profezia non può mai scendere su un terreno di precisazioni cronologiche troppo rigide e di mera concretezza temporale, ma viene a perdere il suo valore più proprio se è disgiunta da una possibilità di collocazione nel tempo e nello spazio; quindi il tempo deve avere il suo significato, il luogo deve avere la sua funzione. Si pensi all'importanza essenziale che hanno il calcolo delle generazioni e la determinazione di tempi precisi in tutti gli esponenti del profetismo duecentesco, soprattutto Gioacchino da Fiore, il quale, è noto, non si era limitato soltanto a profetare l'arrivo di una potestà religiosa che avrebbe risanato l'umanità e restaurato la Chiesa e sconfitto l'Anticristo – potestà da identificarsi nello Spirito Santo, i cui simboli erano i sette sigilli dell'Apocalisse – ma aveva anche voluto precisarlo nel tempo (il 1260), nel quale lo Spirito Santo sarebbe sceso dal cielo a riportare la cristianità all'unico pastore. A distanza di un secolo anche Dante dovrà collocare nell'età sua e in un preciso contesto cronologico questa visione. Quale ha più importanza di siffatte due determinazioni cronologiche: quella legata al *viator*, Dante stesso, o quella legata alle vicende narrative del poema? Entrambe, certo: la primavera del 1300 da un lato e il culmine dell'età del *viator* che s'è fatto profeta.

GIORGIO PETROCCHI

(Da *Itinerari danteschi*, Bari, Adriatica, 1960, pagg. 260-263).

19. – La " retorica " di Francesca

Dovrebbe dolermi, e non mi riesce abbastanza, di averla a risospingere nella parte d'un'intellettuale di provincia. Importa meno, per quanto s'è accennato, che la sua retorica sia ineccepibile: perizia suprema nella perifrasi, copia e agilità di simmetrie, obbedienza del discorso alle norme dell'*ars dictandi*: dove, appunto, è la retorica di Francesca che non sia retorica di Dante? Insisterei semmai anch'io sulla triplice anafora « Amor ch(e)... », « Amor ch(e)... », « Amor... » segnale non consueto di una situazione speciale, che non è solo un grido trino verso un amore che, ahimè, non potrà salire fino a spirare la processione trinitaria, ma è forma in cui si versa il contenuto che a Dante più preme ed esige illustrazioni di qualche minuzia. In quest'episodio il libro diventa strumento di biografia – sia pure, com'è stato precisato dall'erudizione, variante corsiva, non già testo fra i più arcaici ed eletti, sorta di romanzo-fiume sulla tematica bretone. Elogio del libro, nell'elogio di quel libro particolare (mediatore cortese, come fu cortese Galeotto); e compiacenza della citazione, con sottolineata l'adesione dell'interlocutore a quell'*auctoritas*, «(i)l tuo dottore», in accezione retorica, non filosofica (che frattanto non è Virgilio, come provano le contorsioni dei commentatori, bensì Boezio, «infelicissimum est genus infortunii fuisse felicem»). Ma se si esaminano a distanza ravvicinata le terzine dell'anafora amorosa, a ogni effetto le centrali dell'episodio, si vede, con qualche meraviglia, che esse si aprono su una citazione o parafrasi *ad hominem*: «Amor ch'al cor gentil ratto s'apprende».

Si dice citazione *ad hominem*, perché, se essa rinvia allo stesso *incipit* guinizzelliano, «Al cor gentil rempaira [il *De vulgari* «repara»] sempre Amore», coniugato con l'inizio della seconda stanza, «Foco d'amore in gentil cor s'aprende», essa può anche rimandare implicitamente, diciamo in secondo grado, alla citazione della *Vita nuova*:

> Amor e 'l cor gentil sono una cosa,
> sì come il saggio in suo dittare pone.

Francesca, insomma, si rifugia dietro un'*auctoritas* familiare e grata a Dante, e l'applica a ogni modo come nel sonetto di lui, almeno secondo la dichiarazione della *Vita nuova*, prima dicendo di amore «in quanto è in potenzia», poi riducendolo all'atto, il subitaneo innamoramento, atto di cui, non per nulla, è capace la donna quanto l'uomo («E simil face in donna omo valente»). Nell'ordine della verisimiglianza documentaria si può soggiungere che il componimento dantesco, il quale è, dichiara la *Vita nuova*, un sonetto di corrispondenza provocato dalla lettura di *Donne ch'avete*, non è escluso fosse divulgato [...] al tempo di quei casi di Romagna, verificatisi circa il 1285. Ma non è questo controvertibile particolare che importa. Importa che la peccatrice ripari il suo peccato all'ombra della morale che usa dire, con proprietà da revocare in dubbio, stilnovistica (capisco che il Guinizzelli era un corregionale dell'appresa, cioè accesa, ravennate), [...] entro il *pastiche* della duplice citazione.

Codesto principio stilnovistico del cuor nobile si collega strettamente con la soluzione detta borghese, e insomma scolastica, e in poesia volgare, preme dirlo, già guittoniana, del problema della nobiltà, quale è esposta (citando, nominativamente o no, il Guinizzelli) nella canzone *Le dolci rime* e nel trattato quarto del *Convivio*, in antitesi alla soluzione aristocratica, cioè ereditario-patrimoniale, assegnata a Federico II. [...] Ma nel settore specializzato della filosofia dell'amore non vedo che tale principio differisca sostanzialmente da quello della *morum probitas*, tanto ripetuto, cardinale, nel trattato *De amore* di Andrea Cappellano, la diffamatissima teorizzazione materialistica dell'amor cortese sul crinale fra i due secoli, XII e XIII. [...] Ora, l'interpretazione che di quel principio dà Francesca, è corporea (« la bella persona »), e la realizzazione adulterina: nulla di più conforme alle teoriche del Cappellano. Per il quale è escluso, a fil di sillogismi, che l'amore possa essere coniugale.

Vediamo se Francesca mantenga queste posizioni nella seconda quartina, « Amor ch'a nullo amato amar perdona ». Reciprocità e irrecusabilità d'amore sono, sia pure in formulazioni un poco marginali, anche principî di Andrea. Regola IX: *Amare nemo potest nisi qui amoris suasione compellitur*; e regola XXVI: *Amor nil posset amori denegare*. Quanto alla terza quartina, « Amor condusse noi ad una morte », la messa in rilievo ritmico dell' « una » deduce implicitamente l'identità della sorte anche suprema dall'identità di volere degli amanti, principio che, se Andrea lo riceve (*Omnia de utriusque voluntate ... praecepta compleri*) per ridurlo trivialmente a concomitanza di piacere, è corrente nella dottrina medievale dell'amore. La canzone dantesca *Doglia me reca* enuncia come prerogativa di amore « di due potere un fare ». In fondo Dante poteva ritrovare questo principio (*unum velle atque unum nolle*) in una sentenza familiare a tutto il medio evo (si sapesse o no riconoscerne la paternità nel *Catilina* sallustiano); tuttavia un ricordo più stringente della lettera è in proposizioni trobadoriche come questa di Aimeric de Peguilhan: *E fai de dos cors un, tant ferm los lia*. Senonché l'*auctoritas*, trascritta certo dall'occitanico, deve essere mediata, io temo, da un dragomanno che a Dante non so quanto piacerebbe confessare: Guittone, nella sua lettera X, « de dui cori fa uno ». Una posizione, dunque, che idealmente rimanda al di là del Guinizzelli.

GIANFRANCO CONTINI

(Da *Dante come personaggio della « Commedia »*, in *Varianti e altra linguistica*, Torino, Einaudi, 1970, pagg. 343-347, *passim*).

20. – Farinata e Dante

Dinanzi alla grandezza morale di Farinata, al suo ergersi, tutte le figure diventano secondarie, e lo stesso inferno ci sta per dar rilievo alla sua grandezza. Nella nostra immaginazione l'inferno è la base e il piedistallo su cui si erge Farinata. E come l'inferno è scomparso, così è del pari scomparso il Dante simbolico. Dante non è qui l'anima umana peregrina per i tre stadi della vita, ma è un Dante di carne e ossa, il cittadino di Firenze, che ammira il gran cittadino della passata generazione, e rimane come annichilito innanzi a tanta straordinaria grandezza. Eccolo lì, innanzi all'uomo che ha desiderato tanto di vedere: il suo viso rimane « fitto » in quel viso: egli è là, estatico, turbato, e non sa quel che si faccia, ed è necessario che Virgilio lo scuota e lo pinga con le mani verso di lui.

Il gruppo è perfetto di armonia e di disegno. Si vede Farinata torreggiante sopra l'inferno, e Dante a distanza, immobile, attonito il volto nel volto di lui. Se questa magnifica « messa in iscena » desta nell'anima il sentimento della grandezza e della forza, le prime parole di Farinata ispirano simpatia e affetto. Sul suo letto di foco, chiuso nella tomba, gli giunge all'orecchio il parlare toscano, e di uomo vivo, e balza in piè. Un cittadino toscano, la loquela del suo paese, la sua Firenze, le più care memorie gli si affollano nell'anima, e rammorbidiscono la sua fiera natura e dànno al suo accento non so che gentile, l'accento della preghiera. In questa onda di dolci sentimenti si lava e si purifica ciò che è duro ed eccessivo nell'anima appassionata del partigiano, e sente rimorso, quasi rimorso di aver potuto come capoparte esser molesto alla sua patria, alla sua « nobil patria ».

Ma non è che un momento. E quando Farinata si vede presso quell'uomo e lo ha squadrato e non lo ha conosciuto, diviene quasi sdegnoso, sospettando non forse appartenesse al partito contrario al suo. Lui, che poco innanzi sentìa rimorso di essere stato forse molesto alla patria con le sue passioni, è pur lui che un momento appresso si sente invadere da quelle passioni. La natura ripiglia il suo posto; il partigiano si presenta nella sua crudità. Non basta a Dante esser toscano; per trovar grazia appresso a Farinata bisogna ch'egli sia ghibellino:

> Tosto ch'al piè della sua tomba fui,
>   guardommi un poco, e poi quasi sdegnoso
>   mi dimandò: Chi fur li maggior tui?
> Io, ch'era di ubbidir desideroso,
>   non gliel celai, ma tutto gliel'apersi;
>   ond'ei levò le ciglia un poco in soso,

23. – Il " folle volo " di Ulisse

Guardate quella nave che soletta, con un pugno d'uomini a bordo, va aggirandosi lungo tanti paesi, prima lungo una costa del Mediterraneo, poi lungo l'altra, poi nel centro, cercando, perlustrando, per vedere, vedere sempre, vedere assai, imparare, sperimentare. E passano i mesi, passano gli anni, passano le decine d'anni: ed esplorato il Mediterraneo intero, ecco, essi giungono al punto in cui l'Europa e l'Africa, al termine del mondo conosciuto, si protendono incontro con due penisole, quasi due braccia che vogliano contenere nel loro amplesso l'umanità. E all'estremità di quelle penisole, come stipiti della porta del mondo abitato, sorgono due montagne immani su cui sta scritto da un semidio un imperioso *non plus ultra*. E quando giunge lì sotto la nave porta oramai una ciurma di vecchi, lenti per età, stanchi per innumeri perigli corsi, prossimi alla tomba; il monito divino viene opportuno; era tempo di riposo. Riposo? Ah no. Fra quei due pilastri c'è uno spiraglio. E l'occhio di Ulisse invece di posare su quelli s'insinua per questo, ed ei vede di là l'ondeggiar di un altro mare, e contempla la volta di un altro cielo, e sente l'alito d'altri venti, e ode l'invito irresistibile dell'ignoto che a sé l'attira. Riposo? Ah no! Avanti: avanti finché c'è da vedere, avanti finché c'è da conoscere.

> E volta nostra poppa nel mattino,
> de' remi facemmo ali al folle volo,
> sempre acquistando dal lato mancino.

Meravigliosa terzina! Quel primo verso è una voltata di spalle risoluta, un addio definitivo al mondo e all'umanità. Poi, nel secondo, vediamo la nave, finalmente sprigionata dalle angustie d'un mare troppo piccolo a contenere l'immensa brama di quell'uomo ardito, sferrarsi a volo impennata direi verso l'ignoto. E succede il ritmo impareggiabile dell'ultimo verso, che con l'ansiosa cadenza degli accenti: « sémpre acquistándo dal láto mancíno », ci trasporta avanti, avanti, lontano, lontano, sul mare ignoto sotto cielo ignoto, in una corsa infinita. Oh tutta l'immensa poesia di quelle onde inviolate, di quell'aria non mai agitata da sospiri umani, di quel silenzio profondo, di quella infinita solitudine, che doveva rapire l'anima del doloroso poeta dietro al suo stesso sogno! [...]

E come sentiamo che al personaggio d'Ulisse, Dante dové prestare un po' di se stesso, e che in quella nave volante verso una meta ignota per l'immensità dell'oceano, navigava con l'anima dell'eroe greco un po' dell'anima del poeta, anelante di sapere e di vedere quel che nessun uomo fin allora aveva veduto e saputo. Giacché non bisogna confondere. Se al Dante filosofo appare assurdo che un uomo possa avventurare la sua navigazione fuori dell'emisfero abitato; se al Dante figuratore dell'oltretomba giova circondar di mistero e d'impenetrabilità quel parto della sua fantasia che è il Purgatorio; sopra al Dante della filosofia e a quello della fantasia, che di comune accordo immaginano la fine miseranda di chi tanto osò, si erge però un terzo Dante, quello del sentimento, che si sente legato all'eroe navigatore da calda, da profonda simpatia. È quel Dante stesso che cade svenuto per pietà dell'adultera Francesca, che resta senza parola per compassione del suicida Pier della Vigna, che vagheggia tra le fiamme la colossale figura dell'eretico Farinata, e inchina riverente e commosso il sodomita Brunetto. *Folle* chiama Ulisse il suo volo per le onde marine, e *folle* lo dice altrove il poeta richeggiando le sue parole. Ma è sentenza questa pronunziata dalla pura ragione sul successo effettivo del fatto; è come dire volo che si proponeva un fine impossibile, non è già che Dante voglia con quell'epiteto bollare Ulisse di pazzo colpevole. Perché ciò fosse, ei dovrebbe condannare altresì il movente dell'insigne ardimento, l'affermazione teorica che Ulisse proclama ai suoi compagni là, in cospetto dell'oceano: quell'orgogliosa affermazione dell'uomo che si sente elevato sulla bestia dalla sua sete di conoscere. E come poteva lanciare una tale condanna Dante, l'uomo meno bestia che abbia mai spirato l'aere del nostro mondo? Troppo consono a tutta la sua anima d'uomo è invece quel concetto sublime, e troppo simpatico quindi, se pur rivolto ad imprese che la ragione giudichi assurde, il sublime ardire che ne deriva. Nella finzione poetica e scientifica quest'ardire viene a cozzare coi decreti divini e perisce nell'urto. Ma tutto il racconto dantesco è pervaso da così tenace simpatia per Ulisse, che esso riesce più che altro ad un'esaltazione della brama inestinguibile di sapere che anima l'eroe. Perfino la sua morte, che in un certo senso è la punizione inflitta dalla filosofia di Dante all'assurdità del tentativo, diviene nel sentimento del poeta un nuovo tratto di grandezza. Ulisse muore, condannato dal filosofo, ma il poeta gli compone una sepoltura quale nessun uomo forse ebbe mai. Ché suo cimitero è l'infinito oceano: s'erge vegliando su di esso, quasi immensa piramide mortuaria, l'eccelsa montagna del Purgatorio; e la mano che sopra v'incide l'epigrafe è la mano di Dante: la più divina che abbia mai vergato caratteri umani.

MANFREDI PORENA

(Da *Inferno XXVI* in *La mia Lectura Dantis*, Napoli, Guida, 1932, pagg. 109-112).

24. - Il conte Ugolino

Ugolino è un personaggio compiutamente poetico, che può manifestarsi in tutta la ricchezza della sua vita interiore.

Già in pochi tratti il poeta ha abbozzato questa colossale statua dell'odio, di un'odio che rimane superiore a quel « segno bestiale », che già ha fatto tanta impressione in Dante. Ma in seno all'odio si sviluppa l'amore, e il cupo e il denso dell'animo si stempra ne' sentimenti più teneri. Quest'uomo odia molto, perché ha amato molto. L'odio è infinito, perché infinito è l'amore, e il dolore è disperato, perché non c'è vendetta uguale all'offesa. Tutto questo trovi mescolato e fuso nel suo racconto. Non sai se più terribile o più pietoso.

Accanto alla lacrima sta l'imprecazione; e spesso in una stessa frase c'è odio e c'è amore, c'è rabbia e c'è tenerezza: l'ultimo suono delle sue parole, che chiama i figli, si confonde con lo scricchiolare delle odiate ossa sotto a' suoi denti.

Gli antecedenti del racconto sono condensati in rapidissimi tratti, che ti risvegliano tutta la vita del prigioniero, al quale i mesi e gli anni che per gli uomini distratti nelle faccende volano come ore, sono secoli contati, minuto per minuto.

Ugolino è chiuso in un carcere, a cui viene scarsa luce da un breve foro, al quale sta affisso; ed il suo orologio è la luna, dalla quale egli conta i mesi della sua prigionia. Quell'angustia di carcere paragonato ad una « muda », quel piccolo « pertugio », e le ore contate sono tutto il romanzo del prigioniero nelle sue forme visibili. Né con meno sicuri tocchi è rappresentato l'animo. Due sono i sentimenti che nutrono l'anima solitaria di Ugolino: l'incertezza del suo destino e l'accanimento de' suoi nemici. Ciò che più strazia il prigioniero è il dubbio, è il « che sarà di me? »; la fantasia esagitata da' patimenti e dalla solitudine si abbandona alle speranze e a' timori. Ugolino ignora la sua sorte, e teme e spera: l'idea della morte non può cacciarla da sé. E rimane in quest'ansietà quando viene «il mal sonno» che gli «squarcia il velame» del futuro. Il poeta di tutta questa storia intima non esprime che l'ultima frase, la quale ad un lettore anche di mediocre immaginazione fa indovinare il resto, ma in quel modo vago e musicale che è il maggiore incanto della poesia. Il «mal sonno»!

Quel «mal», quella imprecazione e maledizione al sonno fa intravvedere quante speranze esso ha distrutte, quante illusioni ha fatte cadere! Il sogno è un velo, dietro al quale è facile vedere le agitazioni della veglia: il reale si rivela sotto al fantastico. [...]

Il primo pensiero del padre è i figli. E il primo pensiero de' figli è il padre: – «Che hai?» –. Se il padre prima non lacrimò e non fé motto perché rimase impietrato, ora non parla e non lacrima per non addolorare più i figli. L'amore gli vieta ogni espansione. La passione ha bisogno di sfogarsi, e non potremmo sopportare il dolore, se la natura benefica non ci sospingesse ad urlare, a imprecare, a piangere, a strapparci i capelli, a morderci le mani; quel padre dovrà divorare in silenzio il suo dolore, comprimere la natura, forzare la faccia e il gesto, essere statua e non uomo, la statua della disperazione:

> Però non lacrimai, né rispos'io
> tutto quel giorno, né la notte appresso.

In quella notte di silenzio la fame aveva lavorato e trasformato il viso del padre e de' figli, e quando, fatta un po' di luce, quella vista lo coglie impreparato, in un momento naturale d'oblio l'uomo si manifesta e prorompe in un atto di rabbia, tanto più feroce e bestiale, quanto la compressione fu più violenta, e più inaspettata e più viva è la impressione di quella vista:

> Come un poco di raggio si fu messo
> nel doloroso carcere, ed io scorsi
> per quattro visi il mio aspetto stesso;
> ambo le mani per furor mi morsi.

Quest'uomo, che in un impeto istantaneo di furore dà di morso alle sue mani, è già in anticipazione colui che nell'inferno è fissato

ed eternato co' denti nel cranio nemico, «come d'un can, forti».
Ma quanto dolore ha prodotto tanto furore! «Per quattro visi!».
Trovi fuso insieme ciò che v'è di più tenero e ciò che v'è di più
salvatico, fuso in modo che, se per necessità di parola v'è un prima
e un poi, innanzi all'immaginazione è un solo atto, un sentimento
solo complesso e senza nome, e non puoi figurarti quel padre mordersi le mani, che non lo vegga insieme guardare in quei quattro
visi. [...]
Sopravviene la catastrofe. E il padre li vede morire, così vero,
come è vero che Dante vede lui, morire ad uno ad uno, e fu uno
strazio di tre giorni:

> Quivi morì, e come tu mi vedi,
> vid'io cascar li tre ad uno ad uno
> fra il quinto dì e il sesto...

Non ci è un particolare vuoto. Quello spettacolo di morte si ripete quattro volte, e a lunghi intervalli, entro tre giorni, e fu possibile che un padre vedesse questo, e starsi quieto, tener chiuso in sé il martirio, snaturarsi, disumanarsi.
Succede lo scoppio. L'anima lungamente compressa trabocca. E non è già sfogo eloquente di un sentimento umano, conscio e attivo, intelligibile a sé e agli altri. È sfogo di un'anima infranta, più simile a convulsioni, a delirii, che a discorsi. Non sono pensieri, e quasi neppure parole: sono grida, sono interiezioni. È l'espressione nella forma bruta. È l'affetto nella forma istintiva e animale. Vivi i figli, non poté chiamarli per nome, non poté esprimere la sua tenerezza, il suo dolore: eccolo lì, ora, a brancolare sopra ciascuno, e chiamarli, chiamarli per tre giorni:

> E tre dì li chiamai poi ch'e' fur morti.

Prima che morisse il corpo, morto era l'uomo; sopravviveva la belva, mezza tra l'amore e il furore, i cui ruggiti spaventevoli non sai se esprimano suono di pietà o di rabbia.
Qui non c'è più analisi, qui non c'è più un pensiero, non un sentimento chiaro e distinto. Quel chiamare i figli era dolore, era tenerezza, era furore, era tutto Ugolino divenuto istinto ed espresso in un ruggito. C'è intorno a quest'uomo già ferino un'aureola di

oscurità, quali sono gli ultimi silenzii e le ultime agonie nella camera del moribondo.
Tal è l'effetto formidabile degli ultimi oscuri momenti.

Poscia più che il dolor poté il digiuno.

Verso letteralmente chiarissimo, e che suona: più che non poté fare il dolore, fece la fame. Il dolore non poté ucciderlo; lo uccise la fame. Ma è verso fitto di tenebre e pieno di sottintesi, per la folla de' sentimenti e delle immagini che suscita, pei tanti «forse» che ne pullulano, e che sono così poetici. Forse invoca la morte, e si lamenta che il dolore non basti ad ucciderlo e deve attendere la morte lenta della fame; è un sentimento di disperazione. Forse non cessa di chiamare i figli, se non quando la fame più potente del dolore glie ne toglie la forza, mancatagli prima la vista e poi la voce.
È un sentimento di tenerezza. Forse, mentre la natura spinge i denti nelle misere carni, in quell'ultimo delirio della fame e della vendetta quelle sono nella sua immaginazione le carni del suo nemico, e Dante ha realizzato il delirio nell'inferno, perpetuando quell'ultimo atto e quell'ultimo pensiero.
È un sentimento di furore canino. Tutto questo è possibile; tutto questo può essere concepito, pensato, immaginato; ciascuna congettura ha la sua occasione in qualche parola, in qualche accessione d'idea.
L'immaginazione del lettore è percossa, spoltrita, costretta a lavorare, e non si fissa in alcuna realtà, e fantastica su quelle ultime ore della umana degradazione.
Al di sopra di queste impressioni vaghe e perplesse rimangono quei quattro innocenti stesi per terra, e i loro nomi ripetuti per tre dì nella sorda caverna da una voce che non sai più se sia d'uomo o di belva. Ma l'eco di quei nomi risuona nell'anima del lettore, che sente se stesso nelle ultime parole di Dante. Perché, mentre la belva torce gli occhi e riafferra il teschio co' denti, innanzi a lui stanno que' cari giovinetti e li chiama per nome, ad uno ad uno, tutti e quattro e grida: – Erano innocenti...

  Innocenti facea l'età novella
  ...Uguccione e il Brigata,
  e gli altri due che il canto suso appella.

Ma, se il pianto di Ugolino è furore, la pietà di Dante è indignazione, imprecazione, e in quella collera esce fuori una nuova maniera di distruzione contro la città che aveva dannato a perire quattro innocenti:

> Movasi la Capraja e la Gorgona,
> e faccian siepe ad Arno in su la foce,
> si ch'egli anneghi in te ogni persona.

Non so se sia più feroce Ugolino che ha i denti infissi nel cranio del suo traditore, o Dante che, per vendicare quattro innocenti, condanna a morte tutti gl'innocenti di una intera città, i padri e i figli e i figli de' figli. Furore biblico. Passioni selvagge in tempi selvaggi, che resero possibile un inferno poetico, sotto al quale vi è tanta storia.

FRANCESCO DE SANCTIS

(Da *Nuovi saggi critici*, in *Lezioni e saggi su Dante*, op. cit., pagg. 687-698, *passim*).

25. – Il mistero di Casella

Casella è uno di quei personaggi che ai lettori sono apparsi sconcertanti, e costituisce uno di quei casi su cui si sono date le interpretazioni più diverse, ed anche le più strane e le più devianti dai precisi intendimenti del poeta.

E principalmente perché si è talvolta dimenticato che il poema di Dante, se è mirabile per la perfetta architettura generale e per la non meno perfetta rispondenza di una parte con l'altra, è pur sempre un'opera di poesia; ed è perciò suscettibile di tutte le varie e continue e libere accensioni della fantasia.

Ecco, soprattutto libere.

E proprio questo mi pare che si debba tener sempre presente leggendo i suoi versi e ascoltando i suoi personaggi.

Come nel caso, appunto, di Casella.

Casella arriva al Purgatorio inaspettato da Dante, che lo sapeva morto già da qualche tempo; ed arriva nel momento stesso in cui

arriva anche Dante, inaspettato da Casella, che non poteva mai immaginare di ritrovar lì, ancor vivo, il suo caro amico.
È Casella che riconosce subito Dante, mentre Dante su le prime non lo riconosce.
Ma Casella si muove ad abbracciare l'amico con tale effusione d'affetto che, proprio e soltanto per questa spinta infrenabile d'amore, anche Dante ricambia l'abbraccio. Anzi, per tre volte tenta di abbracciare lo sconosciuto, e sempre invano, perché quella che gli sta dinanzi è *un'ombra vana fuor che nell'aspetto*; per tre volte, tanta è la suggestione di quel richiamo d'amore.
E intanto Dante, attraverso un incontro realisticamente rappresentato, ci dà, per virtù di poesia e non per argomentazione di trattato, la nota nuova del nuovo regno: la nota, appunto, dell'amore. [...]
Ma, amici così cari, e così legati dallo stesso ardente amore per l'arte, e che si ritrovano dopo tanto tempo, e in luogo di salvazione, e in circostanze impreviste, non possono non domandarsi perché e come sono lì; e non possono non domandarselo reciprocamente, l'un l'altro incalzando, pur di sapere subito a che debbono il fortunato incontro.
E così fanno, in modo quanto mai realisticamente espressivo.
Orbene, quel che Dante dice di sé e del suo privilegio di poter visitare da vivo il regno dei morti, dà luogo alla meraviglia di quelle anime, ma non del lettore, che già sa; ma quel che Casella dice di sé, se non meraviglia quelle anime che più o meno sanno, meraviglia però Dante, e, con lui, anche il lettore.
Ed è a questo punto che sorgono le perplessità e le divergenze degli interpreti.
Ma che dice Casella?
Dice questo, prima di tutto: che tutte le anime che muoiono in grazia di Dio vanno alla foce del Tevere. Cioè, a Roma, perché è a Roma il centro spirituale dell'umanità redenta voluto da Dio: ma, al cospetto del mare di Roma perché, attraverso il mare, devono arrivare al luogo di purificazione, posto al centro dell'emisfero delle acque, per poi salire al luogo di beatitudine eterna.
E fin qui, nulla di strano: i dannati all'Acheronte, da tutte le parti del mondo; e i salvati al Tevere, da tutte le parti del mondo.
E nulla di strano anche in quel che segue: lì, alla foce del Tevere, al cospetto del mare, le anime dei salvati aspettano l'Angelo che deve accoglierle nel *vasello snelletto e leggero* e portarle al Purgatorio.

Così come, su la riva dell'Acheronte, le anime dei dannati aspettano Caronte, che deve accoglierle nella *nave* e portarle all'*altra riva, nelle tenebre eterne, in caldo e in gelo.*
Ma, mentre Caronte bada bene a far entrare tutte le anime fino a *batter col remo qualunque s'adagia,* l'Angelo sceglie, e fa salir l'una e non fa salir l'altra, per un imperscrutabile ma perfettissimo giudizio di Dio, di cui l'Angelo è l'infallibile esecutore.
Ciò significa che, chi è accolto nel vasello, ne è degno; e, chi non è accolto, ancora non lo è.
E perché non lo è?
Non si dice, perché non si sa. [...]
E come è mai possibile che uno desideri tanto di poter esser portato al luogo di purificazione, e poi, quando lo può, si allontani a suo piacere, a lungo, e a suo piacere, a un certo momento e senza un perché, se ne ritorni?
È logico che qui si va nell'illogico.
Ma l'illogico ridiventa subito logico, poeticamente s'intende, quando tutto si metta in rapporto con l'incontro con Dante.
Casella non è stato preso dall'Angelo, prima del giubileo, per una misteriosa, ma plausibile, ragione di degnità; e non si è messo, dopo il giubileo, nelle condizioni di esser preso per una misteriosa e non affatto plausibile ragione. Infatti, la prima ragione, che poteva avere una ammissibile giustificazione, è stata giustificata; mentre la seconda, che non la poteva avere, non è stata giustificata.
Ma lo può essere pienamente quando si pensi che solo *ora* tutto questo doveva avvenire; solo *ora* che Casella poteva arrivare al Purgatorio proprio quando vi poteva arrivare anche Dante.
Dante ha sentito la suggestione poetica di questo incontro, in questo momento, in queste condizioni. E per questa suggestione si è sentito liberissimo di passar sopra a tutte le sofisticherie di schemi e di sistemi, e scioltissimo da tutti gli obblighi di giustificare infrazioni, contraddizioni, se non addirittura illogicità.
Ha così salvato la poesia con la illogica ma suggestiva concomitanza dell'arrivo suo e dell'arrivo dell'amico al Purgatorio.
Ed ha fatto silenzio su tutto ciò che, logicamente, non poteva esser giustificato.
Silenzio su l'indugio dell'Angelo ad accogliere Casella, che pur l'aveva desiderato più volte!
Silenzio su l'indugio di Casella a voler essere accolto dall'Angelo, dopoché l'Angelo l'avrebbe accolto!

Ma è un silenzio che, mentre ricopre scaltramente un'assurdità, accresce nel contempo il mistero tutto proprio del mondo misterioso dell'oltretomba.

Ed è un mistero che rende più sottile il fascino della poesia. Perciò, chi cerca qualche cosa oltre quello che a Dante è piaciuto di dire, e chi ci arzigogola sopra a suo piacere, è padronissimo di farlo, ma rischia di farlo al di fuori di Dante. Il che vuol dire, in contrasto con Dante.

ALBERTO CHIARI

(Da *I personaggi: Casella*, in «La Fiera Letteraria», 25 aprile 1965, pag. 6).

26. — " Biondo era e bello... "

La voce che s'alza con un inizio limpidissimo di canto, si stacca lentamente dal coro che prima ha parlato, come l'individuazione del personaggio, il suo riconoscimento, bisognoso di spiegazione e di gesti che tanto lo diversificano da certe brusche prepotenti presentazioni di altri plastici e statuari personaggi infernali, si attua lentamente in uno sviluppo della personalità e della figura di Manfredi dalla condizione generale di mansuetudine e di fiduciosa speranza delle anime della «mandra fortunata», in una rallentata serie di parole e gesti contenuti, senza impeto, e tutti profondamente ispirati ed essenziali (il ritmo di questa parte del canto è sempre pensoso, misurato, anche se a poco a poco si tende e si arricchisce di tante componenti drammatiche ed elegiache, di echi guerreschi e virili, di accenti di dolore e di severa condanna) sullo sfondo coadiuvante del silenzio delle anime, della loro lentissima marcia, a cui Dante e Virgilio accordano il loro passo, e dell'intensa attenzione di Dante che nel canto seguente si precisa nel v. 14: «udendo quello spirito e ammirando».

La voce che, dopo aver evocato la sua storia personale ed esemplare, rientrerà lentamente, alla fine del canto, nella sua più chiara condizione di interprete della «mandra fortunata», invita Dante a riconoscerle la sua personalità provocandone l'attenzione e l'umile diniego (e «chiunque tu se'», e «se di là mi vedesti unque» sono forme di colloquio che assecondano questa inclinazione soave e mansueta e nobilmente triste-serena, questo modo di comunicazione senza ansia, questo melodico e intimo superamento di ogni urgenza, di ogni avidità di recuperare impetuosamente un rapporto di individuali esistenze), e insieme dà l'avvio alla prima presentazione della figura del re svevo, anch'essa svolta in un'aura di pacata melodia e di sobria meraviglia, letificante e pur increspata d'una sommessa malinconia, pausata nella sua disposizione di successive indicazioni che vengono impostando un'immagine singolare di bellezza e nobiltà eroica e sfortunata.

> Biondo era e bello e di gentile aspetto,
> ma l'un de' cigli un colpo avea diviso.

E poiché le prime indicazioni non sono sufficienti ad operare il riconoscimento (ma la ragione più intima e poetica non è il bisogno « verisimile » di dirci che Dante non aveva conosciuto in vita Manfredi, sibbene l'esigenza di svolgere lentamente l'individuazione della figura, di fare affiorare lentamente, e coerentemente al tono dominante le caratteristiche più necessarie al significato esemplare e poetico della sua storia individuale), Manfredi aggiungerà ancora un gesto rivelatore e due parole (« Or vedi, e mostrommi una piaga a sommo 'l petto ») che implicano un chiaro riferimento alla vicenda miracolosa del Cristo risorto ed apparso ai suoi discepoli ancora attoniti, e incapaci di riconoscerlo (v. *Lc.*, 24, 39; e *Gv.*, 20, 20 e 27) se egli non avesse indicato il segno del suo martirio.

Ché non vi è dubbio circa la volontà del poeta di presentare la figura di Manfredi in un'altissima nobilitazione del suo carattere regale e cavalleresco (e non a caso Dante riprende, nel celebre v. 107, il ritratto dell'eroe nella *Chanson de Roland* sino nella disposizione sintattica, così coerente in tal caso al procedimento caratteristico dei momenti più alti del canto e – come ha ben visto H. Gmelin nel suo recente commento del *Purgatorio* – quello del re David nel I dei Re, 16, 12: « Erat autem rufus et pulcher aspectu decoraque facie ») e del suo significato di « martire » di una tragica vicenda storica, della crisi dell'ordine mondano provocato dalla politica della Chiesa e soprattutto di personale testimone di una suprema e complessa verità (la possibilità della salvezza nel pentimento e nella comunione con Dio anche per chi è escluso provvisoriamente dalla comunione della Chiesa) che Manfredi rivive in tutte le sue componenti attraverso la rievocazione della sua personale esperienza di peccato e di redenzione, di scomunica, di persecuzione esercitata contro il suo corpo e contro il suo nome, e di comunione riacquistata nell'incontro del suo pentimento e della misericordia divina. E come nella presentazione della figura di Manfredi si compongono insieme echi della cronaca ghibellina e guelfa, concordi almeno nel riconoscere la nobiltà, la bellezza, la cortesia, il valore personale del re svevo (cui solo la pubblicistica curiale e le lettere e i decreti papali negavano ogni elemento di decoro), così in tutta la storia poetica che Dante crea come sensibile incarnazione di un «esempio» delle verità che dominano il canto, vengono a fondersi gli elementi della leggenda ghibellina che aveva fantasticato sulla conversione del re in punto di morte, sulla salvezza della sua anima. Solo che nella poesia dantesca tutto è condotto ad un valore più alto, ad un significato meno pratico e meno partigiano, che ammette *ex abundantia* gli «orribili peccati» del re, che non discute il diritto della scomunica ecclesiastica (anche se quella scomunica da parte del simoniaco Clemente IV poteva poi ben essere discussa nel suo motivo politico), e non riporta neppure quella affermazione del *benegenitus* del *Convivio* ricollegando piuttosto la dignità regale di Manfredi al rapporto meno discutibile con la nonna Costanza e con la figlia «genitrice / dell'onor di Cicilia e d'Aragona» (dove pur si sente che Dante sfugge in quest'alta «storia» ogni discussione sul preciso valore dei due re altrove da lui disprezzati) per far risaltare tanto più la storia di Manfredi *post mortem*, il contrasto fra l'empio zelo degli ecclesiastici e la «faccia» misericordiosa di Dio, per far vibrare tanto più intimamente il tema supremo del valore della fede, l'intreccio potente della letificante condizione della comunione e della tristezza dell'esclusione. Intreccio che Manfredi sensibilizza nella letizia della sua redenzione e nella mestizia della sua solitudine peccaminosa, nell'elegia del corpo insepolto e perseguitato, nella precisazione dei limiti della scomunica ecclesiastica, nella condanna sobria e sicura della sua vana pretesa di assolutezza che par quasi ritorcersi sui suoi autori e far di loro i veri scomunicati di questo canto, gli esclusi dalla fruizione e dalla comprensione di una verità consolatrice perduta nel loro gretto legalismo e, più, nel loro spirito faziosamente politico.

Walter Binni

(Da *Letture dantesche*, a cura di G. Getto, Firenze, Sansoni, 1964, vol. II: *Il Purgatorio*, pagg. 736-739).

27. – Il significato dell'episodio di Buonconte

Buonconte da Montefeltro – figlio di quel conte Guido che Dante ha trovato tra i consiglieri fraudolenti –, dopo aver avuto gran parte nella cacciata dei Guelfi d'Arezzo nel 1287 e nell'agguato posto dagli Aretini ai Senesi alla Pieve del Toppo, fu di nuovo a capo dei Ghibellini di Arezzo nella guerra contro i Fiorentini, guerra che l'11 giugno 1289 ebbe il suo principale episodio a Campaldino, dove combatté anche Dante e dove Buonconte, nel campo avversario, morì da prode, senza che il suo corpo fosse più ritrovato.

Dalla storia contingente, come sempre, l'Alighieri toglie anche la figura di Buonconte, per portarla nel mondo eterno della sua arte.

Ora si noti l'altissimo valore umano e poetico di questo incontro tra Dante e Buonconte qui nel Purgatorio. La battaglia, che in senso largo e ideale, fu alla base di tutta la sua vita, Dante l'aveva sperimentata anche in quella forma dura, concreta che lascia nella carne e nell'anima il sapore inestinguibile del sangue e del ferro. Egli combatté tra i feditori a Campaldino, e tra i suoi avversari era anche Buonconte; ma qualunque fosse la parte attiva e reale che Dante ebbe in quella battaglia – e l'ebbe certamente – il contingente episodio doveva acquistare per lui un intimo valore, che si ingigantiva nel ricordo e col tempo: era la lotta reale, cruenta che egli aveva conosciuta e vissuta. Ora il combattente, fatto maturo dai dolori e dagli anni, guarda di lontano e dall'alto l'esperienza passata, e rivede quella lotta al disopra delle passioni, degli interessi, pur alti, d'un tempo; e la rivede quasi fuori del tempo e rivive in essa tutte le cieche, incessanti lotte degli uomini e le trascende in una superiore consapevolezza dell'eterno valore della vita e della morte, del regno degli uomini e di quello di Dio.

Non è necessario, come qualcuno ha fatto, immaginare quello che la storia non ci dice: che cioè Dante stesso fosse l'uccisore di Buonconte; non è necessario: poiché quel che conta qui è il valore ideale; e idealmente il cuore e il ferro di Dante s'erano aguzzati anche contro Buonconte. Anzi, nel ricordo, egli non vede più che lui: la figura più viva non solo per grado, valore e nobiltà, ma per l'eroica morte e per il mistero che avvolse la scomparsa del suo corpo. In Buonconte rivivono, quasi, tutti gli avversari di Campaldino, i morti, forse, di tutte le sanguinose battaglie scatenate su questa terra di fiere passioni; e il poeta vede ora, dinanzi all'eterno e a Dio, la follia di quegli odii e rivive quella morte, come se egli stesso sentisse squarciare la sua carne e sgorgare il suo sangue e s'abbandonasse a Dio nell'estremo, disperato bisogno dell'ultima pace. In un'accorata ansia di purificare il male commesso dagli uomini, tra cui è anche lui, Dante pone qui, alle soglie del regno che conduce al Cielo, il morto straziato e disperso a Campaldino, facendolo puro e incontaminabile, e trasformando l'urlo della rabbia distruttrice nella voce interiore della pietà e della preghiera. E tutto questo è nello spirito della poesia, senza una notazione o un'allusione diretta; è nello spirito di Dante che tacitamente contempla e trasfigura quel morto: solo col vivere la sua umana tragedia e il suo abbandono ultimo a Dio. Qui, dal possente linguaggio delle cose, si sviluppa tacito quel profondo motivo, che già accennato in Manfredi, vive in Iacopo e nella Pia, formando la viva sostanza di questo canto: e cioè la superiore visione della cieca violenza umana portata dal contigente nell'eterno, innalzata e purificata dalla umana pietà e dalla presenza di Dio.

CARLO GRABHER

(Da *Il canto V del « Purgatorio »*, Firenze, Sansoni, 1964, pagg. 145-146).

28. – Sordello e l'invettiva all'Italia

Statua leonina veramente, la cui forza è tutta nell'interna torsione, in quel senso di movimento potenziale che nella sua marmorea solennità Dante suscita con la sola nota di quello *sguardare* silenzioso. Tutta la tensione accumulata sin qui è concentrata in questa figura: nella reduplicazione intensiva *sola soletta*, nella bilanciata fermezza di quelle coppie di aggettivi « altera e disdegnosa, onesta e tarda », nella forza durativa di quegli imperfetti e di quei gerundi. Virgilio interroga, accostandosi reverente, quasi con soggezione (pur = « nondimeno ») e l'ombra « non rispuose al suo dimando », anzi interroga a sua volta, chiusa ancora nella sua aristocratica distanza (« tutta in sé romita »: un'espressione che come la coppia « altera e disdegnosa », piacerà all'aristocratico Petrarca). Ma suoni appena un nome, *Mantova*, e vedremo quella figura farsi ancora più alta (« surse ver lui del loco ove pria stava »), e dissolvere con un gesto quell'aura d'isolamento, interrompendo, non tanto per lo slancio, quanto per il grandeggiare del moto con cui s'apre all'abbraccio, la risposta di Virgilio, intenzionalmente ricalcata sull'inizio del famoso epitafio « Mantua me genuit... ». Le lacerazioni angosciose che il canto ha espresso fin qui si ricompongono di colpo in quell'abbraccio, la cui plasticità simbolica travolge per questa volta gli scrupoli che Dante altrove avvertirà « trattando l'ombre come cosa salda ».

L'invettiva, che scoppia con un guizzare improvviso di metafore, in apostrofe diretta, scioglie di nuovo il nodo in cui l'inquieta tensione accumulata nella prima parte del canto s'era per un momento composta. Le energie, dominate figurativamente nel michelangiolesco blocco centrale, si danno libero sfogo. È l'oratoria: un'oratoria di membrature rilevate, di stile « sapidus et venustus etiam et excelsus ». Ma senza quest'oratoria, non sarebbe così potente quella figurazione centrale e non si comprenderebbe il significato di quella prima parte del canto (che per solito la critica trascura) e che si è cercato qui d'illustrare nel suo funzionale svolgimento. Oratoria, dunque, se irrelata, come appare nelle letture di intonazione politica; ma momento dialettico della poesia, se considerata in funzione di quanto precede. E s'intende che anche qui balenano più vivi i lampi dell'ispirazione in coincidenza coi richiami più diretti alla tematica già presentata: soprattutto nell'invocazione al sommo Giove che fu in terra per noi crocefisso, dove il tema del fato si cristianizza esplicitamente, l'assoluto si incarna a patire nell'umano, e il ricordo dell'Incarnazione e della Passione è, nell'angoscia della domanda, pegno di redenzione finale.

È la parte più nota del canto, e per questo non mi dilungherò su di essa. Mi accontenterò di sottolineare come tutta questa parte riproponga il motivo violento della tensione, sdoppiando il sentimento in opposte direzioni, tra i poli dell'invocazione e dell'imprecazione, cioè della fede e dell'angoscia, e ancora in un doppio sforzo, d'universalizzazione e di attualizzazione, tra i poli del contingente e dell'assoluto. Dal contrasto fra questi vettori espressivi di segno opposto che solo la rapidità delle metafore può mediare, risulta l'intensità non soltanto oratoria del pezzo. [...]

Immagine d'irrequietezza tormentosa è quella che chiude il canto:

> E se ben ti ricordi e vedi lume
> vedrai te somigliante a quell'inferma
> che non può trovar posa in su le piume,
> ma con dar volta il suo dolore scherma.

Una parola-spia, *dolore*, esplicita solo in questi punti, ricollega significamente questa chiusa all'esordio del canto, dove « colui che perde si riman *dolente* », e all'inizio dell'invettiva: « Ahi serva Italia, di *dolore* ostello ». La simmetria compositiva è perfetta: un nucleo centrale di intensità espressiva e simbolica, preparato da un'introduzione che, in vari episodi, svolge con indiretta ma funzionale coerenza motivi di tensione lacerante, e seguito da uno svolgimento che affronta gli stessi motivi in modo scoperto e diretto, diciam pure oratorio. Agli estremi, due similitudini: la prima tratta da un giuoco d'azzardo, dove il caso domina ed è illusione imparare ripetendo le volte, la seconda tratta dalla tormentosa irrequietezza dell'infermo, che si illude di schermare il dolore col dar volta. *Volte... volta*: anche questo richiamo fonico può valere come indizio di una conchiusa ciclicità tematica.

Chiuso così tra due tormentose parentesi d'illusione, il cosiddetto grido della coscienza nazionale ci appare più semplicemente, ma forse più poeticamente, come un'espressione d'impaziente angoscia umana prima che di fede politica. Proprio le due similitudini tra le quali è racchiuso sottolineano e vorrei dire garantiscono questo suo significato, che del resto mi pare trovi conferma nel tono dei canti seguenti. Dopo questo sfogo di tempesta, più lucidi e sereni colori rivestiranno la fiorita valletta dei principi, più tenero e confidente brillerà il cielo della nostalgia e della speranza, nel primo tramonto sulle pendici del Purgatorio.

Aurelio Roncaglia

(Da « La Rassegna della letteratura italiana »,
n. 3-4, 1956, pagg. 427-431, *passim*).

29. – L'incontro con Forese

Nel sesto girone del purgatorio hanno la loro sede i golosi. Contemplando e bramando avidamente gli intangibili frutti degli strani alberi che ivi crescono e le acque che li irrorano, essi soffrono di una fame e di una sete continue ed insaziabili, sì che appaiono orribilmente scarniti, hanno gli occhi sprofondati e quasi invisibili nelle fosse delle orbite, mostrano la struttura dello scheletro a fiore della pelle arida e squamosa. Fra quei miseri penitenti, non alle fattezze del volto rese irriconoscibili dalla straordinaria magrezza, bensì al suono familiare della voce, Dante ravvisa ad un tratto l'amico Forese Donati, che gli fu compagno nella vita giovanile e in quelle consuetudini mondane, di cui oggi resta nella coscienza il peso grave del rimorso. Fra i due s'intreccia un colloquio ansioso, inquieto, fitto di memorie e allusioni segrete, di confessioni e dichiarazioni affettuose, come fra due amici appunto, che, ritrovandosi dopo un periodo di distacco, riprendono il filo d'un discorso interrotto e intanto s'interrogano e s'informano a vicenda affannosamente e rievocano con mestizia vicende e figure dei tempi andati. Il tema penitenziale, che è di tutto il *Purgatorio*, qui prende un rilievo più intenso riflettendosi, più che altrove non avvenga, anche nell'animo di Dante, attraverso il vincolo dell'amicizia e delle esperienze comuni tra i due personaggi, i quali nell'atto di rievocare gli antichi errori sono investiti entrambi da una medesima ansia di ravvedimento e di pentimento; donde anche il carattere particolare dei castighi assegnati alle anime nel purgatorio e da esse accolti come strumento di purificazione e avvio alla beatitudine: pene che debbon dirsi piuttosto sollazzi, per cui le anime piangono e cantano insieme e chi le guarda ne prova ad un tempo doglia e diletto. Tutto l'episodio – dal momento in cui Dante riconosce la persona dell'amico al di là della sua figura stravolta, con una dolcezza venata di malinconia, fino alle parole accorate della confessione (« Se tu riduci a mente / qual fosti meco e qual io teco fui, / ancor fia grave il memorar presente »); dalla rievocazione affettuosa della vedovella pudica e dolente, cui fa riscontro l'amareggiata invettiva contro le sfacciate donne fiorentine, fino alla notizia riassuntiva che il pellegrino porge della sua straordinaria esperienza, per cui anch'egli, come le anime penitenti, raddrizza le storture del suo corso mondano – s'illumina di questa costante contrapposizione di terrestri memorie e di aspirazioni celesti, in questo contrappunto di amari rimorsi e di travagliata riparazione, ed è quasi un simbolico ed esemplare ritratto del processo che si esprime nella formula del « mutar mondo a miglior vita ». E il tema culminerà, nel canto seguente, nelle ultime parole fra i due amici, che, mentre dichiarano il significato di un'amicizia riconquistata attraverso il pentimento, suggellano la comune volontà di un supremo distacco dal mondo, il concorde protendersi a una promessa certa di eterna pace.

NATALINO SAPEGNO

(Da *D. A., La Divina Commedia*, a cura di N. S., Firenze, La Nuova Italia, 1968², pagg. 251-252).

30. – Guinizelli e Daniello

L'idea di collocare qui, tra i pentiti d'amore, Guido Guinizelli e Arnaldo Daniello, non dobbiamo pensarla nata fuori dal ricordo della loro poesia, da un puro pretesto strutturale o da notizie biografiche dirette. Può darsi che tali notizie Dante possedesse sul Guinizelli, essendo stato a Bologna non molti anni dopo la morte di lui; può anche darsi che l'aneddoto raccolto da Benvenuto da Imola sulla monacazione del Daniello non sia del tutto fantastico, e che il trovatore finisse davvero i suoi giorni in un convento, ma non è necessario ricorrere ad elementi esterni quando tutti i motivi per immaginare l'incontro coi due poeti su questa balza del Purgatorio, Dante li trovava nei loro versi, che d'altro quasi non cantano se non d'amore. « Donna l'amor mi sforza », « ciascun giorno inforza / la mia voglia d'amar », « Amo for misura », « Non po' pensar lo core / altro ch'amore », ripete il Guinizelli; « Amore, dal quale non posso staccarmi », « Non mi stacco io già da Amore, per cui sospiro », « Chi vuole se ne stacchi, io resto stretto ad Amore », protesta Arnaldo. E su quel motivo del fuoco ch'è tra le metafore più banali dell'ardore amoroso, e che qui in Dante ne diviene l'ovvio contrappasso, insistono l'uno e l'altro con particolare energia fantastica, che sulla metafora imprime un marchio personale, e illumina così d'un riverbero diretto, d'un preciso riferimento *ad personam* lo stesso contrappasso dantesco. « Foco d'amore in gentil cor s'apprende », « Le meo core / altisce in tal locore / che si ralluma come / salamandra in foco vive », « E consumar lo fate / in gran foco d'ardore », « Parlar non posso, ché 'n gran pene eo ardo » canta il Guinizelli. E Arnaldo: « Pensando mi prende il fuoco d'amore, ed è gustoso il mal ch'io provo, e soave la fiamma quanto più m'arde »; o ancora più vigorosamente: « Sebbene mi riarda fin dentro la midolla il fuoco, non però desidero che s'estingua ».

Quanto al pentimento, c'è tra i componimenti d'Arnaldo una canzone che, indipendentemente dall'incerta notizia sulla monacazione del trovatore, poté suggerire l'idea ch'egli si ritraesse dall'amore sensuale. Vi si mostra infatti stanco e diffidente dell'amore delle donne, troppo esperte nell'arte d'ingannare: ben credeva egli di vivere senza amor falso, ma questo per tanti lati s'aggira e s'insinua, che ha raggirato lui pure, perciò non vuol saperne e respinge la sua signoria. Per Guinizelli poi, è ancora più facile richiamare certi ri-

piegamenti dolorosi e meditativi. I suoi più accesi vagheggiamenti sensuali s'urtano al freno brusco della riflessione. [...]
Lo sconforto d'amore scava sul fondo d'una coscienza religiosa e ne fa scaturire un'invocazione che resta, nella stessa poesia stilnovistica, del tutto isolata:

> Amore a tal m'ha addotto,
> fra gli altri son più tristo.
> Oi, Segnor Gesù Cristo,
> fu' io per ciò sol nato,
> per stare innamorato?
> Poi madonna l'ha visto,
> meglio è ch'eo mora in quisto:
> forse n'arà peccato. [...]

Dunque poesia nata su ricordi letterari? Non vorrei essere frainteso. La memoria poetica di Dante, come non insegue « fonti », così non vagheggia « modelli »: si commuove invece e si esalta rievocando incontri ed occasioni che furono o parvero decisivi per l'interiore scoperta della poesia, per la conquista poetica d'un ideale assoluto che trascende la stessa poesia umanamente intesa. [...]
Ma una volta precisato il valore sostanziale che Dante attribuisce ai suoi « ricordi letterari » e perciò stesso il tono di commozione con cui li rievoca, potremo anche ripetere che, sì, questo è un canto di « poesia nata sui ricordi letterari ». La commozione lirica, la stessa animazione polemica nascono, alla radice, dal raccoglimento pensoso nella cara verdezza di quei ricordi, di quelle letture di poeti « quos (torna in mente una frase del *De vulgari eloquentia*) amica solitudo nos visitare invitat ».
Da questo raccoglimento sembra simbolicamente scaturita, benché ad altri commentatori sia parsa meno felice, l'immagine, riposante di studio e di preghiera, piena di silenzio e di serenità contemplativa, che rappresenta il Paradiso come un « chiostro / nel quale è Cristo abate del collegio ». E sembra un simbolo spontaneo del moto con cui i ricordi affiorano ed affondano entro le fluide trasparenze della memoria l'altra immagine che rappresenta il dileguarsi del Guinizelli entro il foco « come per l'acqua il pesce andando al fondo » in un moto che ha la magia d'una silenziosa dissolvenza.
In questa sfumata trasparenza vive poeticamente la figura di Arnaldo, si scioglie la delicata melodia finale dei versi provenzali che Dante colloca sulle sue labbra. La memoria è serena, velata

ormai solo di nostalgia. Anche l'ansia morale s'è acquetata in una superiore calma dello spirito: tra l'evocazione del personaggio e la nozione del suo peccato c'è ormai il diaframma tranquillante delle ultime parole di Guido Guinizelli, qui « dove poter peccar non è più nostro ». Perciò l'aspra sensualità e il chiuso stile propri del trovatore perigordino, che Dante ben conosceva ed aveva imitato nelle rime petrose, cedono il posto a semplici parole di canto e di pianto: un canto sospiroso e un pianto pieno di tenerezza, in cui la sua anima, nonché « coprirsi », si apre con soavità quasi femminea.

AURELIO RONCAGLIA

(Da *Il canto XXVI del «Purgatorio»*, in
« Nuova Lectura Dantis », Roma, Signorelli, 1951, pagg. 353-363, *passim*).

31. - L'apparizione di Beatrice

Nell'atto in cui l'oggettivazione rappresentativa pare farsi più solenne e più esplicita, si esprime ancora, assai intenso, il recupero della dimensione soggettiva, non senza il rinvio (nell'àmbito di tale prospettiva) alle più ovvie cadenze delle più antiche prove stilnovistiche (ancora richiamiamo alla memoria: « quando a li mei occhi apparve prima... », « apparve vestita di nobilissimo colore... », « apparuit iam beatitudo vestra », anche con parallela modulazione di toni lessicali, per costume a Dante estremamente caro, nello stesso « libello » giovanile), e l'impiego di una formula squisitamente inaugurale, per effettivo ricominciamento di narrato (così, poniamo, sopra il versante « comico », in *Inf.*, XXII, 1: « Io vidi già cavalier muover campo... »):

> Io vidi già nel cominciar del giorno
>   la parte oriental tutta rosata,
>   e l'altro ciel di bel sereno adorno;
>   e la faccia del suo nascere ombrata,
>   sì che, per temperanza di vapori,
>   l'occhio la sostenea lunga fiata:
> così dentro una nuvola di fiori
>   che da le mani angeliche saliva
>   e ricadeva in giù dentro e di fori,
> sovra candido vel cinta d'uliva
>   donna m'apparve, sotto verde manto
>   vestita di color di fiamma viva.

e che restaura in figura di assoluta immutabilità la scena del relativo e del mutevole. Da un lato, quella condizione intenziona in senso sentimentale, in corrispondenza affettiva, il pur solenne assunto dottrinario del discorso di Piccarda. Dall'altro, è essa a garantire un valore dialettico alla prospettiva irreversibilmente eterna entro cui la delicata allusione alla condizione umana, attraverso un tono di pacata memoria, si comprende e si compie: in una lontananza di contemplazione e di giudizio che di quella realtà imperfetta non annulla la valenza, la sostanza psicologica e sentimentale, la tenerezza o il dolore, bensì li richiama come oggetti di definitiva riparazione, e pertanto, figurandoli, li trascende. Sicché l'esperienza terrena, quella fugace ma significante parentesi di memoria che la creatura celeste evoca a soddisfare l'umano indugio di Dante, è qui vista e prospettata dall'angolo di quest'altra esperienza che la finisce e la compensa in Dio: ponendosi come occasione di una reazione affettiva e morale che aumenta i termini della conoscenza e dell'ascesi, episodio della progressiva scoperta dell'ordine celeste e del suo restaurare le deviazioni della cronaca terrena. È un rapporto, a tutti i livelli, dialettico, non già un dualismo della rappresentazione, o, peggio, una preterintenzionalità della poesia rispetto alla condizione unitaria della struttura del *Paradiso*. La figura antica, entro cui riaffiora un'età di affetti e di esperienze cara alla memoria di Dante, vale sì a conferire esiti di grazia mimica e di dolcezza disegnativa alla solenne dichiarazione della legge unitaria d'amore e di volontà, alla ragione gnomica del canto: che, arricchita e come umanizzata da quella circolazione emotiva, si comunica a Dante in movimenti di gioia e di ardore. Ma è poi questa sublimità del volere, la necessità di una gaudiosa evidenza della legge, a dar senso, divenire e valore, all'episodio terreno, a sfumare in trasparenze nuove e in risonanze compiute il linguaggio, i modi sottili e segreti della rievocazione: a dotare, vorremmo dire, di un destino, di una reale significazione metafisica, quell'apertura metafisica che era nella poetica del dolce stile, e altresì nel sogno umano della « vergine sorella ».

ARCANGELO LEONE DE CASTRIS

(Da *Il canto III del «Paradiso»*, Firenze, Le Monnier, 1965, pagg. 11-25, *passim*).

34. – Storia e poesia dell'Impero

Non senza una voluta coincidenza Dante prende le mosse per il suo rapido sommario di storia protoromana dal punto in cui aveva avuto termine l'*Eneide*, il poema che il suo Virgilio aveva composto per esaltare le glorie dell'Urbe insieme a quelle della *gens Iulia*; di conseguenza dopo un ennesimo ammonimento di Giustiniano:

> Vedi quanta virtù l'ha fatto degno
> di reverenza... (l'oggetto sottinteso è sempre l'Aquila),

il Poeta ha un bellissimo attacco:

> ... e cominciò dall'ora
> che Pallante morì per dargli il regno.

La morte di un alleato di Enea, Pallante, figlio del re latino Evandro, che aveva la sua sede sul Palatino, il centro del futuro Impero romano, è il primo olocausto, quasi di vittima innocente, offerto sull'altare della storia per le sorti felici del luogo e dell'ordinamento politico, che dovevano diventare sacri ed eterni. Vengono poi i trecento anni di soggiorno dell'uccello divino in Albalonga, dove regnarono i discendenti di Enea, e dopo la vittoria dei romani Orazi sugli albani Curiazi si verifica il passaggio dell'Aquila sulle rive del Tevere. Questi e vari altri episodi si potevano già trovare menzionati da Dante nel libro IV del *Convivio* e nel libro II della *Monarchia*, ma se la materia è identica, forse è mutato nella *Commedia* il presupposto, che non è più soltanto storiografico o politico in senso stretto, bensì diventa epopea divina, e quindi è religioso: è Dio stesso il protagonista anche se egli « attua la sua volontà attraverso gli istituti designati a incarnare le idee direttrici dell'ordine mondano, e gli uomini singoli sono meri strumenti che realizzano, inconsapevoli, e talora contrastano, impotenti, un disegno che li trascende » (Sapegno).

Tutto il periodo monarchico della storia romana è riassunto da Dante in una terzina, che richiamando due fatti notissimi e (a dire il vero) non troppo onorevoli – il ratto delle Sabine e l'attentato alla virtù di Lucrezia – posti al principio ed alla fine del ciclo dei

sette re tradizionali, definisce mirabilmente la funzione storica di quell'epoca così:
vincendo intorno le genti vicine,

ossia conquistando la supremazia regionale, affermando il predominio della città sui popoli contermini. Ed è anche sommaria ma lucida e precisa la caratterizzazione della storia repubblicana dal 510 al 264 circa; i capi che vengono ricordati furono «egregi» e degni di essere onorati, non tanto per le loro indubbie qualità militari e civiche, ma soprattutto per la loro austerità morale, per la loro modestia ed il loro disinteresse, insomma – come dice ancora Dante nella *Monarchia* – «pro salute publica devotas animas posuerunt». Ed affinché l'onore reso loro risultasse davvero eccezionale e quasi religioso, Dante fabbricò un verbo apposito: *mirrare*, dalla biblica mirra, che fu uno dei doni offerti dai Magi al Bambino Gesù.

La fase più turbinosa e torbida che va dalle guerre puniche a quelle civili è abilmente sorvolata dal Poeta, che nominati appena Annibale, Scipione, Pompeo e fatto un cenno della guerra catilinaria svoltasi presso Fiesole perché la località era vicina a Firenze («quel colle / sotto 'l qual tu nascesti»), passa a trattare con maggiore ampiezza e con aperta simpatia di Cesare, dedicandogli ben «sei concitate terzine, nelle quali i nomi di località numerose e lontane l'un l'altra s'inseguono: sembra che l'aquila, portata in pugno da Cesare, sia contemporaneamente o quasi nei luoghi più diversi, come fulmini che scoppiano contemporaneamente su ogni punto dell'orizzonte» (Bosco). Quasi tutti i commentatori a questo punto si fanno un dovere di citare il Manzoni del *5 Maggio*: «Dall'Alpi alle Piramidi / dal Manzanarre al Reno / di quel secuto il fulmine / tenea dietro al baleno», ma più dei parallelismi storici e poetici a noi importa sottolineare lo spirito che guidava Dante (ma forse anche il Manzoni) nella considerazione delle imprese di Cesare (e, per l'altro, di Napoleone); tale spirito è, lo ripetiamo ancora una volta, religioso, è infatti il «divino aiutorio» (sono parole del *Convivio*) che sostiene il vincitore, e lo «divino provedimento» (*ibidem*) che ha voluto «la terra in ottima disposizione» e cioè ordinata a monarchia, ridotta sotto un solo principe, perché si avvicinava il tempo in cui il mondo doveva essere sereno, rispecchiante la serenità stessa delle sfere celesti dovendo ospitare il Dio umanato. Su tale accenno di parallelismo cristiano-romano ritorneremo più avanti a lungo, dato che Dante non vi insiste per il momento e preferisce proseguire nell'enumerazione dei fatti storici, riservandosi di approfondire poco più avanti il problema della missione provvidenziale dell'Impero in rapporto alla venuta del Salvatore ed all'istituzione della Chiesa.

A proposito del Cesare dantesco, senza ricordare i noti versi « Cesare armato con gli occhi grifagni » e « colui che a tutto il mondo fe' paura », si può sottolineare la potenza di un solo verbo adoperato dal Poeta nel nostro canto:

> da indi scese folgorando a Iuba,

dove quel gerundio è « insieme scoppio e splendore » (Bacci) e compendia un altro bel verso dantesco che ancora parla di un'aquila vista in sogno sul monte Ida:

> terribil come folgor discendesse.

L'ammirazione di Dante per Ottaviano Augusto (da lui chiamato: « baiulo seguente », ossia secondo portatore (*bailo*) dell'Aquila dopo Cesare, che fu il « primo principe sommo » *Convivio*) è assai meno calda, e le terzine che gli dedica sono ben distanti dal suscitare la commozione che i rapidi spostamenti da est ad ovest, da ovest ad est di Cesare provocavano; qui si ricordano le vittorie di Modena e Perugia e quella sulla « trista Cleopatra, / che fuggendogli innanzi, dal colubro / la morte prese subitanea e atra » e vi è anche un richiamo a Bruto e Cassio, che nell'*Inferno* latrano, benché – hanno notato sottilmente i critici – a suo tempo Dante avesse detto che Bruto « non fa motto » e davvero quel « gigantesco silenzio » risultava molto più efficace dell'urlo bestiale. Ad ogni modo con le ultime affermazioni augustee si è arrivati ad un punto fermo nella storia di Roma, perché la quasi incredibile avventura della conquista del mondo, umanamente impossibile, ha raggiunto il suo acme: va da sé che non vi è nulla di retorica patriottarda in tutto questo e che Dante non ha mai pensato ad un primato romano od italiano in senso deteriore e campanilistico, ma piuttosto ha consapevolmente ricavato da quel privilegio divino un impegno a ben operare « non pur per umane ma per divine operazioni » (*Convivio*). [...]

Doveva esserci un motivo nascosto ma ben preciso, a giustificare tanti successi militari dei Romani e tante virtù civili di quel popolo, ed il motivo era racchiuso nella preordinazione divina, stabilente una contemporaneità cronologica tra la « pax romana » e la venuta del Cristo in terra; è il famoso principio della « plenitudo temporum », già esposto da San Paolo e poi tanto sviluppato dai Padri della Chiesa, che Dante menziona nella *Monarchia* (I, xiv, a) e che con altre parole espone nei versi centrali del canto VI del *Paradiso*, di cui ci occupiamo:

> Ma ciò che 'l segno che parlar mi face
> fatto avea prima e poi era fatturo
> per lo regno mortal ch'a lui soggiace,
> diventa in apparenza poco e scuro,
> se in mano al terzo Cesare si mira
> con occhio chiaro e con affetto puro;
> ché la viva giustizia che mi spira,
> li concedette, in mano a quel ch'i' dico,
> gloria di far vendetta alla sua ira.

Dunque, Dante affida qui all'Impero romano il compito di soddisfare la giusta punizione (= ira) divina per la colpa di Adamo attraverso la condanna di Gesù Uomo-Dio eseguita con l'assenso del legato imperiale Ponzio Pilato. Quale riconoscimento più solenne della legittimità di quel potere che questo, di essere lo strumento disposto dalla Provvidenza per vendicare l'antica colpa e di raccogliere in *unum* tutta l'umanità, affinché « totum humanum genus in carne illa Christi, portantis dolores nostros, puniretur »? (*Mon., ib.*). L'impero « termine fisso d'eterno consiglio » si potrebbe dire parafrasando un'altra celebre definizione dantesca, oppure Impero e Cristianesimo « fratelli di latte » come bellamente disse un antico apologista greco, Melitone di Sardi, per cogliere al di là della contemporaneità cronologica altri e più intimi legami affettivi tra le due istituzioni centrali del mondo mediterraneo.

Né basta, perché nelle terzine che seguono a quelle riportate Dante aggiunge un'altra sottile esegesi teologico-politico-storica, sulla quale tornerà ampiamente nel canto successivo con spiegazioni fattesi dare da Beatrice:

> Or qui t'ammira in ciò ch'io ti replico:
> poscia con Tito a far vendetta corse
> della vendetta del peccato antico.

Nel giuoco di parole (far vendetta della vendetta) si adombra la convinzione dantesca che mentre l'Impero romano sotto Tiberio aveva giustamente vendicato il peccato originale condannando Cristo e facendolo patire sotto Ponzio Pilato, poco più tardi con Tito aveva punito gli ebrei per quella morte distruggendo Gerusalemme dopo il terribile assedio, ed anche nel secondo caso l'Impero era stato strumento di giusta punizione divina in terra, fu « giudice ordinario » con giurisdizione « legittima ed universale » (sono tutte formule dantesche della *Monarchia*). Ma non vi è in questo una contraddizione, già rilevata da un antico commentatore della Commedia, il Benvenuto: « quod dictum videtur mirabile, quia videtur implicare contradictionem »? È bene precisare – per togliere qualsiasi impressione negativa nei confronti del Poeta, che evidentemente non sappiamo immaginare così ingenuo da non essersi reso conto dell'errore in cui cadeva – che il succo delle argomentazioni – invero un po' artificiose e non troppo persuasive – di Beatrice è questo: un solo atto, la Crocifissione, conteneva due cose, una giusta pena per la natura umana peccatrice (che Cristo aveva assunta e per la quale quindi pagava la vendetta divina) ed un'ingiusta pena per la persona divina dello stesso Cristo, la quale era incolpevole e che fu colpita dai Giudei, i quali, desiderando il male per il male, non esitarono a far soffrire un innocente, e di conseguenza meritarono poi la giusta vendetta, o punizione, del grave delitto compiuto. Checché ne sia della validità di tali spiegazioni, Dante era sicuro che « giusta vendetta / poscia vengiata (= vendicata, punita giustamente) fu da giusta corte (= il tribunale del Cielo, che adoperò come suo valido strumento l'Aquila romana) » (*Par.*, VII, 50-51).

Paolo Brezzi

(Da *Il canto VI del «Paradiso»*, « Lectura Dantis Scaligera » Firenze, Le Monnier, 1964, pagg. 12-21, *passim*).

35. – Il san Francesco di Dante

Il primo atto della santità di Francesco è un atto di guerra, e contro il padre, al quale egli sostituisce il padre che è nei cieli. E questa guerra è per una donna tale, la Povertà, che, come la morte, non piace a nessuno. Tale è la semplice spiegazione dell'ultimo verso della terzina. Ma si noti la violenza di « guerra », l'energia di « cor-

se »: la biografia di Francesco sarà tenuta da Dante costantemente su questo registro. [...]
Primo marito della Povertà era stato Cristo; dopo di lui la donna era stata disprezzata (« dispetta e scura »), non era stata richiesta di nozze da nessuno (« sanza invito »); « iam quasi toto orbe repulsam », dice Bonaventura (VII, 1). In ciò dunque Francesco è *alter Christus*, e forse proprio per far rilevare questo, Dante dice, con evidente tensione polemica, che tra Cristo e Francesco per millecento e più anni non c'era stato nessun altro che avesse amata la Povertà. [...]
Dante tratta ora direttamente dell'opera di Francesco: del fascino esercitato dal suo ideale di santità, del formarsi e rapidamente moltiplicarsi dei francescani, della « gente poverella »: Bernardo, Egidio, Silvestro; del suo andare a Roma con quella sua prima famiglia a chiedere a Innocenzo III la conferma della Regola. Noi sappiamo che il papa, per averla trovata, pare, nella sua letterale aderenza al Vangelo, troppo aspra e dura, « nimis dura et aspera », l'approvò solo verbalmente. Or ecco Francesco di fronte al papa, secondo la fonte diretta e vicina di Dante, Bonaventura: « exposuit suum propositum, petens humiliter et instanter supradictam sibi vivendi regulam approbari » (III, 9): chiede dunque l'approvazione umilmente e con insistenza. Invece Dante:

> Né li gravò viltà di cor le ciglia
> per essere fi' di Pietro Bernardone,
> né per parer dispetto a maraviglia;
> ma regalmente sua dura intenzione
> ad Innocenzio aperse, e da lui ebbe
> primo sigillo a sua religïone. [...]

I frati poverelli si moltiplicano. La biografia del santo è tanto alta, dice Dante, che meglio andrebbe cantata per glorificare il cielo, Dio, anziché semplicemente detta, nella prosa delle comuni biografie, o anche negli stessi suoi versi. Viene ora la seconda corona, cioè la seconda e questa volta formale approvazione della regola, da parte dello Spirito Santo, per il tramite di papa Onorio III; quindi il viaggio in Oriente « per la sete del martiro », dice il poeta, « desiderio martyrii flagrans », aveva detto Bonaventura (IX, 5), che Dante continua a seguir da vicino, anche nell'inversione cronologica fra il viaggio in Oriente e la seconda approvazione. [...]

A Dante interessa far del Soldano un fermo avversario di Francesco, d'insistere così sul granitico coraggio di quest'ultimo:

> E poi che, per la sete del martiro,
> nella presenza del Soldan superba
> predicò Cristo e li altri che 'l seguiro...

Né « superba » può intendersi « fastosa », come qualcuno ha proposto, giacché qui si parla della volontà di martirio del santo; e la sua umiltà, in contrasto col fasto orientale sarebbe nota aliena e fuor di luogo. La verità è che anche qui Dante, per insistere sulla magnanima risolutezza di Francesco, non esita a forzare un poco la sua fonte. [...]
Poi, la scena del transito. Quando a Dio, che lo aveva destinato a fare tanto bene nel mondo, piacque di trarlo in cielo per dargli quel premio che aveva meritato facendosi pusillo, cioè « parvulus » (come dice due volte nel *Testamentum*), umile e « dispetto », Francesco si fa porre nudo sulla terra nuda; vuole che la sua anima si muova così dal grembo stesso della povertà, verso il cielo, senza altra bara se non la semplice terra:

> e al suo corpo non volse altra bara. [...]

Il Francesco dantesco è anzitutto un combattente. Tra i commentatori recenti specialmente il Grabher e il Momigliano hanno messo in luce l'elemento eroico, la forza della volontà del santo, la sua « dignità interiore e disadorna », il suo essere non il « poverello », ma il « grande della povertà ». Il fatto è che per Dante la santità è sempre battaglia: per Francesco come per Domenico; e non diversamente per gli apostoli:

> sì ch'a pugnar per accender la fede
> dell'Evangelio fero scudo e lance.

(Par., XXIX, 113-114)

Termini bellicosi e cavallereschi si affollano nel XII canto, riferiti ad ambedue i santi: « ad una militaro »; l'umanità cristiana definita come l'esercito che Cristo aveva riarmato a così caro prezzo; i due santi chiamati « campioni »; Domenico « drudo della fede », « paladino », « santo atleta » (ma questa in san Bonaventura era, come abbiam visto, qualifica di Francesco); o paragonati a un carro di guerra, a una biga, nella quale la Chiesa « si difese » e « vinse in campo ». Inoltre: la fede che « vince ogni errore »; la « licenza di combatter » contro il mondo errante, contro gli eretici. « Guerra » e « morte » dominano, abbiam visto, la terzina da cui prende l'avvìo il racconto della santità di Francesco:

> che per tal donna, giovinetto, in guerra
> del padre corse, a cui, come alla morte...

Certo, Francesco combattente era anche nella *Legenda*: la prima visione che qui egli ha è di armi: conformemente al suo desiderio giovanile di gloria militare, questa visione interpreta in senso proprio, egli che invece sarebbe diventato « dux in militia Christi » (XIII, 11), ecc. L'eroico non è invenzione di Dante, è anche in Bonaventura perché era in Francesco: solo che l'accento del poeta batte quasi esclusivamente su esso, lasciando in ombra quel molto altro che c'era nel santo e quindi anche in Bonaventura.

L'ardore serafico di Francesco, accennato all'inizio, resta in sostanza, dicevamo, senza sviluppo narrativo e poetico. [...] Manca nel Francesco dantesco, tra altro molto, ogni accenno all'assidua e macerante preghiera, alla crudele astinenza e austerità e castità di vita, alle mortificazioni della carne; mancano le profezie, le visioni, le estasi, gli stessi miracoli, di cui son piene le fonti e l'iconografia, non esclusa la giottesca. Dio esalta in grado eroico virtù che restano naturali, umane. Lo strenuo guerriero non è in Dante anche pacificatore di guerre, soccorritore di miserie, come invece fu nella realtà. Soprattutto, manca nel Francesco di Dante quella umiltà specialissima che è in prima linea nella tradizione francescana: in Bonaventura, anzi, amore per la povertà e umiltà sono la stessa cosa: quella è inconfondibilmente, nel santo, caratterizzata da questa: « Apparuit gratia Dei... diebus istis novissimis, in servo suo Francisco omnibus vere humilibus et sanctae paupertatis amicis »: son le prime parole della *Legenda maior*. E manca quasi totalmente, infine, il carattere essenziale di Francesco, il suo essere e voler essere un nuovo Cristo, *alter Christus*. Dalle tante conformità fra la vita del Redentore e quella del santo, così attentamente messe in rilievo dai francescani, non ne resta in Dante che una, quella relativa a ciò che solo stava a cuore al poeta: l'essere stato Cristo il primo mistico sposo della Povertà: e questa conformità (che non c'è, almeno esplicitamente, nelle fonti) è tanto più significativa, in quanto per stabilirla Dante — come abbiamo già accennato — deve trascurare l'esercito di eremiti e d'innamorati della povertà che, certo con caratteristiche diverse da Francesco, fiorirono nell'intervallo tra Cristo e il santo di Assisi. Nel racconto di Dante, la figura dell'*alter Christus* rimane nello sfondo, non è centrale e determinante come nella letteratura francescana.

La concentrazione dell'interesse di Dante sulla povertà riceve singolare luce se si mettono a riscontro dell'XI canto le storie di Francesco che qualche anno prima erano andati affrescando ad Assisi, Giotto e i suoi aiuti. Questi partono, si badi, dalla stessa *Legenda* di Bonaventura: ma dei 28 grandi affreschi della basilica superiore, uno solo, e marginalmente, si riferisce alla povertà, quello sulla rinuncia all'eredità paterna dinanzi al vescovo; gli altri sono miracoli in vita e in morte, visioni, di Francesco e di altri, episodî concreti di vita e di apostolato, ecc.

Orbene: proprio questa disparità tra Dante e Giotto ci permette di penetrare meglio nelle ragioni storiche della preferenza assoluta data dal primo al tema della povertà: quando si rifletta che la basilica di Assisi era stata voluta da frate Elia, contro l'insegnamento del santo, ribadito nel Testamento, che vietava l'erezione di chiese ricche; che essa basilica dipendeva direttamente dalla Curia; che questa aveva provveduto all'ingente finanziamento e a incaricare della decorazione pittori di sua fiducia; che in particolare Giotto era creatura di essa. Sicché quando Dante disegnava diverso, puntando tutto sulla povertà era in posizione polemica implicita coi conventuali e con la Curia romana.

Umberto Bosco

(Da *Il canto XI del «Paradiso»*, «Lectura Dantis Scaligera», *Il Paradiso*, Firenze, Le Monnier, 1968, pagg. 396-409, *passim*).

36. – I canti di Cacciaguida

Nel cielo di Marte Dante trova Cacciaguida, il suo trisavolo: tre canti del *Paradiso* sono dedicati a quest'incontro, il XV, il XVI, il XVII. Con il suo antenato Dante fa i discorsi più gelosi della *Divina*

Commedia, quelli che toccano più addentro in lui l'uomo, il cittadino, il poeta: parla, o ascolta, della Firenze d'un tempo, della Firenze di ora, del suo esilio, della sua missione di giudice. L'anima sentimentale e morale della *Divina Commedia* è in gran parte condensata in questi canti, che sono – dunque – uno dei cardini del poema.

Se volete conoscere Dante esule, Dante lodatore del passato, Dante giudice, dovete leggere i suoi colloqui con Cacciaguida. Queste tre facce del poeta che sono poi una sola, le ritrovate spesso nella *Commedia*, ma solo qui sono definite e compiute: quello che altrove è profilo, qui è ritratto; e si direbbe che Dante lo abbia sentito e voluto.

I personaggi della *Divina Commedia* sono un po' tutti, oltre che figure vive per se stesse, rivelazioni del carattere di Dante: ma Cacciaguida lo è più di tutti. Anzi, il trisavolo in fondo è lo sdoppiamento del nipote: e quel lungo colloquio non è che la drammatizzazione di un soliloquio. Dante che si consiglia con Cacciaguida è, veramente, Dante che si consiglia con la sua coscienza: quei tre canti sono una confessione, una professione di fede, una protesta. La forma del dialogo dà a questa superba confessione i soliti contorni rilevati e drammatici che assumono questi stati d'animo nel Dante della *Commedia*. [...]

Perciò i canti di Cacciaguida hanno una fisionomia definita e risentita che non sempre ci si aspetterebbe pensando alla loro materia greggia.

Sono, come dicevo, un dialogo fra nipote ed avo; e conservano nel loro complesso la fisionomia domestica e affettuosa, e insieme solenne, d'un colloquio fra un giovane e un antenato, di una consulta familiare. Dante è già provato dalla vita, ed è a metà del suo corso normale: ha trentacinque anni; ma Cacciaguida è il vecchio che ha una più lunga esperienza: e la sua esperienza sembra ancora aumentata dal fatto che egli è vissuto un secolo prima di Dante, in « popol giusto e sano », e da un secolo guarda alle vicende terrene con la sapienza inesauribile del Paradiso.

Voi sentite in questo colloquio, da una parte l'autorità affettuosa, dall'altra la reverenza. Dante, come al solito, ha trovato alle sue invenzioni e alle sue affermazioni, una cornice scenica di perfetta evidenza. [...]

Nel colloquio fra Dante e il trisavolo c'è, con l'affetto e con la famigliarità, una dignità morale, una larghezza di orizzonti che in un colloquio fra Dante e il padre non sarebbero state possibili. Cacciaguida ha la maestà delle grandi ombre del Limbo; e questa gli deriva dall'esser vissuto un secolo innanzi, dall'aver passato la sua vita in una Firenze ancora integra e tranquilla, dall'esser morto in una crociata. Cacciaguida ha già intorno a sé, per tutte queste ragioni, un alone di leggenda, che ad un congiunto vicino del poeta doveva mancare. E perciò Cacciaguida, pur essendo della famiglia di Dante, perde quel tanto di angustamente domestico che potrebbe avere, e acquista quel prestigio morale ed artistico che è necessario perché egli s'inquadri in un poema di così vasto e nobile giro com'è la *Divina Commedia*. [...]

L'argomento fondamentale è l'esilio: perciò il canto che domina sugli altri è l'ultimo, che fra i cento della *Divina Commedia* si può chiamare il canto di Dante. È il canto dell'esilio, della dignità, dell'onestà imperterrita: ed è la chiave del tono artistico che assume l'etica della *Divina Commedia*. Dante nel suo poema è sopra tutto esule e giudice: queste due qualità spiegano tutta, o quasi, l'essenza della rappresentazione morale ed umana nel capolavoro. [...]

L'esilio ha certo mutato l'animo di Dante e gli ha certo dato esperienze senza le quali non avrebbe scritto la *Divina Commedia* così com'è: ma qui per troppe ragioni non possiamo specificare. Solo possiamo dire che il colore politico della *Divina Commedia* deriva in gran parte dall'esilio; che un certo pessimismo terreno, mescolato ad una speranza in un liberatore, tramontata poi in un ottimismo puramente oltremondano, fu aiutato dalla sua condizione di profugo. Senza l'esilio, i mali, le vergogne di Firenze gli sarebbero parsi meno neri e meno tristi: e quelle tinte scure e quelle linee risentite di tanti episodi non sarebbero state così scure e così risentite. [...]

I tre canti di Cacciaguida passano dalla lode della Firenze antica e dal biasimo della Firenze moderna, alla profezia dell'esilio e alla proclamazione imperterrita del criterio morale con cui Dante descriverà quello che ha veduto nell'oltremondo. Essi culminano nell'ultimo, e l'ultimo culmina in quella proclamazione, che è il centro della moralità concreta di tutta la *Divina Commedia*. Il canto XVII è insigne in tutto il poema, perché esso è il compiuto ritratto di Dante. Avete in quei versi Dante quale era dopo il bando della sua città natale, con que' suoi lineamenti risentiti, con quel suo sguardo chiaro e fiero, appena temperato dalla malinconia della sventura e dalla dolcezza degli affetti radicati nell'intimo del cuore.

Tutti gli accenni del poema all'esilio, tutti i rimpianti del passato gentile e onesto, tutti gli sdegni contro le malvagità dei grandi mettono capo a questi tre canti, e vi si sublimano nel loro accento – più austero, nel loro ritmo – più tranquillo. C'è in essi la fermezza delle convinzioni durature, più che lo sdegno dei contrasti più o meno passeggeri con gli uomini. Il Dante di questi canti non è il Dante delle invettive, ma quello dei colloqui con se stesso: è un Dante più intimo, quello che diffonde il calore morale in tutte le vene del suo poema. È il Dante « tetragono ai colpi di ventura », armato solo della sua coscienza e – nella sua coscienza – sicuro. C'è in essi un pathos virile e chiuso.

Nel complesso essi sono uno dei più magnifici esempi della potenza di costruzione, di gradazione, di armonia nell'arte dantesca: l'ultimo, sopra tutti, che trapassa con tanta spontaneità e con tanta nobiltà dalla figura incrollabile dell'esule onesto a quella angusta del testimone eterno della giustizia divina, e fa dell'esilio il piedistallo malinconico e forte del giudice solenne dell'umanità.

Attilio Momigliano

(Da *Dante, Manzoni, Verga*, cit., pagg. 33-57, *passim*).

37. – Il trionfo di Cristo

Il canto XXIII del *Paradiso*, con la sua visione di Cristo e di Maria, mirabilmente adombrata in un'atmosfera di commossa attesa, è una tappa capitale verso l'ultima ascesa, è promessa e premessa del trionfo finale, la sua più parlante prefigurazione. Infatti poche volte, pur nel clima profondamente mistico che avvolge i canti precedenti (ivi compresi quelli così arcanamente carichi di simboli nell'ultima parte del *Purgatorio*), poche volte si diceva, era apparso con tanta evidenza il carattere di quel paradiso che Dante ha dentro di sé e che è già in lui così nettamente definito da far dire a qualcuno che egli non lo ha da scoprire, ma soltanto da contemplare. [...]

Per tradurre l'ansiosa e materna attesa di Beatrice, che guarda verso la plaga in cui essa sa e sente che si accenderà il trionfo di Cristo, Dante pensa a un uccello che si muove dalle amate fronde dove è il nido dei suoi dolci nati, e mentre il mistero della notte sta per finire si affaccia da una frasca della cima per scorgere gli oggetti desiati uscire dalle tenebre e dargli modo di trovare il cibo per i figli, lavoro ben grave, ma a lui profondamente gradito; e così precorre le ore e aspetta con tutto l'essere il sole. Dante investe la scena di una luminosa e materna trepidazione, che nasce dal pensiero di Beatrice e ad essa ritorna per definirla e illuminarla. Con bellissima gradazione il poeta passa dall'immagine così intima dell'uccello, che riposa sul nido nella quiete calda e amorevole della notte, alla seconda terzina tutta agitata dall'ansia di vedere la luce e dal desiderio di trovar cibo per i piccoli, nei quali l'essere materno è bramoso di annullare se stesso; ed ecco il terzo momento, in cui l'inquietudine si è tramutata in azione e l'uccello è montato su una frasca libera e di lì, al primo baluginare dell'alba, fissa ardentemente il lembo orientale del cielo. [...]

Ma tra l'attendere e il vedere l'intervallo è breve. Con semplice solennità Beatrice mostra a Dante le schiere del trionfo di Cristo; e bene osserva il Buti che il poeta vede Cristo trionfante come se fosse un capitano vittorioso che ha strappato al demonio la sua preda; in tal modo l'antico commentatore intuisce uno degli aspetti costanti dell'immaginare dantesco, il classicismo; e cioè la facoltà di ricavare dalla cultura romana quel senso di concretezza umana e di maestosa forza che ha trovato la più superba evidenza nel canto di Giustiniano. In quanto all'immagine del frutto « ricolto del girar di queste spere », che allude evidentemente alle anime dei salvati, non è agevole distinguere questa immensa messe di anime dalle schiere di cui s'è detto prima, dove la congiunzione *e* sta a indicare qualcosa d'altro e diverso: distinzione che si può tuttavia risolvere pensando che nei primi Dante veda coloro che furono più vicini a Cristo, discepoli, martiri, padri della Chiesa, e negli altri i restanti beati. Ma rimane un'altra difficoltà nella metafora del raccolto. Questo, secondo lo Scartazzini, il Pellegrini e altri, sarebbe il prodotto delle buone influenze degli astri che si ruotano intorno: ma sono propenso a credere che Dante abbia voluto dire che i beati trionfanti sono frutto non delle influenze, ma piuttosto del mirabile ordine della macchina universale qui simboleggiato dal *girare* delle sfere.

Ora Beatrice arde tutta della luce che s'irraggia dal centro del cielo, ed ha gli occhi così colmi di letizia che Dante non trova parole adeguate. Ma è proprio in questo sentirsi impotente di fronte all'ineffabile che il poeta corre vertiginosamente con la fantasia verso la terra per cercarvi un'adeguazione, per trovare nelle cose sensibili un oggetto su cui riversare il sentimento del sovrumano. Guardiamo l'apparizione in sé di Cristo e dei beati. Vediamo un sole che accende migliaia di lucerne: siamo ancora nel linguaggio metaforico e indifferenziato a cui Dante ricorre spesso quando è come in attesa d'un'intuizione vitale. Poi il senso grandioso dello spettacolo, la sua divina ampiezza sono dati di colpo dal richiamo di Trivia, la luna, che nei plenilunii sereni ride tra le ninfe eterne: immagine dove c'è ben altro che il risplendere della luna sulle minori stelle; c'è una concretissima e insieme vaghissima visione degli spazi eterei *dipinti* dalla luce stellare per tutta l'ampiezza del cielo. La similitudine vive della propria vigorosa vita, tanto che è stato facile osservare che quel piovere della luce da Cristo appare all'immaginazione come un'altra cosa; ma quel che sopravanza in sede poetica è l'impressione stupendamente lirica dell'altissima, serena pace del plenilunio, su cui si riverbera il divino dell'apparizione di Cristo, grazie a quella potentissima e veramente unica facoltà di Dante di proiettare su concreti spettacoli della natura e della vita un raggio celeste che anziché bruciarli e vanificarli, come spesso succede agli scrittori mistici, li rifonde ed esalta in una più plastica vita. In tal modo il concetto teologico di Cristo che della sua sapienza, virtù e sacrificio illumina le anime, è stimolo a un'immagine sommamente e sensuosamente poetica.

FRANCESCO SQUARCIA

(Da *Il canto XXIII del « Paradiso »*, in « Letture dantesche », Comitato Parmense « Per l'arte », n. 2, Parma, 1955, pagg. 5-8, *passim*).

38. – L'ultima visione

Nelle terzine che preparano e annunciano la visione di Cristo Uomo e Dio, il senso del discorso non è più allegorico. Qui siamo in piena anagogia. Non è più il contenuto dottrinale della fede che viene espresso e figurato, ma è la sua stessa realtà ultima. La natura dell'anagogia, come quella che esprime la pienezza del mistero cristiano, è essenzialmente escatologica. È il fine e la fine della storia.

In perfetta consonanza e simmetria teologica, essa è anche il fine e la fine della *Commedia*.

La questione che ora si pone è la seguente: che significato ha per l'esegeta della *Commedia* che Dante abbia collocato il suo libro sotto il sigillo del mistero dell'Incarnazione.

Dal punto di vista esclusivamente teologico, la risposta appare facile e addirittura ovvia: dei due misteri fondamentali, l'unità e Trinità di Dio e l'Incarnazione, il secondo costituisce quello tipico e storicamente definitorio della fede cristiana. Si potrebbe forse aggiungere che Dante, chiudendo la *Commedia* con la visione della Trinità, avrebbe definito la religiosità della sua opera prevalentemente *ratione deitatis*, e non inequivocabilmente *ratione religionis*, com'è invece il caso di un poema che si fonda e culmina nella visione della presenza di Dio nella carne e nella storia. L'appassionata partecipazione storica della poesia dantesca, la sua concretezza sensibile non sarebbero state possibili fuori di questa prospettiva. Si tratta, quindi, ai fini della lettura di Dante, di importante distinzione, che non è però qui il luogo di approfondire, anche se essa è implicitamente presente in tutto il nostro discorso.

Ma il punto di vista esclusivamente teologico non è certo quello dell'esegeta di Dante. Occorre allora rifarsi ai termini fondamentali della struttura della *Commedia*, all'ambiguità fra invenzione e visione, tra *fictio* e avvenimento reale, che trova il suo fondamento nell'allegoria della *Commedia* intesa come allegoria cristiana.

Questa ambiguità sarebbe stato gioco arbitrario della fantasia, esercizio tecnico o devozionale, senza l'esempio del discorso profetico e figurale della Scrittura, fuori dell'escatologia cristiana e, soprattutto, della storia di Cristo, su cui si fonda la realtà del mondo dantesco, lo « spazio storico » della sua invenzione poetica. E la prospettiva biblico-cristiana trova appunto nel dogma del Verbo incarnato la sua consistenza storica e cosmica.

La chiara coscienza che Dante ha della *Commedia* come frutto di iniziativa individuale e di invenzione fantastica e magistero stilistico, la « laicità » che è componente essenziale della *Commedia* avrebbe impedito il crescere dell'opera come allegoria dei teologi, i termini dell'ambiguità si sarebbero dissociati nel dualismo arbitrario della allegoria dei pagani, senza il sostegno che la realtà di Cristo Uomo e Dio porgeva ai fatti della storia, e alle invenzioni della poesia nella misura in cui queste si presentavano con l'evidenza della storia. Qui tocchiamo veramente la sorgente ultima, il condizionamento oggettivo della poesia dantesca, la prospettiva in cui ispirazione e mestiere si unificano.

> « Quella circulazion che sì concetta
> pareva in te come lume riflesso,
> dalli occhi miei alquanto circunspetta...
> mi parve pinta della *nostra effigie* ».
>
> (*Par.*, XXXIII, 127-131)

Dante *vide* l'unità di Dio nella cui essenza « s'interna / legato con amore in un volume / ciò che per l'universa si squaderna »; i « tre giri / di tre colori e d'una contenenza » della Trinità gli *apparvero* (« parvermi tre giri »). Per l'ultima visione, nella quale cerca la verifica definitiva del suo universo poetico e la ragione della sua consistenza, il poeta rinnova esplicitamente lo sforzo soggettivo del guardare: « dagli occhi miei alquanto circunspetta... Veder volea come si convenne / l'imago al cerchio e come vi s'indova... »: l'ultima iniziativa e l'ultimo compimento. L'unità dei due termini è al di là della storia e della poesia.

Con perfetta coerenza di svolgimento, com'era necessario e prevedibile in un poema cristiano, il senso allegorico e il senso tropologico scompaiono assorbiti nell'anagogia, nell'elevazione al mistero cristiano nella sua pienezza ultima, escatologica.

Angelo Jacomuzzi

(Da *L'imago al cerchio. Invenzione e visione nella « Divina Commedia »*, Genova, Silva, 1968, pagg. 24-27).

39. – La « Commedia », ultimo miracolo della poesia

Dante non può essere ripetuto. Fu giudicato quasi incomprensibile e semibarbaro pochi decenni dopo la sua morte, quando l'invenzione retorica e religiosa della poesia come dettato d'amore fu dimenticata. Esempio massimo di oggettivismo e razionalismo poetico, egli resta estraneo ai nostri tempi, a una civiltà soggettivistica e fondamentalmente irrazionale perché pone i suoi significati nei fatti e non nelle idee. Ed è proprio la ragione dei fatti che oggi ci sfugge. Poeta concentrico, Dante non può fornire modelli a un mondo che si allontana progressivamente dal centro e si dichiara in perenne espansione. Perciò la *Commedia* è e resterà l'ultimo miracolo della poesia mondiale. Lo fu perché era ancora possibile alle forze di un uomo ispirato, o per dir meglio lo fu per una particolare congiunzione degli astri nel cielo della poesia oppure dobbiamo considerarla come un fatto miracoloso, estraneo alle possibilità umane? Su Dante gravano tutte le opinioni e persino tutti i sospetti. Di fronte a coloro che ritengono realmente veduti da lui i *visibilia* del suo poema (e sono rari) altri mettono in rilievo il carattere mistificatorio del suo genio. In tal caso Dante sarebbe stato un uomo che inventò se stesso come poeta sacro e ad un certo momento, aiutandolo forze più grandi di lui, la sua invenzione divenne realtà. Che non fosse un vero mistico e che gli sia mancato il totale assorbimento nel Divino che è proprio dei veri mistici potrebbe suggerirlo il fatto che la *Commedia* non è la sua ultima scrittura e ch'egli dovette pure, posto fine alla sua terza cantica, uscire dal labirinto e tornare tra gli uomini. Ma per poco; e non ci si può immaginare un Dante che invecchia e assiste al formarsi della sua controversa leggenda. Tuttavia posso tranquillamente considerare l'affermazione del Singleton che il poema sacro fu dettato da Dio e il poeta non fu che lo scriba. Purtroppo non posso citare che di seconda mano e mi chiedo se l'eminente dantista abbia inteso in senso letterale questo suo giudizio o se in esso si debba ravvisare solo il carattere ispirato e perciò ricevuto di ogni grande poesia. Neppure nella prima ipotesi io farei obiezioni e non avrei nessuna prova per contestare il carattere miracoloso del poema, così come non mi ha atterrito il carattere miracoloso che fu attribuito a quella Beatrice storica di cui pensavamo di poter fare a meno.

Ma qui mi fermo. Che la vera poesia abbia sempre il carattere di un dono e che pertanto essa presupponga la dignità di chi lo riceve, questo è forse il maggior insegnamento che Dante ci abbia lasciato. Egli non è il solo che ci abbia dato questa lezione, ma fra tutti è certo il maggiore. E se è vero ch'egli volle essere poeta e nient'altro che poeta, resta quasi inspiegabile alla nostra moderna cecità il fatto che quanto più il suo mondo si allontana da noi, di tanto si accresce la nostra volontà di conoscerlo e di farlo conoscere a chi è più cieco di noi.

Eugenio Montale

(Da *Dante, ieri e oggi*, in *Atti del Congresso Internazionale di Studi danteschi*, vol. II, Firenze, Sansoni, 1966, pagg. 330-333).

40. – Dante, il più universale dei poeti

Non consiglio nessuno a rimandare lo studio della grammatica italiana fino a che non si sia conosciuto Dante, ma c'è un'immensa quantità di cognizioni che sono di certo indesiderabili finché non si sia letto qualche cosa della sua poesia con intenso piacere – cioè col vivo piacere di chi è capace di intendere qualsiasi poesia. Sostenendo questo, evito i due possibili estremi della critica. Si può dire che comprendendo il sistema, la filosofia degli occulti significati del verso dantesco è *essenziale* alla valutazione; e d'altra parte si può sostenere che queste cose sono del tutto irrilevanti, che la poesia nelle poesie di Dante è cosa che potrebbe essere gustata per se stessa senza studiare la struttura che ha servito all'autore nel comporre la poesia ma non può servire al lettore nel gustarla. L'ultimo errore è quello che prevale di più, ed è forse la causa per cui la conoscenza della *Commedia* da parte di molta gente è limitata all'*Inferno* o anche solo a certi passi di questo. Il godimento della *Divina Commedia* è invece una progressione continua. Se di essa non cogliete nulla da principio, forse non lo potrete mai; ma se fin dalla prima decifrazione riuscite ad afferrare di tanto in tanto qualche chiaro effetto d'intensità poetica, soltanto la pigrizia potrà spegnere il desiderio d'una conoscenza più completa.

Quel che appare sorprendente circa la poesia di Dante è che essa, in un certo senso, è assai facile a leggersi. Essa è una prova (ma io non sostengo che una prova positiva è sempre valida negativamente), che la poesia genuina può comunicarsi prima d'esser compresa. L'impressione può essere verificata nella cognizione più completa, ed io ho sperimentato con Dante e con parecchi altri poeti di lingue delle quali ero inesperto, che intorno a tali impressioni non c'è nulla d'infondato. Esse non erano dovute ad una male comprensione del passo, o alla lettura di qualche cosa che non v'era sottinteso, o a inaspettate evocazioni sentimentali del mio passato. L'impressione era nuova, ed io credo, l' « emozione poetica » oggettiva. Ci sono poi più specifiche ragioni circa questa esperienza sulla prima lettura dantesca e la mia affermazione che Dante è facile a leggersi. Non intendo dire che scriva un italiano molto semplice, perché accade proprio il contrario, o che il suo contenuto è semplice o sempre semplicemente espresso, ma spesso è rappresentato con tale forza di condensazione che, per essere spiegati, tre versi richiedono un paragrafo, e le loro allusioni una pagina di commento. Quel che intendo dire è che Dante, in un senso da definirsi (perché la parola poco significa per se stessa), è il più *universale* dei poeti di lingua moderna. Il che non vuol dire che è «il più grande», o che è il più comprensivo: c'è più grande varietà e particolarità in Shakespeare. L'universalità di Dante non è solo un fatto personale. L'italiano, e specialmente quello dell'età di Dante, molto acquista dall'essere l'immediata derivazione del latino universale. C'è alcun che di più *locale* nella lingua in cui si espressero Shakespeare e Racine. Tuttavia questo non significa che l'inglese o il francese siano inferiori all'italiano come mezzi di poesia, ma il volgare italiano dell'ultimo medio evo era ancora molto vicino al latino come espressione letteraria, perché uomini come Dante, che lo adoperavano, erano stati ammaestrati in filosofia e in tutte le scienze astratte, col latino medioevale. Ora il latino medioevale era una bellissima lingua; con essa si scriveva una bella prosa e una bella poesia, ed aveva la qualità di un esperanto letterario altamente sviluppato. Quando leggiamo la filosofia moderna, in inglese, francese, tedesco, e italiano, siamo subito colpiti dalle differenze di pensiero nazionali e di razza: le lingue moderne *tendono* a separare il pensiero astratto (la matematica è ora la sola lingua universale); ma il latino medioevale tendeva a concentrare quel che pensavano uomini di varie razze e paesi. Qualche cosa del carattere di questa lingua universale mi sembra appartenere al dialetto fiorentino di Dante; e la localizzazione (dialetto fiorentino) sembra più di tutto intensificare l'universalità, perché impedisce la moderna divisione delle nazionalità. E il lettore per godere della poesia francese o tedesca, deve aver qualche simpatia per la mentalità francese e tedesca; mentre Dante, non meno italiano e patriota, è soprattutto europeo.

Thomas Stearns Eliot

(Da *Dante*, a cura di L. Berto, Modena, Guanda, 1942, pagg. 32-39).

NOTA BIBLIOGRAFICA

Storie e antologie della critica

F. MAGGINI, *La critica dantesca dal Trecento ai nostri giorni*, in *Problemi e orientamenti di lingua e di letteratura italiana*, vol. III, Milano, Marzorati, 1949; D. MATTALIA, *Dante*, in *I classici italiani nella storia della critica*, vol. I, Firenze, La Nuova Italia, 1961²; L. MARTINELLI, *Dante*, Palermo, Palumbo, 1966; B. MAIER, *Breve storia della critica dantesca*, in U. COSMO, *Guida a Dante*, Firenze, La Nuova Italia, 1967³; G. DE FEO-G. SAVARESE, *Antologia della critica dantesca*, Messina-Firenze, De Bono, 1961; G. GETTO, *Letture dantesche*, Firenze, Sansoni, 1963², Voll. 3; T. DI SALVO, *Dante nella critica*, Firenze, La Nuova Italia, 1965; M. FUBINI-E. BONORA, *Antologia della critica dantesca*, Torino, Petrini, 1966; A. PAGLIARO, *La Divina Commedia nella critica*, Messina-Firenze, D'Anna, 1966; G. PETROCCHI-P. GIANNANTONIO, *Questioni di critica dantesca*, Napoli, Loffredo, 1969; G. BARBERI SQUAROTTI-A. JACOMUZZI, *Critica dantesca*, Torino, SEI, 1970; S. PASQUAZI, *Aggiornamenti di critica dantesca*, Firenze, Le Monnier, 1972; G. VITI-M. MESSINA, *Antologia della critica letteraria-dantesca-storica*, voll. 3, Firenze, Le Monnier, 1972³; A. VALLONE, *La critica dantesca nel Novecento*, Firenze, Olschki, 1976; AA. VV., *Dante nella letteratura italiana del Novecento*, Roma, Bonacci, 1979; A. VALLONE, *Storia della critica dantesca dal XIV al XX secolo*, voll. 2, Milano, Vallardi, 1981.

Monografie, letture, riviste

N. ZINGARELLI, *La vita, i tempi e le opere di Dante*, Milano, Vallardi, 1931²; M. APOLLONIO, *Dante, Storia della Commedia*, Milano, Vallardi, voll. 2, 1951; M. BARBI, *Dante, Vita, opere e fortuna*, Firenze, Sansoni, 1952²; S. A. CHIMENZ, *Dante*, in *Letteratura italiana. I Maggiori*, vol. I, Milano, Marzorati, 1956; U. COSMO, *Vita di Dante*, Firenze, La Nuova Italia, 1965³; N. SAPEGNO, *Dante Alighieri, Storia della lett. ital.*, diretta da E. Cecchi e N. Sapegno, II, *Il Trecento*, Milano, Garzanti, 1965; A. VALLONE, *Dante*, Milano, Vallardi, 1971; C. SALINARI, *Dante*, Roma, Editori Riuniti, 1975; G. CONTINI, *Un'idea di Dante*, Torino, Einaudi, 1976; G. FALLANI, *Dante moderno*,

Ravenna, Longo, 1979; L. M. BATKIN, *Dante e la società italiana del Trecento*, Bari, De Donato, 1979; N. MINEO, *Dante*, Bari, Laterza, 1981; B. ANDRIANI, *Aspetti della scienza in Dante*, Firenze, Le Monnier, 1981; W. SCHWARZ, *Studi su Dante e spunti di storia del Cristianesimo*, Milano, Ed. Antropofisica, 1982; B. NARDI, *Dante e la cultura medioevale*, a. c. di P. Mazzanti, Bari, Laterza, 1982; B. MORGHEN, *Dante profeta. Tra la storia e l'eterno*, a c. di P. Vian, Milano, Jaca Book, 1982; G. PETROCCHI, *Vita di Dante*, Bari, Laterza, 1983; C. MARCHI, *Dante*, Milano, Rizzoli, 1983; P. ANTONELLI, *La vita quotidiana a Firenze nei tempi di Dante*, Milano, Rizzoli, 1983; G. MARTELLOTTI, *Dante e Boccaccio e altri studi dall'Umanesimo al Romanticismo*, Firenze, Olschki, 1983; J. RISSET, *Dante scrittore*, Milano, Mondadori, 1984; A. ALTOMONTE, *Dante. Una vita per l'Imperatore*, Milano, Rusconi, 1985; C. MARCHI, *Dante*, Milano, Rizzoli 1985; G. PETROCCHI, *Vita di Dante*, Bari, Laterza, 1986.

Letture dantesche: *Lectura Dantis Scaligera* e *Lectura Dantis Romana*, Firenze, Le Monnier; *Lectura Dantis*, Firenze, Sansoni; *Nuova Lectura Dantis*, Roma, Signorelli; *Lectura Dantis Romana*, Torino, SEI; *Letture classensi*, Ravenna, Longo; *Lectura Dantis Neapolitana*, Napoli, Loffredo; *Lectura Dantis Modenese*, Modena, Com. prov. Dante Alighieri.

Riviste: «Studi danteschi»; «L'Alighieri»; «Deutsches Dante-Jahrbuch»; «Dante Studies».

Un'importanza particolare, come abbiamo altrove segnalato, riveste l'*Enciclopedia dantesca*, Roma, Istit. dell'Encicl. Ital., 1970 sgg., a cui si rinvia per i singoli argomenti, problemi e la relativa bibliografia.

«Divina Commedia»: testi, commenti, repertori

Nell'edizione critica della Società dantesca italiana la *Commedia* fu pubblicata a c. di G. VANDELLI (1921); un altro testo critico a c. di M. CASELLA apparve nel 1923; una nuova edizione critica è stata curata recentemente da G. PETROCCHI, *La Commedia secondo l'antica vulgata*, Milano, Mondadori, 1966-68, in 4 voll.

Fra i commenti del Novecento: F. TORRACA, Roma, Albrighi & Segati, 1915; C. STEINER, Torino, Paravia, 1921; L. PIETROBONO, Torino, SEI, 1923-27; C. GRABHER, Firenze, La Nuova Italia, 1934-36 (poi Milano, Principato, 1950); D. PROVENZAL, Milano, Mondadori, 1937-38; T. CASINI-S. A. BARBI, Firenze, Sansoni, 1938; A. MOMIGLIANO, Firenze, Sansoni, 1945-47; M. PORENA, Bologna, Zanichelli, 1946-47; F. MONTANARI, Brescia, La Scuola, 1949-51; N. SAPEGNO, Firenze, La Nuova Italia, 1955-57; L. MALAGOLI, Milano, La Prora, 1956; D. MATTALIA, Milano, Rizzoli, 1960; S. A. CHIMENZ, Torino, Utet, 1962; G. FALLANI, Messina-Firenze, D'Anna, 1964; G. GIACALONE, Roma, Signorelli, 1967-69; U. BOSCO-G. REGGIO, Firenze, Le Monnier, 1979; C. SALINARI, S. ROMAGNOLI, A. LANZA, Roma, Ed. Riuniti,

1980; E. Pasquini, A. Quaglio, Milano, Garzanti, 1981; N. Sapegno, Firenze, La Nuova Italia, III ed., 1985; G. Villaroel, Milano, Mondadori, 1985; A. Vallone e L. Scorrano, Napoli, Ferraro, 1985.
Per un primo accostamento alla *D.C.* si vedano: F. Maggini, *Introduzione allo studio della Divina Commedia*, Pisa, Nistri-Lischi, 1965[4]; T. Spoerri, *Introduzione alla Divina Commedia*, Milano, Mursia, 1965; F. Montanari, *La Divina Commedia*, Roma, Studium, 1966; G. Padoan, *Introduzione a Dante*, Firenze, Sansoni, 1975; G. Petrocchi, *L'Inferno di Dante, Il Purgatorio di Dante, Il Paradiso di Dante*, Milano, Rizzoli 1978; G. Viti, *Guida alla Divina Commedia: L'Inferno, Il Purgatorio, Il Paradiso*, Firenze, Le Monnier, 1985[8].

Utili repertori sono: *A concordance of the Divina Commedia of Dante Alighieri* a c. di E. H. Wilkins-Th. G. Bergin, Cambridge-Massachussetts, 1965; *La Divina Commedia (Testo, concordanze, lessici, rimari, indici)*, IBM-Italia, 1965; G. Siebzehner-Vivanti, *Dizionario della Divina Commedia*, a c. di M. Messina, Milano, Feltrinelli, 1965; B. Delmay, *I personaggi della Divina Commedia. Classificazione e Regesto*, Firenze, Olschki, 1986.

«Divina Commedia»: saggi e studi

E. G. Parodi, *Poesia e storia nella Divina Commedia*, Napoli, Perella, 1912; B. Croce, *La poesia di Dante*, Bari, Laterza, 1921; F. D'Ovidio, *Studi sulla Divina Commedia*, Napoli, Guida, 1931-32; F. Battaglia, *Impero, Chiesa e stati particolari nel pensiero politico di Dante*, Bologna, Zanichelli, 1944; A. Momigliano, *Dante, Manzoni, Verga*, Messina-Firenze, D'Anna, 1944 (rist. 1965); A. Chiari, *Letture Dantesche*, Firenze, Le Monnier, 1946; M. Sansone, *Studi di storia letteraria*, Bari, Adriatica, 1950; A. Renaudet, *Dante humaniste*, Paris, Les Belles Lettres, 1952; F. De Sanctis, *Lezioni e saggi su Dante*, a c. di S. Romagnoli, Torino, Einaudi, 1955; G. Getto, *Aspetti della poesia di Dante*, Firenze, Sansoni, 1966[2]; A. Pagliaro, *Nuovi saggi di critica semantica*, Messina-Firenze, D'Anna, 1952; 1956; G. Fallani, *Poesia e teologia nella Divina Commedia*, Milano, Marzorati, 1959; *Dante poeta teologo*, ivi, 1965; Ch. S. Singleton, *Studi su Dante*, Napoli, Scalabrini, 1961; E. Sanguineti, *Interpretazioni di Malebolge*, Firenze, Olschki, 1962; G. Gentile, *Studi su Dante*, Firenze, Sansoni, 1965; M. Casella, *Introduzione alle opere di Dante*, Milano, Bompiani, 1965; U. Bosco, *Dante vicino*, Caltanissetta, Sciascia, 1966; B. Nardi, *Saggi e note di critica dantesca*, Milano-Napoli, Ricciardi, 1966; E. Auerbach, *Studi su Dante*, Milano, Feltrinelli, 1966[2]; A. Pagliaro, *Ulisse, Ricerche semantiche sulla Divina Commedia*, Messina-Firenze, D'Anna, 1967; R. Guardini, *Studi su Dante*, Brescia, Morcelliana, 1967; L. Peirone, *Lingua e stile nella poesia di Dante*, Genova, Ed. univers., 1967; A. Vallone, *Ricerche dantesche*, Lecce, Milella, 1967; G. Paparelli, *Questioni dantesche*, Napoli, Libr. scient. edit., 1968; I. Baldelli,

Dante e i poeti fiorentini del '200, Firenze, Le Monnier, 1968; B. Giannantonio, *Dante e l'allegorismo*, Firenze, Olschki, 1969; Ch. S. Singleton, *Viaggio a Beatrice*, Bologna, Il Mulino, 1968; A. Jacomuzzi, *L'imago al cerchio. Invenzione e visione nella Divina Commedia*, Milano, Silva, 1968; E. Paratore, *Tradizione e struttura in Dante*, Firenze, Sansoni, 1969; M. M. Rossi, *Problematica della Divina Commedia*, Firenze, Le Monnier, 1970; E. Raimondi, *Metafora e storia. Studi su Dante e Petrarca*, Torino, Einaudi, 1970; G. Contini, *Varianti e altra linguistica*, Torino, Einaudi, 1970; M. Pecoraro, *Saggi vari da Dante al Tommaseo*, Bologna, Patron, 1970; V. Russo, *Esperienze di letture dantesche*, Napoli, Liguori, 1971; C. Grayson, *Cinque saggi su Dante*, Bologna, Patron, 1972; AA. VV., *Psicanalisi e strutturalismo di fronte a Dante*, Firenze, Olschki, 1972; S. Pasquazi, *All'eterno dal tempo*, Firenze, Le Monnier, 1973²; C. Gizzi, *L'astronomia nel poema sacro*, 2 voll., Napoli, Loffredo, 1974; T. Wlassics, *Dante narratore: saggi sullo stile della «Commedia»*, Firenze, Olschki, 1975; M. Sansone, *Letture e studi danteschi*, Bari, De Donato, 1975; G. Fallani, *L'esperienza teologica di Dante*, Lecce, Milella, 1976; I. A. Scotti, *Dante magnanimo. Saggi sulla «Commedia»*, Firenze, Olschki, 1977; Ch. S. Singleton, *La poesia della Divina Commedia*, Bologna, Il Mulino, 1978; E. Noè Girardi, *Studi su Dante*, Brescia, Ed. del Moretto, 1980; E. Sanguineti, *Il realismo di Dante*, Firenze, Sansoni, 1980; P. G. Beltrami, *Metrica, poetica, metrica dantesca*, Pisa, Pacini, 1981; E. Bigi, *Forme e significati della Divina Commedia*, Bologna, Cappelli, 1981; G. Brugnoli, *Per suo richiamo*, Pisa, Univ. di Pisa, 1982; P. Giannantonio, *Endiadi. Dottrina e poesia nella Divina Commedia*, Firenze, Sansoni, 1983; W. Binni, *Incontri con Dante*, Torino, Einaudi, 1983; L. Battaglia Ricci, *Dante e la tradizione letteraria medievale. Una proposta per la «Commedia»*, Pisa, Giardini, 1983; R. Hollander, *Il Virgilio dantesco. Tragedia nella «Commedia»*, Firenze, Olschki, 1983; K. Vossler, *La Divina Commedia*: vol. I: *La genesi religiosa e filosofica*; vol. II: *La genesi etico-politica*; vol. III: *La genesi letteraria*; vol. IV: *La poesia*, Bari, Laterza, 1983; E. Travi, *Dante tra Firenze e il paese sincero*, Milano, I.P.L., 1984; G. Varanini, *L'acceso strale. Saggi e ricerche sulla «Commedia»*, Napoli, Federico e Ardia, 1984; M. Marti, *Studi su Dante*, Galatina (Lecce), Congedo Ed., 1984; L. Reina, *Il velo di Venere. Allegoria e teologia nell'immaginario dantesco*, Napoli, Federico e Ardia, 1985; F. Borzi, *Verso l'ultima salute. Studi danteschi*, Milano, Rusconi, 1985; S. Pasquazi, *All'eterno dal tempo. Studi danteschi*, Roma, Bulzoni, 1985; G. Bárberi Squarotti, *L'ombra di Argo. Studi sulla «Commedia»*, Torino, Ed. Genesi, 1986.

«Vita Nuova»

Nell'edizione critica della Società dantesca la *Vita Nuova* fu pubblicata a c. di M. Barbi. — Fra le edizioni commentate: L. Di Benedetto, Torino,

Utet, 1928; N. Sapegno, Firenze, Vallecchi, 1932 (poi Milano, Mursia, 1957); T. Casini-L. Pietrobono, Firenze, Sansoni, 1941; L. Russo, Firenze, D'Anna, 1957; F. Mazzoni, Alpignano, Tallone, 1965; E. Sanguineti, Milano, Lerici, 1967. – Fra gli studi: A. Marigo, *Mistica e scienza nella «Vita Nuova»*, Padova, Dricker, 1914; A. Schiaffini, *Tradizione e poesia*, Roma, Ed. Storia e lett. 1934²; F. Figurelli, *Costituzione e caratteri della «Vita Nuova»*, in «Belfagor», III (1948); B. Terracini, *Pagine e appunti di linguistica storica*, Firenze, Le Monnier, 1957; A. Vallone, *La prosa della Vita Nuova*, Firenze, Le Monnier, 1963; V. Branca, in *Studi in onore di I. Siciliano*, I, Firenze, Olschki, 1966; C. Singleton, *Saggio sulla «Vita Nuova»*, Bologna, Il Mulino, 1968; D. De Robertis, *Il libro della «Vita Nuova»*, Firenze, Sansoni, 1970²; M. Guglielminetti, *Memoria e scrittura*, Torino, Einaudi, 1977; M. Picone, *«Vita Nuova» e tradizione romanza*, Padova, Liviana, 1979. Si vedano anche l'Introduzione e il Commento della recente edizione della *Vita Nuova* a c. di D. De Robertis, Milano-Napoli, Ricciardi, 1980; e l'Introduzione alla *Vita Nuova* di G. Bárberi Squarotti, Torino, UTET, 1983.

«Rime»

Nell'edizione critica della Società dantesca le *Rime* furono curate da M. Barbi. – Fra le edizioni commentate: L. Di Benedetto, Torino, Utet, 1928; G. Contini, Torino, Einaudi, 1939; D. Mattalia, Torino, Paravia, 1943; il commento postumo del Barbi uscì nei volumi *Rime della Vita Nuova e della Giovinezza* (a c. di M. Barbi e F. Maggini), Firenze, Le Monnier, 1956, e *Rime della maturità e dell'esilio* (a c. di M. Barbi e V. Pernicone), Firenze, Le Monnier, 1968; G. Barberi Squarotti, Torino, Fogola, 1966. – Fra gli studi: M. Barbi, *Studi sul Canzoniere di Dante*, Firenze, Sansoni, 1915; *Problemi di critica dantesca*, vol. II, Firenze, Sansoni, 1941; G. Zonta, *La lirica di Dante*, in «Giornale Storico della Lett. ital.», suppl. 19-21 (1922); N. Sapegno, *Le rime di Dante*, in «La cultura», IX (1930); F. Montanari, *L'esperienza poetica di Dante*, Firenze, Le Monnier, 1959; M. Marti, *Realismo dantesco e altri saggi*, Milano-Napoli, Ricciardi, 1961; S. Filippelli, *Dante minore*, Napoli, Ed. scient. ital., 1970; M. Marti, *Rime realistiche*, e F. Montanari, *Rime dottrinali*, in «Nuove letture dantesche», VIII (1976); P. Boyde, *Retorica e stile nella lirica di Dante*, a c. di C. Calenda, Napoli, Liguori, 1979; inoltre l'edizione delle *Rime*, a c. di P. Cudini, Milano, Garzanti, 1979, e *Vita Nuova e Rime*, a c. di G. Davico Bonino, Milano, Mondadori, 1985.

« Convivio »

Nell'edizione della Società dantesca, il *Convivio* fu curato da G. Parodi e F. Pellegrini. – Fra le edizioni commentate: G. Busnelli-G. Vandelli, Firenze, Le Monnier, 1934-37 (nuova ed. a c. di A. E. Quaglio, 1964). – Fra gli studi: M. Barbi, *Problemi di critica dantesca*, vol. II, op. cit.; E. Gilson, *Dante et la philosophie*, Paris, Vrin, 1939; A. Pezard, *Le Convivio de Dante*, Paris, 1940; B. Nardi, *Dante e la cultura medievale*, Bari, Laterza, 1942; *Nel mondo di Dante*, Roma, Ed. Storia e Letteratura, 1944, *Saggi di filosofia dantesca*, Firenze, Sansoni, 1967; A. Vallone, *La prosa del Convivio*, Firenze, Le Monnier, 1967; B. Terracini, *Pagine e appunti di linguistica storica*, cit.; S. Filippelli, *Dante minore*, cit.; C. Segre, *Lingua, stile e società*, Milano, Feltrinelli, 1973[2]; M. Guglielminetti, *Memoria e scrittura*, cit. Fra le edizioni più recenti, quella a c. di P. Cudini, Garzanti, 1980; M. Corti, *La felicità mentale. Nuove prospettive per Cavalcanti e Dante*, Torino, Einaudi, 1983.

Opere latine

Per la conoscenza di tutte queste opere è fondamentale il Tomo II delle *Opere minori* di Dante, a cura di P. V. Mengaldo, B. Nardi, A. Frugoni, B. Brugnoli, E. Cecchini, F. Mazzoni, Milano-Napoli, Ricciardi, 1979. – Segnaliamo però anche altri studi sulle singole opere.

« De Vulgari Eloquentia »

Nell'edizione della società dantesca fu curato da P. Rajna. – Fra le altre edizioni: A. Marigo, Firenze, Le Monnier, 1938 (nuova ed. a c. di P. G. Ricci, 1957); P. V. Mengaldo, Padova, Antenore, 1968. – Fra gli studi: P. Rajna, *Il trattato «De vulgari eloquentia»*, Firenze, 1906; A. Schiaffini, *Momenti di storia della lingua italiana*, Roma, Studium, 1953; *Mercanti, poeti, un maestro*, Milano-Napoli, Ricciardi, 1969; A. Pagliaro, *Nuovi saggi di critica semantica*, Messina-Firenze, D'Anna, 1956; B. Terracini, *Pagine e appunti di linguistica storica*, cit.; G. Vinay, *Ricerche sul «De vulgari eloquentia»*, in «Giornale Storico della Lett. ital.», LXXVI (1959); F. Di Capua, *Scritti minori*, vol. II, Roma, Desclée, 1959; M. Pazzaglia, *Il verso e l'arte nel «De vulgari eloquentia»*, Firenze, La Nuova Italia, 1967; P. V. Mengaldo, *Linguistica e retorica in Dante*, Pisa, Nistri-Lischi, 1978; M. Corti, *Dante a un nuovo crocevia*, Firenze, Sansoni, 1982; *«De Vulgari Eloquentia»*, introduzione e note di S. Cecchin, Torino, UTET, 1983; L. Sebastiano, *Lingua scienza poesia e società nel «De Vulgari Eloquentia»*, Napoli, Ferraro, 1985.

«Monarchia»

Nell'edizione della Società dantesca fu curata da E. Rostagno; una nuova ediz. è stata curata da P. G. Ricci, Milano, Mondadori, 1965. – Fra le altre edizioni: G. Vinay, Firenze, Le Monnier, 1950. – Fra gli studi: E. G. Parodi, La «Monarchia», in AA. VV., Dante, la vita, le opere, ecc., Milano, Hoepli, 1921; L'ideale politico di Dante, in AA. VV., Dante e l'Italia, Roma, Soc. an. pol. it., 1921; F. Ercole, Il pensiero politico di Dante, Milano, Alpes, 1928; B. Nardi, Saggi di filosofia dantesca, cit.; Dal Convivio alla Commedia, Roma, Istit. st. it. M.-Evo, 1960; A. Passerin D'Entreves, Dante politico e altri saggi, Torino, Einaudi, 1955; G. Vinay, Interpretazione della Monarchia di Dante, Firenze, Le Monnier, 1962; A. Vallone, Il latino di Dante, in «Rivista di cult. class. e med.», VIII (1966), pp. 119-204; H. Kelsen, La teoria dello stato in Dante, Bologna, Bozzi, 1974. Un'utile antologia di scritti politici danteschi, e quindi in primo luogo della Monarchia, in Dante politico. Individuo e istituzioni nell'autunno del Medioevo, a c. di G. Muresu, Torino, Paravia, 1979; inoltre «Monarchia», introd. e note a c. di F. Sanguineti, con testo a fronte, Milano, Garzanti, 1985.

«Epistole»

Nell'edizione della Società dantesca furono curate da E. Pistelli; una nuova ed. è stata curata da A. Del Monte, Milano, Mondadori, 1960. – Fra le altre edizioni: A. Monti, Milano, Hoepli, 1921. – Fra gli studi: E. G. Parodi, Lingua e letteratura, Venezia, Pozza, 1957; F. Di Capua, Scritti minori, cit.; B. Nardi, Il punto sull'epistola a Cangrande, Firenze, Le Monnier, 1960; F. Mazzoni, Le Egloghe e le Epistole, in «Città di Vita» (Dante minore), XX, 3, 1965; Contributi di filologia dantesca, Firenze, Sansoni, 1966; S. Filippelli, Dante minore, cit.; R. Morghen, Le lettere politiche di Dante, in «Nuove letture dantesche», VIII (1976).

«Egloghe»

Nell'edizione della Società dantesca furono curate da E. Pistelli. – Fra le altre edizioni: G. Albini, Bologna, Zanichelli (nuova ed. a cura di G. B. Pighi, 1965); E. Bolisani-M. Valgimigli, Firenze, Olschki, 1963. – Fra gli studi: G. Albini, Le Ecloghe latine, in AA. VV., Dante, la vita, le opere, cit.; C. Battisti, Le Egloghe dantesche, in «Studi danteschi», XXXIII (1955-56); F. Mazzoni, Le Egloghe e le Epistole, cit.; E. Paratore, Tradizione e struttura in Dante, cit.; G. Reggio, Le Egloghe di Dante, Firenze, Olschki, 1969. Si veda anche l'edizione a c. di G. Brugnoli e R. Scarcia, Milano-Napoli, Ricciardi, 1980, e quella a c. di M. G. Stassi, Torino, UTET, 1983.

«Quaestio»

Nell'edizione della Società dantesca fu curata da E. Pistelli; una nuova ed. è stata curata da G. Padoan, Firenze, Le Monnier, 1968. – Fra gli studi: E. G. Parodi, La «Quaestio de aqua et terra» e il «cursus», in «Bullettino della Società dantesca italiana», XXIV (1917); B. Nardi, La caduta di Lucifero e l'autenticità della «Quaestio de aqua et terra», Torino, SEI, 1959; F. Mazzoni, Contributi di filologia dantesca, cit.

«Fiore»

L'edizione critica è stata curata da E. G. Parodi, Il Fiore e il Detto d'amore, Firenze, Bemporad, 1922. – Fra gli studi: G. Contini, La questione del «Fiore», in «Cultura e scuola», IV (1965), n. 13-14, pagg. 768-773; R. Fasani, La lezione del «Fiore», Milano, Scheiwiller, 1967; G. Contini, Un nodo della cultura medievale: la serie «Roman de la Rose» – «Fiore» – «Divina Commedia», in «Lettere italiane», XXV (1973), pagg. 162-189, poi in Un'idea di Dante, cit., pagg. 245-283; L. Vanossi, Dante e il «Roman de la Rose». Saggio sul «Fiore», Firenze, Olschki, 1979; L. Peirone, Tra Dante e «Il Fiore». Lingua e parole, Genova, Tilgher, 1982; Il «Fiore» e il «Detto d'amore», a c. di C. Marchioni, Genova, Tilgher, 1983; Il «Fiore» e il «Detto d'amore» attribuiti a Dante Alighieri, a c. di G. Contini, Milano, Mondadori, 1984.

TABELLE SCHEMATICHE DELLA « DIVINA COMMEDIA »

TABELLA SCHEMATICA DELL'INFERNO

Cerchio	Peccato	Pena	Custodi	Dannati [1]	Canti
Antinf.	Ignavia	Nudi e stimolati da mosconi e vespe corrono dietro una bandiera.	Caronte	Celestino V, Angeli neutrali.	III
I	Mancanza di battesimo	Desiderano Iddio senza speranza (Limbo).	—	Omero, *Orazio*, *Ovidio*, *Lucano*, Ettore, Cesare, Saladino, Aristotele, ecc.; pargoli.	IV
II	Lussuria	Travolti da una bufera senza requie.	Minosse	*Paolo* e *Francesca*, Semiramide, Didone, Cleopatra, Elena, Paride, Tristano.	V
III	Gola	Flagellati da pioggia di grandine, neve, acqua, e dilaniati da Cerbero.	Cerbero	*Ciacco*.	VI (1-111)
IV	Avarizia e prodigalità	Voltano pesi col petto e incontrandosi si insultano.	Pluto	Papi, cardinali e chierici.	VI-VII (1-96)
V	Ira, Accidia, [Invidia, Superbia]	Immersi nel fango dello Stige.	Flegiàs	*Filippo Argenti*.	VII-VIII (1-66)
VI	Eresia	Stanno in sepolcri infiammati.	Demoni Furie	*Farinata degli Uberti*, *Cavalcante Cavalcanti*, Federigo II, Ottaviano Ubaldini, Papa Anastasio.	VIII-XI
VII Violenza: 1° girone contro il prossimo {tiranni omicidi predoni}		Tuffati nel sangue del Flegetonte più o meno secondo la gravità della colpa.	Minotauro Centauri	Alessandro, Dionisio, Azzolino, Obizzo, Guido da Monforte, Attila, Pirro, Pompeo, Rinieri da Corneto, Rinier Pazzo, *Pier della Vigna*, Rocco dei Mozzi.	XII
2° girone contro se stessi {suicidi scialacquatori}		Trasformati in sterpi e lacerati dalle Arpie. Inseguiti e dilaniati da cagne.	Arpie Cagne	Lano da Siena, Jacopo da Sant'Andrea.	XIII
3° girone contro {Dio: bestemmiatori Natura: sodomiti Arte: usurai}		Giacciono supini sotto pioggia di fuoco. Camminano sotto pioggia di fuoco. Seggono sotto pioggia di fuoco.		Capaneo. *Brunetto Latini*, Prisciano, Francesco d'Accorso, *Guido Guerra*, Tegghiaio Aldobrandi, Jacopo Rusticucci, Scrovegni, Buiamonte, Gianfigliazzi, Obriachi.	XIV XV-XVI XVII

VIII	Frode:		Gerione	
1ª bolgia	Mezzani e seduttori	Sferzati da demoni, in due schiere.		*Venedico Caccianemico*, Giasone.	XVIII
2ª bolgia	Adulatori	Tuffati nello sterco.		*Alessio Interminelli*, Taide.	XVIII
3ª bolgia	Simoniaci	Capofitti in buche uno sull'altro; sulle piante dei piedi fiammelle.		*Niccolò III* (Bonifazio VIII, Clemente V).	XIX
4ª bolgia	Indovini	Camminano a ritroso col capo stravolto sulle spalle.		Anfiaro, Tiresia, Aronta, Manto, Euripilo, Michele Scotto, Asdente.	XX
5ª bolgia	Barattieri	Immersi nella pece bollente.	Malebranche	*Un anziano di Santa Zita*, *Ciampolo di Navarra*, Fra Gomita, Michele Zanche.	XXI-XXII
6ª bolgia	Ipocriti	Camminano sotto cappe di piombo dorate.		Catalano dei Catalani, Loderingo degli Andalò, Caifas, Anna.	XXIII
7ª bolgia	Ladri	Soggetti a trasformarsi con serpenti.	Caco	*Vanni Fucci*, Cianfa Donati, Agnolo Brunelleschi, Buoso Abati, Puccio Sciancato, Francesco Cavalcanti.	XXIV-XXV
8ª bolgia	Consiglieri fraudolenti	Vagano entro fiammelle.		Ulisse e Diomede, *Guido da Montefeltro*.	XXVI-XXVII
9ª bolgia	Seminatori di discordie	Tagliati e mutilati dalla spada di un demone.		Maometto, Alì, *Pier da Medicina, Mosca, Bertram del Bornio*, Geri del Bello, Curione.	XXVIII
10ª bolgia	Falsari di { metalli / persone / monete / parole	Malati di lebbra. Tormentati dalla rabbia. Malati di idropisia. Colpiti dalla febbre.		*Griffolino, Capocchio. Gianni Schicchi*, Mirra. *Maestro Adamo*. Moglie di Putifarre, Sinone.	XXIX-XXX
IX	Tradimento:		Giganti: Nembrotto, Fialte, Antèo, Briareo, Tifo, Tizio		
1ª zona	contro parenti (Caina)	Immersi nel ghiaccio fino al capo col viso piegato in giù.		Napoleone e Alessandro Alberti, *Camicion dei Pazzi*, Sassolo Mascheroni.	XXXI
2ª zona	contro patria (Antenora)	Immersi nel ghiaccio fino alla testa e col viso diritto.		*Bocca degli Abati, Buoso da Duera*, Tesauro Beccaria, Gano, ecc. *Il conte Ugolino* e l'arcivescovo Ruggeri.	XXXII-XXXIII (1-69) / XXXII-XXXIII (1-90)
3ª zona	contro ospiti (Tolomea)	Immersi nel ghiaccio fino alla testa e col viso riverso e le lacrime agli occhi.		*Frate Alberigo*, Branca d'Oria.	XXXIII
4ª zona	contro benefattori (Giudecca)	Immersi nel ghiaccio interamente, o maciullati da Lucifero (Giuda, Bruto, Cassio).	Lucifero	Giuda, Bruto, Cassio.	XXXIV

[1] I nomi stampati in *corsivo* indicano le anime che parlano con Dante.

TABELLA SCHEMATICA DEL PURGATORIO

ANTIPURGATORIO

Luogo	Peccatori	Pena	Personaggi [1]	Custodi	Canti
Piano dell'isola.	Tardi a pentirsi. 1) Scomunicati.	Stare fuori del P. trenta volte il tempo che stettero lontano della Chiesa.	[Casella]. Manfredi.	Catone	I-II III
1° balzo.	2) Pigri.	Stare fuori del P. tanto tempo quanto fu quello della loro vita terrena.	Belacqua.		IV
2° balzo.	3) Morti violentemente.		Iacopo del Cassero, Buonconte da Montefeltro, Pia dei Tolomei, Beninacasa, Guccio Tarlati, Federigo Novello, Farinata Scarnigiani, Orso Alberti, Piero Broccia.		V-VI
Valletta fiorita.	4) Principi.	..... e temere ogni sera la venuta di un serpente.	[Sordello]. Rodolfo d'Asburgo, Ottachero, Filippo III di Francia, Enrico I di Navarra, Pietro III d'Aragona, Carlo I d'Angiò, Alfonso III, Arrigo III d'Inghilterra, Guglielmo VII di Monferrato, Nino Visconti, Corrado Malaspina.	2 angeli	VII-VIII

PURGATORIO

Luogo	Peccatori	Pena	Personaggi [1]	Virtù	Vizio	Custodi	Canti
				Esempi			
I cornice	Superbi. *obietto*	Camminano curvi sotto pesi.	Omberto Aldobrandesco, Oderisi da Gubbio, Provenzan	Umiltà: Vergine Maria, David, Traiano.	Superbia: Lucifero, Giganti, Nembrot, Niobe, Saul, Ara-	Angelo Portiere Angelo di umiltà	IX X-XII

Luogo							Canti
II cornice	*Per malo*	Invidiosi.	Seduti, rivestiti di cilicio, con le palpebre cucite.	Salv... d.	*Carità*: Maria a Cana, Oreste a Pilade.	...gne, Roboam, Erifile, Sennacherib, Ciro, Oloferne, Troia. *Invidia*: Aglauro.	Angelo di amore	XIII-XV
III cornice		Iracondi.	Avvolti nel fumo.	*Sapia da Siena*, *Guido del Duca*, Rinieri da Calboli. *Marco Lombardo*.	*Mansuetudine*: Maria e Gesù, Pisistrato, Santo Stefano.	*Ira*: Progne, Aman, Amata.	Angelo di pace	XV-XVII
IV cornice	*Per poco* *di vigore*	Accidiosi	*Corrono* continuamente.	*Abate di San Zeno*	*Sollecitudine*: Maria ed Elisabetta, Cesare.	*Accidia*: Ebrei, Troiani.	Angelo di sollecitudine	XVII-XIX
V cornice	*Per troppo di vigore*	Avari e prodighi.	Distesi per terra bocconi con mani e piedi legati.	*Adriano V*, *Ugo Capeto*, *Stazio*.	*Povertà e Liberalità*: Maria, Fabrizio, San Niccolò.	*Avarizia*: Pigmalione, Mida, Acam, Safira e Anania, Eliodoro, Polimnestore, Crasso.	Angelo di giustizia	XIX-XX
VI cornice		Golosi.	Magri e sfiniti, patiscono fame e sete.	*Forese Donati*, *Bonagiunta da Lucca*, Martino IV, Ubaldino della Pila, Bonifazio Fieschi, Marchese degli Orgogliosi.	*Temperanza*: Maria a Cana, Donne romane, Daniele, San Giovanni Battista.	*Gola*: Eva, Centauri, Gedeone e gli Ebrei.	Angelo di astinenza	XXII-XXIV
VII cornice		Lussuriosi.	Camminano fra le fiamme.	*Guido Guinizelli*, *Arnaldo Daniello*.	*Castità*: Maria, Diana.	*Lussuria*: Sodoma e Gomorra, Pasifae.	Angelo di purità	XXV-XXVIII

PARADISO TERRESTRE

Luogo	Azioni	Canti
Selva e fiumi (Letè ed Eunoè).	1) Incontro con Matelda. 2) Processione. 3) Apparizione e rimproveri di Beatrice. 4) Trasformazione del Carro (Chiesa). 5) Purificazione di Dante.	XXVIII-XXXIII

[1] I nomi stampati in *corsivo* indicano le anime che parlano a Dante.

TABELLA SCHEMATICA DEL PARADISO

Luogo	Beati	Forma della visione	Anime[1]	Intelligenze motrici	Dubbi di Dante	Canti
Sfera di fuoco					Ascesa al cielo.	I
I cielo: LUNA	Spiriti mancanti ai voti.	Aspetti umani evanescenti, come immagini riflesse da vetri trasparenti o da acque limpide e tranquille.	*Piccarda Donati*, Costanza.	III ͣ Gerarchia: Angeli	Macchie della Luna. Felicità dei beati. Sede delle anime. Violenza e volontà. Immutabilità del voto.	II-IV
II cielo: MERCURIO	Spiriti operanti per amore di gloria terrena.	Splendori che danzano e cantano.	*Giustiniano*, Romeo di Villanova.	Arcangeli	Morte di Cristo. Redenzione. Incorruttibilità delle creature.	V-VII
III cielo: VENERE	Spiriti amanti.	Luci fiammeggianti che si muovono rapidamente in giro.	*Carlo Martello*, *Cunizza*, *Folchetto*, Raab.	Principati	Degenerazione dei figli.	VII-IX
IV cielo: SOLE	Spiriti sapienti.	Fulgori che danzano in giro e cantano, in tre corone concentriche.	Iª Corona: *S. Tommaso d'Aquino*, Alberto Magno, Graziano, P. Lombardo, Salomone, Dionigi Areopagita, Paolo Orosio, Boezio, Isidoro, Beda, Riccardo da S. Vittore, Sigieri di Brabante. IIª Corona: *S. Bonaventura*, Illuminato, Agostino, Ugo da S. Vittore, Pietro Mangiadore, Pietro Ispano, Natàn, *Crisostomo*, *Anselmo*, Do-	IIª Gerarchia: Podestà	Corruzione degli ordini monastici. Sapienza di Salomone. Resurrezione dei corpi.	X-XIV

			nato, Rabano Mauro, Giovacchino da Celico.			
V cielo: MARTE	Spiriti militanti.	Splendori infiniti che si muovono e cantano formando una croce in cui lampeggia Cristo.	III[a] Corona *Cacciaguida*, Giosuè, Maccabeo, Carlo Magno, Orlando, Guglielmo d'Orange, Renoardo, Goffredo di Buglione, Roberto Guiscardo.	Virtù		XIV-XVIII
VI cielo: GIOVE	Spiriti giudicanti.	Splendori che volando compongono la frase DILIGITE IUSTITIAM QUI IUDICATIS TERRAM; infine da M si trasformano in aquila.	David, Traiano, Ezechia, Costantino, Guglielmo il Buono, Rifeo (formano l'occhio dell'aquila).	Dominazioni	Imperscrutabilità della giustizia divina.	XVIII-XX
VII cielo: SATURNO	Spiriti contemplanti.	Splendori infiniti che salgono e scendono per una scala d'oro altissima.	*S. Pier Damiano*, *S. Benedetto*, S. Macario, S. Romoaldo.	I[a] Gerarchia: Troni	Predestinazione.	XXI-XXII
VIII cielo: STELLE FISSE		Trionfo di Cristo. Apoteosi della Madonna.	*S. Pietro*, *S. Giacomo*, *S. Giovanni*, *Adamo*.	Cherubini	I progenitori.	XXII-XXVII
IX cielo: PRIMO MOBILE		Trionfo degli Angeli.		Serafini	Movimento dei cieli. Creazione ed essenza degli angeli.	XXVII-XXIX
EMPIREO		Riviera di luce. Candida rosa. Dio.	*S. Bernardo*, Rachele, Sara, Rebecca, Giuditta, Ruth, S. Giovanni Batt., Sant'Agostino, i pargoli, Gabriele, Adamo, S. Giovanni Ev., Mosè, Sant'Anna, Lucia.			XXX-XXXIII

[1] I nomi stampati in *corsivo* indicano le anime che parlano a Dante.

STAMPATO A FIRENZE
NEGLI STABILIMENTI TIPOLITOGRAFICI
«E. ARIANI» E «L'ARTE DELLA STAMPA»
DELLA S. P. A. ARMANDO PAOLETTI